L'ÉDUCATION

DU CARACTÈRE

PAR

ALEXANDRE MARTIN

Chargé du cours de pédagogie à la Faculté des lettres
de Nancy.

OUVRAGE COURONNÉ
PAR L'ACADÉMIE DES SCIENCES MORALES ET POLITIQUES

DEUXIÈME ÉDITION

PARIS
LIBRAIRIE HACHETTE ET Cⁱᵉ
79, BOULEVARD SAINT-GERMAIN, 79

1889

L'ÉDUCATION
DU CARACTÈRE

DU MÊME AUTEUR

LES DOCTRINES PÉDAGOGIQUES DES GRECS. 1 vol. in-12.

Coulommiers. — Imp. P. Brodard et Gallois

L'ÉDUCATION DU CARACTÈRE

PAR

ALEXANDRE MARTIN

Chargé du cours de pédagogie à la Faculté des lettres
de Nancy.

OUVRAGE COURONNÉ
PAR L'ACADÉMIE DES SCIENCES MORALES ET POLITIQUES

DEUXIÈME ÉDITION

PARIS

LIBRAIRIE HACHETTE ET Cⁱᵉ

79, BOULEVARD SAINT-GERMAIN, 79

1889

L'ÉDUCATION DU CARACTÈRE

INTRODUCTION

I

J'ai choisi la question de l'éducation du caractère comme sujet du cours de pédagogie dont j'ai été chargé en 1885 à la Faculté des lettres de Nancy.

L'enseignement de la pédagogie a été introduit tout récemment dans les plus importantes de nos Facultés des lettres. Le Ministère de l'instruction publique a pensé qu'il était bon de tenter cet essai en faveur de la science de l'éducation, qui n'avait été jusqu'ici professée nulle part en France, si ce n'est dans les écoles normales primaires. Il serait, à mon avis, fort désirable qu'elle fût définitivement admise dans les cadres de l'enseignement supérieur, et j'estime qu'elle pourrait rendre ainsi des services très réels.

Les critiques contenues dans la page suivante, que j'emprunte au curieux essai pédagogique d'Herbert Spencer, touchent notre système français d'enseignement aussi bien que celui des collèges et des universités d'Angleterre.

« Si, par aventure, aucun autre vestige de notre civilisation qu'un tas de nos livres classiques, ou bien une liasse de nos compositions de collège, n'arrivait à la postérité, représentons-nous l'étonnement d'un antiquaire de l'avenir, en voyant que rien n'indique, dans ces papiers et dans ces livres, que les élèves qui s'en servaient dussent jamais avoir d'enfants. » « Bon, dirait-il, cela devait être un cours d'études pour les célibataires. Je vois qu'on y portait son attention sur beaucoup de choses, particulièrement sur l'intelligence des ouvrages laissés par des peuples qui n'existaient plus, ou appartenant à des peuples qui existaient encore (ce qui semble indiquer que ce peuple n'en avait guère de bons lui-même); mais je ne trouve dans tout cela aucune allusion à l'art d'élever les enfants. Ces gens-là n'eussent pu être assez dénués de sens pour rester étrangers à un sujet qui implique la plus grave des responsabilités. Donc, évidemment, ceci était le cours d'études d'un de leurs ordres monastiques. »

« Sérieusement, n'est-ce pas une chose inconcevable que, bien que la vie et la mort de nos enfants, leur perte ou leur avantage moral, dépendent de la façon dont nous les élevons, on n'ait jamais donné dans nos écoles la moindre instruction sur ces matières à des élèves qui demain seront pères de famille? N'est-ce pas une chose monstrueuse que le sort d'une nouvelle génération soit abandonné à l'influence d'habitudes irréfléchies, à l'instigation des ignorants, au caprice des parents, aux suggestions des nourrices, aux conseils des grand'mamans? Si un négociant entrait dans le commerce sans connaître le moins du monde l'arithmétique et la tenue des livres, nous nous récrierions sur sa sottise; nous en prévoirions les désastreuses conséquences. Si, avant d'avoir étudié l'anatomie, un homme prenait en main le bistouri du chirurgien, nous éprouverions de la surprise de son audace et de la compassion pour ses malades. Mais que

des parents entreprennent la tâche difficile d'élever des
enfants sans avoir jamais songé à se demander quels
sont les principes de l'éducation physique, morale, intellectuelle qui doivent leur servir de guides, cela ne nous
inspire ni étonnement à l'égard des pères, ni pitié à
l'égard des enfants, leurs victimes [1] ! »

Faisons, dans cette critique si vive, la part exacte du
vrai.

Prenons d'abord un des cas les moins favorables, celui
d'un ouvrier, d'un paysan qui n'a reçu que l'instruction
la plus modeste à l'école primaire, et qui, à la suite de
son mariage, se voit chargé d'élever des enfants. Bien
que l'instituteur ne lui ait point donné le moindre
enseignement de pédagogie élémentaire, il n'est pas
vrai de dire que notre homme soit, sur cette matière,
dans une ignorance complète. Il a, pour se guider, ses
souvenirs d'enfance, les observations qu'il a faites pendant cet âge, et sur lesquelles il a réfléchi plus peut-
être qu'on ne le suppose ; il a le souvenir des lectures
faites à l'école, non pas dans un livre spécial de pédagogie, mais dans les livres de lecture courante, de
morale, d'histoire, et où il s'agissait d'enfants et de
parents ; il a cette tradition pédagogique, qui n'est pas
à dédaigner, quoiqu'elle se soit formée et se conserve en
dehors de la science proprement dite : je la définissais
ainsi dans l'introduction d'une étude sur la pédagogie
des Grecs : « Nous ne pensons pas que les premiers
parents, si incultes et si grossiers qu'on les suppose, aient
abandonné leurs enfants à la seule direction de la nature.
La pédagogie naquit avec les premiers soins, les premiers
conseils qu'ils leur donnèrent. Comme tous les arts,
elle fut d'abord bien informe et bien rudimentaire ;
comme eux elle se perfectionna lentement. Grâce à

---

1. H. SPENCER, *De l'Éducation*, chap. 1er.

l'instinct, à l'imagination, au raisonnement, l'homme inventa des procédés nouveaux; à l'aide de l'observation il sut distinguer ceux qui lui réussissaient, ceux qui échouaient, pour conserver et améliorer les uns, pour écarter les autres. Un penchant naturel le porta bientôt à communiquer les résultats de sa propre expérience à ses semblables, qui lui rendirent le même service. Il se forma dans chaque peuplade une tradition pour la pédagogie, comme pour l'agriculture, la métallurgie et les différents arts. »

Que cette tradition soit, comme toutes les autres, fort imparfaite, qu'elle contienne un grand nombre de préjugés et d'erreurs, qu'elle soit très inférieure à la vraie science, nous ne le nierons pas; mais il nous paraît excessif de la compter pour rien.

Le père de famille qui appartient aux classes plus cultivées se trouve dans des conditions meilleures. La culture générale du monde dont il est, ses propres connaissances en physique, en hygiène, en morale, sont pour ses enfants des gages presque certains d'une éducation moins défectueuse. S'il n'a pas suivi au lycée, plus que l'autre à l'école primaire, un cours régulier de pédagogie, il a cependant étudié des passages d'auteurs, Xénophon, Platon, Quintilien, Montaigne, Fénelon, Rollin, où il a pu trouver d'excellents conseils sur l'éducation des enfants.

Toutefois, reconnaissons-le, il n'y a pas été préparé par un enseignement régulier, et l'on peut dire que s'il existe, dans nos écoles primaires, dans nos lycées, dans nos Facultés, des cours pour le certificat d'études, le brevet, le baccalauréat, la licence, il n'y en a point dont l'objet officiel soit de préparer à la paternité.

Faut-il donc, comme semble le demander Herbert Spencer, faire entrer la pédagogie dans le cadre des études classiques, pour cette raison, excellente en apparence, qu'il est absolument nécessaire de donner aux jeunes gens les connaissances qui leur seront indispensables dans la vie qu'ils sont appelés à mener. S'il n'est peut-être pas possible de les instruire, dès leurs premières années d'école, en vue de la profession spéciale qu'ils exerceront plus tard, parce qu'il faudrait par trop multiplier les classes et les maitres, on peut toujours les instruire en vue d'une profession qu'il est désirable que tous exercent, celle de père de famille.

Prenons garde cependant à l'abus où des raisonnements semblables peuvent nous conduire et, à mon avis, nous ont déjà conduits. Cet abus consiste à la fois dans la surcharge excessive des programmes et dans la réduction, excessive aussi, imposée à chacune des matières du programme pour faire place à toutes les autres. On apprend aujourd'hui un peu de tout ; il y a des pessimistes qui disent que c'est pour se fatiguer inutilement l'esprit et ne pas retenir grand'chose.

On oublie le précepte de Montaigne, si sage, et l'on cherche trop à « meubler » la tête, lorsque l'essentiel est de la « forger ». Avec une bonne tête, une intelligence bien formée, bien éveillée, à la fois curieuse et droite, il est possible d'acquérir après le collège une foule de connaissances dont on a besoin dans la vie ; on est capable de trouver les livres nécessaires et de les étudier avec fruit. L'hygiène, par exemple, qui tient de si près à l'éducation, si, arrivés à la maturité, nous en savons un peu, est-ce parce qu'on nous a fait là-dessus cinq ou six leçons au lycée, ou bien parce que notre esprit curieux a éprouvé plus tard le besoin d'acquérir des connaissances sur ce sujet, et a profité des occasions qui lui étaient offertes par les articles de journaux et de revues, par les livres, par les conférences et les cours publics ? Au lycée même, pourvu qu'on en mette les moyens à sa disposition et qu'on lui accorde dans une certaine mesure la liberté nécessaire, le jeune homme ne peut-il pas se meubler la tête, en dehors des cours réguliers, par son travail personnel, si fructueux, même lorsqu'il est un peu guidé par la fantaisie? Je suppose que notre lycéen, au lieu d'être un gamin qui ne demande qu'à réagir par la dissipation contre un régime trop étroit et trop sec, soit un esprit déjà curieux et capable de lectures solides : placez dans sa bibliothèque quelques ouvrages intéressants de pédagogie; dites-lui en un mot, et invitez-le à les lire dans ses moments de loisir. Cela vaudra mieux pour lui, même en vue de sa future famille, qu'un cours en quelques leçons qui lui prendrait un peu de son temps de travail officiel, si avidement disputé par les autres études.

N'oublions pas non plus que chaque étude doit être entreprise dans l'âge qui lui est propre, et qu'il n'est pas à propos de faire suivre un cours sur l'éducation des enfants à des auditeurs qui sont encore un peu enfants; ils n'ont pour cela ni le sérieux ni la maturité désirables. Contentons-nous des idées qu'ils puiseront eux-mêmes dans leurs lectures et qu'ils s'approprieront lorsqu'elles seront à leur portée.

Le moment favorable pour entretenir les jeunes gens de la pédagogie me paraît être celui où ils cessent d'être des écoliers pour devenir des étudiants. Alors la vie pratique se rapproche d'eux; ils sont sur le point d'y entrer et d'en contracter les sévères obligations. Leur esprit est plus formé, plus capable d'idées sérieuses. Ils ont même cet avantage d'avoir encore, tout en commençant à être des hommes, un souvenir assez frais de leur enfance. Car, il faut bien le reconnaître, un grand écueil pour les maîtres qui s'occupent de pédagogie, c'est d'oublier l'enfance dont l'éducation est leur objet, pour se placer trop exclusivement à leur point de vue d'hommes mûrs. Que se passe-t-il quelquefois, par

exemple lorsqu'on élabore des programmes d'enseignement? Pénétré qu'on est de l'importance de certaines
études, de l'excellence de certains auteurs, on fait entrer
ces études et ces auteurs dans les programmes, avec
l'entière conviction que l'on rend un indispensable service à la culture générale de l'esprit. Mais on néglige
de se demander si l'étude qui contente notre curiosité
scientifique ou qui sert nos intérêts pratiques, si l'auteur
qui charme notre goût et fortifie notre pensée sont bien
à la portée des jeunes gens auxquels nous les imposons.
Je me trouvais un jour avec un de mes anciens élèves,
devenu un très aimable et très intelligent médecin :
nous causions de la classe de rhétorique que je lui avais
fait faire, et en particulier de certaines versions de
Sénèque sur la brièveté de la vie, sur le mépris de la
mort. « Nous les expliquions, me disait-il, littéralement,
et nous les traduisions en un français plus ou moins cor-
rect ; mais au fond nous ne les comprenions pas ; à seize
ans on ne réfléchit pas sur la brièveté de la vie ; on donnerait des mois de sa vie pour arriver plus vite aux
vacances ; on en donnerait des années pour arriver plus
vite au baccalauréat ; on ne craint ni ne méprise la
mort ; on n'y pense pas un instant. » Moi-même, lorsque,
pour satisfaire aux exigences des programmes, j'expli-
quais avec mes élèves des épîtres d'Horace, je me
demandais avec quelque inquiétude s'ils pouvaient saisir
les finesses de ces causeries d'un sceptique mûri par
l'âge et l'expérience de la vie au milieu d'une grande
capitale comme l'était Rome, causeries adressées à des
esprits fins et mûrs comme le sien, à Torquatus, à
Mécène, à Auguste.

On néglige aussi quelquefois de se demander si le
total des heures de travail intellectuel que l'on exige des
jeunes gens n'excède pas la limite de leurs forces, et si
un élève qui conserve souvent, et heureusement, l'étour-

derie de son âge, le besoin de mouvement, d'exercice corporel, de distraction, ne pliera pas sous le fardeau qu'un homme plus mûr soulève courageusement et porte avec constance. Il y a chez Rabelais une suite de chapitres fameux dans l'histoire de la pédagogie ; ce sont ceux où, en nous racontant « comment Gargantua feut institué par Ponocrates en telle discipline qu'il ne perdoit heure du jour », il nous trace les règles de la bonne éducation telle qu'il la comprenait lui-même. Je ne puis m'empêcher de penser que Gargantua seul était capable de soutenir un tel régime, malgré les récréations et la gymnastique qui le tempèrent, et que la capacité de son intelligence, semblable à celle de Rabelais, et encyclopédique comme elle, égalait au moins l'extraordinaire capacité de son estomac.

Je demande pardon de m'être laissé entraîner à cette digression sur un sujet qui me tient à cœur. Je reviens à mon idée de tout à l'heure, et je crois que la jeunesse, en raison de la fraîcheur des souvenirs qu'elle conserve de l'enfance, est un bon âge pour comprendre certaines questions de pédagogie dans lesquelles les intérêts des enfants sont en jeu.

Pour ces motifs, un cours de pédagogie me semble bien placé dans une Faculté des lettres. Mais il y en a d'autres encore.

J'estime que c'est un bon moyen d'entretenir une littérature que je trouve utile entre toutes, la littérature pédagogique, celle qui comprend les ouvrages sur l'éducation, dont la lecture est assurément profitable pour les personnes chargées de la partie pratique d'une œuvre aussi importante, pour les pères, les mères, et aussi les instituteurs de la jeunesse. Certes, ce genre compte déjà d'admirables ou d'estimables modèles. Il est possible que beaucoup de temps soit nécessaire pour qu'il sorte de nos cours des livres comme les *Pensées* de Locke sur l'éducation, l'*Éducation des filles* de Fénelon, l'*Émile* de Rousseau , ou même *l'Éducation progressive* de Mme Necker de Saussure. Cependant il en est de la pédagogie comme de la philosophie, dont l'enseignement supérieur entretient le goût et pratique le culte, bien que les professeurs de philosophie ne produisent pas chaque année des livres qui se puissent comparer à la *Recherche de la vérité* de Malebranche ou à l'*Éthique* de Spinosa.

On ne doit pas s'immobiliser et s'endormir dans l'étude indéfinie des modèles, ni s'en tenir éternellement au rôle de commentateur. Il faut essayer de produire soi-même, ne fût-ce que des œuvres modestes, reprendre les sujets déjà traités, tout en s'inclinant devant les maîtres et en s'inspirant d'eux, parce qu'il n'est pas, surtout en pédagogie, de si bon ouvrage qui ne porte la marque de son époque, et qui, à un certain moment, ne réponde plus entièrement aux nécessités de l'heure actuelle. J.-J. Rousseau, par exemple, déclare que *la République* de Platon est le plus beau traité d'éducation qu'on ait jamais fait. Mais, comme je me suis permis de le dire autre part, « un homme de notre temps se tromperait singulièrement s'il allait demander à *la République*, sur la foi d'une telle recommandation, des conseils suivis pour l'éducation de ses enfants. Il y trouverait un assemblage extraordinaire des idées métaphysiques les plus élevées et des utopies sociales les plus condamnables, l'intelligence et la passion des arts en lutte avec le souvenir et l'admiration des lois faites par Lycurgue pour un peuple aussi brutal que borné, les grâces libres d'Athènes, la dure contrainte de Sparte, ce mélange de folie et de raison que les modernes ont désigné sous le nom de fantaisie, beaucoup d'observations fines et justes sur l'enfance en même temps que le dédain du rêveur pour la réalité, et en somme un nombre assez restreint de règles d'une application pratique et durable [1]. » Locke a surtout en vue l'éducation des enfants de l'aristocratie anglaise à la fin du XVIIe siècle. L'*Émile*, malgré l'originalité de Rousseau et l'utilité générale d'un grand nombre de ses remarques, contient cependant bien des parties qui se sentent trop des paradoxes de l'auteur ou des préjugés de son temps pour que nous les étudiions autrement que par curiosité.

Rousseau croyait donner des règles universelles, qui pussent être appliquées en tout temps et à tous les hommes.

« Dans l'ordre naturel, disait-il au commencement de son livre, les hommes étant tous égaux, leur vocation commune est l'état d'homme; et quiconque est bien élevé pour celui-là ne peut mal remplir ceux qui s'y rapportent. Qu'on destine mon élève à l'épée, à l'Église, au barreau, peu m'importe. Avant la vocation des parents, la nature l'appelle à la vie humaine. Vivre est le métier que je lui veux apprendre.... Il faut donc généraliser nos vues, et considérer dans notre élève l'homme abstrait, l'homme exposé à tous les accidents de la vie humaine [2]. » Ne reconnaissons-nous pas là une des conceptions les plus caractéristiques de la fin du XVIIIe siècle, et aussi une des plus discutables, celle de l'homme abstrait, placé en dehors des conditions si importantes de temps, de lieu, de classe, de race, etc., pour lequel on fabrique de toutes pièces, avec une logique souvent désastreuse, des règles abstraites d'éducation, des constitutions politiques et des lois civiles abstraites, conformes à ce qu'on croit être la raison, et dont la force des choses concrètes, moins faciles à manier, se charge tôt ou tard de faire voir l'absurdité. Nous devons être aujourd'hui trop pénétrés par l'his-

---

1. *Les doctrines pédagogiques des Grecs*, chap. II.
2. *Émile*, liv. Ier.

toire et par les sciences naturelles pour admirer l'*Émile*, et surtout le système d'après lequel il a été conçu (ainsi que le *Contrat social* dans un autre genre), avec la même complaisance que les contemporains.

On pourrait prouver par bien d'autres exemples encore que les grandes œuvres pédagogiques ont toutes leur côté faible, leurs imperfections, leurs lacunes, et ne sauraient constituer à elles seules la littérature spéciale dont nous parlons en ce moment.

Je ne pense pas non plus qu'on doive se contenter des nombreuses productions pédagogiques dont les auteurs appartiennent à l'enseignement primaire ; sans doute, elles sont souvent des plus estimables, et leurs auteurs y font preuve de beaucoup de bonne volonté et d'expérience ; mais ils s'adressent à un public trop spécial et se placent à un point de vue trop restreint pour que ces productions suffisent, avec les grandes œuvres du passé, à composer une vraie bibliothèque pédagogique.

La pédagogie n'est pas exclusivement, comme certaines personnes le croient encore, du domaine de l'enseignement primaire. Il est vrai que l'enseignement primaire a devancé les autres dans cet ordre d'études, et que, jusqu'à présent, il s'y était à peu près seul établi. Ainsi ses examens professionnels les plus importants, ceux de la direction et du professorat des écoles normales, celui de l'inspection, comprennent des épreuves écrites de pédagogie. Les agrégations de l'enseignement secondaire n'en comprennent point.

Il y a encore des maîtres de l'enseignement secondaire qui se font de la pédagogie une idée bizarre, qui la considèrent comme une spéculation mystérieuse dont les initiés ont seuls le secret dans les écoles normales primaires. Je recevais dernièrement la visite d'un jeune homme, maître répétiteur dans un de nos lycées de l'Est. Il m'exposa que la licence ès lettres était difficile,

qu'elle ne conduisait pas sûrement à un bon poste dans
les collèges communaux, qu'il avait songé à un autre
examen, celui du professorat des écoles normales, dont
il attendait de meilleurs résultats, mais qu'il y avait
dans cet examen une composition écrite de pédagogie,
et que, n'ayant pas la moindre idée de ce qu'était la
pédagogie, il me priait de vouloir bien l'aider de mes
indications et de mes conseils. Ainsi voilà un universitaire chargé de fonctions que je trouve difficiles et
importantes, bachelier, intelligent et, j'aime à le croire,
laborieux, qui déclare n'avoir pas la moindre connaissance de la pédagogie !

M'avancerai-je beaucoup en disant que la plupart de
nos maîtres répétiteurs sont dans le même cas, et qu'ils
ne se sont jamais, ni par l'enseignement ni par la lecture, initiés à la science de l'éducation ?

Et nos professeurs eux-mêmes ? Dans quelles conditions, à cet égard, commencent-ils leur métier et font-
ils leurs premières classes ? Je garderai toujours le souvenir de mes débuts comme professeur de rhétorique
devant quelques jeunes méridionaux très dociles et
assez attentifs. Si je cite mon cas, c'est qu'il est encore
un peu celui de la plupart des débutants. A cet égard,
les choses n'ont pas sensiblement changé.

Quelle préparation professionnelle apportai-je ? Aucune. Du caractère des jeunes gens, je ne savais que ce
que j'avais observé en moi-même ou chez mes camarades, en y ajoutant quelques souvenirs d'auteurs classiques. Personne ne m'avait enseigné non plus comment
on tient une classe sous le rapport de la discipline,
comment on en dirige les exercices, comment on corrige des devoirs d'écoliers, comment on fait réciter
des leçons, comment on explique des auteurs. J'avais
bien, pour me guider, le souvenir de mes anciens maîtres ; mais, comme tous les collégiens, je les avais jugés

et appréciés avec beaucoup de présomption, et, à certains égards, autant d'inexactitude, plaçant très haut ceux qui m'avaient amusé, qui avaient su briller devant leur classe, moins haut des maîtres plus modestes et plus solides; ce souvenir, sur des points importants, était assez vague et ne pouvait pour moi se convertir en règles précises de conduite. J'avais donc à faire presque tout mon apprentissage, à mes dépens et aux dépens de mes élèves.

Quand on a des qualités naturelles de professeur, on le fait assez vite, cet apprentissage en pleine classe; mais, si l'on se rappelle les fautes et les bévues qu'on a commises pendant sa durée, on ne peut s'empêcher de penser qu'il aurait mieux valu le faire ailleurs, et arriver devant les premiers élèves mieux préparé au métier, moins novice. D'autant plus qu'il y a des maîtres assez malheureux pour que ces fautes et ces bévues décident de toute leur carrière, et qui, moins assurés que d'autres, moins habiles, ne savent ni les dissimuler ni les réparer. On leur eût rendu, par une bonne préparation pédagogique qui les eût mis en garde, un très grand service.

L'enseignement primaire est vraiment privilégié à cet égard. Les futurs instituteurs suivent, pendant les trois années d'école normale, des cours réguliers de pédagogie. En outre, à chaque école normale est annexée une école primaire où ils vont faire, à de fréquents intervalles, connaissance avec les enfants, et apprendre la pratique du métier, sous la direction d'un maître spécial.

Aucune organisation de ce genre n'existe encore dans l'enseignement secondaire. Les jeunes gens qui se destinent au professorat des lycées et des collèges auraient cependant besoin, aussi bien que les instituteurs, de suivre des cours de pédagogie et d'être initiés, sous la direction de maîtres capables, à la pratique de leur métier. Les élèves de l'École Normale supérieure vont bien, quelques semaines avant leur sortie définitive, faire la classe dans les lycées de Paris; mais je doute fort qu'une épreuve aussi courte, pendant laquelle ils sont presque toujours livrés à eux-mêmes, et, d'autre part, fort distraits par le souci de l'agrégation, soit suffisante et puisse être comparée, pour les résultats, aux trois années d'apprentissage à l'école annexe.

Quant aux boursiers des Facultés, qui constituent, au sein de chacune d'elles, une école normale plus modeste que celle de la capitale, mais appelée cependant à rendre de très grands services à l'enseignement secondaire, il est temps, croyons-nous, de songer à eux pour la préparation pédagogique, et d'instituer, au profit de ces futurs maîtres, des conférences pratiques où on leur parlera d'une manière plus régulière et plus suivie, avec plus de méthode qu'autrefois, des enfants qu'ils vont bientôt diriger, de la classe qu'ils vont bientôt faire.

Je ne pense pas toutefois que l'enseignement de la pédagogie dans une Faculté des lettres doive se restreindre à ces conférences pratiques, destinées surtout aux boursiers de licence et d'agrégation, et fermées au grand public. Il y a dans la pédagogie une foule de questions générales, assurément les plus importantes, qui intéressent tout le monde et sur lesquelles il est utile d'attirer l'attention des personnes cultivées, de tout âge et de toute profession, qui constituent l'auditoire des cours publics dans les Facultés. Il est utile, à mon avis, d'entretenir parmi elles ce mouvement d'études pédagogiques, presque nouveau en France, qui coïncide avec le relèvement de notre pays après les désastres de 1870, et dont certaines publications remarquables semblent avoir donné le signal; nous voulons parler du livre de

M. Michel Bréal, intitulé *Quelques mots sur l'instruction publique en France*, de la célèbre circulaire ministérielle de M. Jules Simon en 1872, de l'ouvrage du même auteur sur *La réforme de l'enseignement secondaire*, etc. Depuis, des revues spéciales, fort estimables, se sont fondées, avec l'intention d'étudier les questions pédagogiques qui se rapportent aux trois degrés de l'enseignement, primaire, secondaire, supérieur. Les journaux politiques eux-mêmes réservent aujourd'hui à ces questions une place parfois assez importante, ce qui prouve qu'elles intéressent le grand public de leurs lecteurs. La pédagogie, si modeste autrefois, a fait invasion dans la politique, ou, si l'on veut, la politique a fait invasion chez elle; les choses de l'éducation, de l'enseignement entrent pour une bonne part dans les préoccupations des hommes d'État; elles font l'objet de discussions ardentes dans les Parlements, la presse, les réunions, en un mot au sein du monde politique. Dans une chaire de Faculté on doit les envisager au point de vue élevé de la philosophie pédagogique, en laissant aux partis en lutte tout ce que certaines d'entre elles peuvent avoir d'irritant.

II

Par son objet, qui est pratique et qui consiste dans l'éducation des enfants, la pédagogie est un art: elle ne cherche pas seulement à connaitre la réalité, ce qui est le propre de la science, elle a la prétention d'agir sur la réalité pour la modifier, ce qui est le propre de l'art.

Mais, en pédagogie comme ailleurs, la science précède nécessairement l'art. Comment, en effet, agir sur la réalité, si on ne la connaît pas dans une certaine mesure? Il est superflu, du reste, de démontrer que les progrès de l'art sont en rapport avec ceux de la science, ceux de la métallurgie, par exemple, avec ceux de la chimie, ceux de la médecine avec ceux de l'anatomie et de la physiologie, etc., et que l'étude de la science doit toujours marcher avec celle de l'art, et toujours en la précédant. Ainsi l'étudiant en médecine étudie d'abord l'anatomie, la physiologie, la pathologie, avant d'aborder la médecine proprement dite. L'homme d'État ne ferait pas mal d'étudier les différentes branches de la science générale qu'Auguste Comte désigne sous le nom, très mal fait, de sociologie, avant de pratiquer cet art si délicat qui s'appelle la politique.

Quelle est donc la connaissance scientifique qui doit précéder la pratique de l'art en pédagogie? C'est celle de l'enfant. Mais l'éducation de l'enfant a un double but, qui est de former son corps et de former son âme. « L'éducation, dit Socrate dans *la République* de Platon, forme l'âme par la musique, qui comprend les exercices de l'esprit, et le corps par la gymnastique. » Aussi la connaissance du corps de l'enfant, de la structure et du fonctionnement de ses organes, est-elle le préambule indispensable de l'étude pédagogique de la gymnastique; et la connaissance de l'âme de l'enfant, de la manière d'être et du fonctionnement de ses facultés, doit-elle précéder l'étude pédagogique des procédés à employer dans l'éducation intellectuelle et morale.

La pédagogie, en tant que science, n'a donc pas un domaine absolument propre. Elle appartient, d'une part, aux sciences biologiques, à la somatologie, et, d'autre part, aux sciences philosophiques, à la psychologie. Ce qui semble la distinguer, c'est qu'elle étudie plus particulièrement le corps et l'âme de l'enfant. Mais cette étude plus particulière, si la somatologie et la psychologie se faisaient d'une manière complète, serait déjà comprise entièrement dans ces deux sciences, comme l'étude du corps et de l'âme du vieillard. Il y a dans le corps et dans l'âme de l'homme des faits généraux, qui commencent avec la vie et ne cessent qu'à la mort; il y a des faits spéciaux aux différents âges, qui doivent être relevés par la science aussi soigneusement que les autres, d'autant plus que souvent ils les éclairent et les expliquent. On pourrait dire que la pédagogie, comme science, n'a pas d'existence réellement distincte, et qu'elle emprunte toutes ses données à d'autres sciences.

La psychologie de l'enfant est une des parties les plus difficiles de la psychologie en général. En effet, la psychologie procède par l'observation, intérieure et extérieure. Dans l'observation intérieure par la conscience, l'homme est à la fois sujet observant et objet observé. Dans l'observation extérieure il cherche à passer de la connaissance des actes d'autrui visibles par les sens à celle des faits de l'âme dont ces actes sont le résultat. Les faits de l'âme chez autrui ne sont connaissables pour nous qu'autant que nous les avons, dans une certaine mesure, observés en nous-mêmes; car nous ne pourrions pas plus en avoir l'idée que l'aveugle-né ne peut avoir l'idée des couleurs, ou le sourd de naissance l'idée des sons.

L'enfant est un observateur très imparfait de lui-même; il est trop attiré par le monde extérieur, trop distrait, trop peu formé encore sous le rapport de l'intelligence, pour être capable de cette attention, de cette réflexion subjective par lesquelles s'exerce l'observation psychologique. Le flot des phénomènes s'écoule en lui sans qu'il en reste dans sa mémoire autre chose que des souvenirs relativement rares, si l'on en compare le nombre à celui des phénomènes écoulés. L'activité de notre pensée est prodigieuse pendant les premières années de la vie, si l'on en juge par les résultats, c'est-à-dire par les innombrables connaissances qu'alors nous avons acquises. Quels procédés notre esprit a-t-il suivis pour les acquérir, comment se sont développés nos instincts primitifs, se sont exercées nos premières tendances, s'est constitué notre caractère, dont les traits principaux sont déjà visibles lorsque à peine nous arrivons à ce qu'on appelle l'âge de raison? Aucun de nous ne le sait en ce qui le concerne. Un mot de Guizot, rapporté par sa fille, m'a beaucoup frappé, parce que j'y trouve, bien que sous une forme un peu trop absolue, l'expression de ce que je crois la vérité. « Mes souvenirs ne remontent pas plus loin, disait-il en parlant de son année de philosophie; c'est alors seulement que j'ai commencé de vivre [1]. »

A cette observation intime de l'enfant par lui-même, qui serait la plus féconde en renseignements précieux, il faut donc que supplée en grande partie l'observation des enfants pratiquée par les hommes d'âge mûr. Mais la principale difficulté, c'est que celui qui observe dans ces conditions se trouve dans un état d'âme très différent de celui qu'il observe: il doit faire les plus grands efforts, d'une part pour ne pas attribuer aux enfants ses propres sentiments, ses propres pensées, d'autre part pour comprendre et pénétrer des pensées et des sentiments qui ne sont plus les siens et dont il a perdu, dont peut-être même il n'a jamais eu le souvenir. Il y a des pensées d'enfants que les enfants seuls peuvent penser, des sentiments d'enfants que les enfants seuls peuvent éprouver.

Cette observation psychologique de l'enfance est le point de départ, le préambule indispensable de la péda-

1. *M. Guizot dans sa famille*, par Mme DE WITT.

gogie ; mais elle appartient à une science qui n'est pas
la pédagogie elle-même.

La pédagogie est un art. Elle prend la nature telle
qu'elle la trouve et s'efforce d'agir sur elle par certains
procédés en vue d'un certain but.

Ce but même, ce n'est pas elle qui se l'assigne. Le
but de l'éducation est le même que celui de la vie; le
déterminer appartient à la spéculation qui porte le
nom de morale. On ne peut élever l'enfant qu'en vue
des fins de l'homme lui-même et d'après la conception
qu'on s'en est faite; or la question des fins de l'homme
est essentiellement du domaine de la morale.

La pédagogie se trouve donc placée entre la psychologie, qui lui fournit la connaissance de son point de
départ (n'oublions pas non plus les sciences biologiques, en ce qui concerne l'éducation physique de l'enfant), et la morale, à laquelle elle doit sa conception
du but où tend l'éducation. Aussi a-t-elle des rapports
étroits avec les sciences philosophiques, et un professeur de pédagogie est-il forcé de pénétrer souvent dans
le domaine de ces sciences. Elle n'est même pas étrangère à la politique, en prenant ce mot dans son acception la plus élevée. J.-J. Rousseau distingue l'ordre
social de l'ordre naturel, et l'éducation donnée en vue
du premier de celle qui est donnée en vue de l'autre;
c'est cette dernière seulement que recevra son Émile;
en sortant de ses mains, il ne sera, dit-il, ni magistrat,
ni soldat, ni prêtre, il sera premièrement homme. Il y
a, dans une telle conception, une part de justesse, et
aussi de l'excès. L'éducation ne doit pas être, il est vrai,
uniquement professionnelle; mais elle ne doit pas non
plus être uniquement générale et, comme dit Rousseau,
abstraite, parce qu'il n'y a pas d'homme abstrait, et
que tout homme, outre sa profession d'homme, doit en
exercer une autre plus déterminée, qu'il est mauvais de

ne pas avoir un peu en perspective lorsqu'on l'élève. C'est pourquoi il est désirable que la pédagogie ne soit pas entièrement étrangère aux études sociales, et que ceux qui la professent aient quelque idée des besoins, des tendances, des nécessités de la société à laquelle ils appartiennent. Rien ne serait, à mon avis, plus funeste que l'ignorance et l'erreur en pareille matière. Car on peut faire à cet égard de bien mauvaise besogne dans les écoles de tout ordre; on en peut faire sortir bien des inutiles et des déclassés.

A la pédagogie proprement dite appartient l'étude des procédés par lesquels il est possible d'exercer, en vue d'un but déterminé, une action durable sur le corps, l'intelligence et le caractère de l'enfant.

J'ai dit précédemment, lorsque j'ai parlé de la tradition en pédagogie, comment ces procédés avaient été à l'origine imaginés, choisis, améliorés et transmis. Il est évident que la pédagogie, comme les autres arts, a suivi les progrès de la civilisation. Un moment est aussi arrivé pour elle où, à la tradition populaire, s'est ajoutée l'étude réfléchie, et où l'éducation des enfants est devenue l'objet de recherches plus ou moins sérieuses. Mais il a fallu un très long temps pour que l'enseignement pédagogique se constituât sous une forme véritablement didactique, pour qu'il fût donné suivant une marche régulière, méthodiquement. Ce progrès est à peu près contemporain de nous.

Parcourons, en effet, d'un rapide regard les œuvres importantes du passé qui ont pour objet principal ou accessoire l'éducation des enfants. Chez les Grecs, ainsi que je l'ai dit dans un travail sur leurs doctrines pédagogiques, « on trouve dans Platon, dans Aristote, dans Plutarque, d'utiles conseils, des aperçus ingénieux et quelques vues profondes : mais aucun d'eux ne nous a laissé une forte conception d'ensemble. Le trait

commun que l'on remarque chez tous, c'est une sorte
d'abandon, un certain dédain de l'analyse méthodique
et de la recherche approfondie. Leurs ouvrages (en ce
qui regarde la pédagogie) ne sont encore que des essais,
des esquisses parfois un peu confuses, dans lesquelles il
est plus ou moins facile de déterminer ce qui revient à
l'originalité de l'auteur et ce qui appartient plutôt à
son pays et à son temps. Il est regrettable que la pédagogie n'ait pas eu son Hippocrate, et qu'elle n'occupe qu'un rang assez inférieur dans ce que l'antiquité grecque nous a légué en spéculations de tout
genre [1]. »

Chez les Latins, nous avons Quintilien et son *Institution oratoire*, où la pédagogie n'occupe qu'une place
restreinte et disparaît assez vite devant la toute-puis-
sante rhétorique, à laquelle l'auteur attachait une bien
autre importance. On peut citer quelques ouvrages du
moyen âge et de la Renaissance, comme le petit traité
de Gerson : *De parvulis trahendis ad Christum*, le livre
d'Ægidius de Columna sur l'*Éducation des princes*, le
De liberorum educatione, d'Æneas Sylvius Piccolomini,
les deux traités d'Érasme : *De pueris statim ac libe-
raliter instituendis* et *De civilitate morum puerilium*,
celui de Sadolet : *De liberis recte instituendis liber*, etc.
Aucun d'eux n'est arrivé à une renommée durable
et n'intéresse guère d'autres personnes que les purs
érudits. Rabelais et Montaigne ont touché à la pédagogie par occasion seulement, et rien, dans ce qu'ils
en ont dit, ne ressemble à un traité. Le XVIIe siècle lui-
même ne nous offre pas un seul grand livre où toutes
les questions qui se rapportent à la pédagogie soient
embrassées dans leur ensemble et examinées en détail,
avec les proportions qui conviennent à chacune d'elles;

1. *Les Doctrines pédagogiques des Grecs. Conclusion.*

les ouvrages de ce siècle qui traitent de l'éducation offrent de très intéressantes parties, mais sont ou trop incomplets ou écrits en vue d'un objet trop spécial pour qu'on leur demande un enseignement général et méthodique. Ainsi Port-Royal songe à élever dans ses Petites Écoles de jeunes chrétiens suivant l'esprit austère de sa doctrine; Mme de Maintenon pense, avant tout, dans ses *Lettres, Avis, Entretiens et Conversations,* aux dames et aux filles de Saint-Cyr; c'est à la prière du duc de Beauvillier, qui avait huit filles à élever, que Fénelon composa, en 1680, son petit traité *De l'Éducation des filles,* après avoir médité sur ce sujet lorsqu'il était directeur du couvent des Nouvelles Catholiques, c'est-à-dire des jeunes protestantes converties à la suite des ordres royaux qui préludaient à la révocation de l'édit de Nantes. En pays protestant, les excellentes *Pensées sur l'éducation,* du sage Locke, parues à Londres en 1693, sont visiblement écrites au courant de la plume, sans grand souci de composer un ouvrage ordonné et complet. Le *Traité des études* de Rollin est un livre de collège, une paraphrase de Quintilien en beaucoup d'endroits, plus capable d'intéresser les régents que le grand public. Le premier livre sur l'éducation qui mérite véritablement le nom de traité, et qui se présente à nous avec un ensemble d'idées générales et de détail mûries, ordonnées, développées, de manière à former une œuvre suivie, complète et forte, c'est l'*Émile,* de J.-J. Rousseau, qui ne date que de 1762; aussi fait-il époque dans l'histoire de la pédagogie, et exerça-t-il une influence très grande, non seulement sur la nation française, pour laquelle il était écrit, mais aussi sur l'étranger; il a inspiré presque tous les éducateurs allemands. Après lui, aucune œuvre pédagogique n'est arrivée à la gloire; aucune n'a mérité, par des qualités aussi puissantes, de remuer les esprits et d'agir sur l'éducation. Il a paru de nos jours un grand nombre d'œuvres sérieuses, qui tendent de plus en plus à faire de la pédagogie l'objet d'une étude méthodique et complète, mais qui ne parviennent pas à dépasser ce que l'on appelle le succès d'estime, ni à sortir d'une demi-obscurité pour arriver au grand jour et s'imposer à l'attention publique.

En somme, la littérature pédagogique est loin de valoir, par l'abondance et l'éclat de ses productions, telles autres littératures spéciales, comme celles qui traitent de la philosophie, des sciences physiques et naturelles, de la médecine. Est-ce donc que la pédagogie elle-même n'intéresse point autant le public, ou qu'elle ne soit pas l'objet d'un mouvement d'esprit aussi actif que les autres spéculations, qu'elle languisse dans l'inertie, qu'elle ne fasse pas de progrès comme les sciences et les arts en général, que les découvertes y soient rares, qu'en dehors de quelques préceptes de bon sens, de quelques remarques faciles à faire sur les procédés de l'éducation, elle n'ait rien de bien nouveau à nous apprendre, qu'elle soit incapable de donner lieu à un enseignement vivant?

Il serait trop long de rechercher les causes de cette infériorité relative où elle est restée dans le passé. J'en indiquerai seulement une, c'est la position intermédiaire qu'elle occupe, comme je l'ai montré tout à l'heure, entre deux spéculations de premier ordre, la psychologie et la morale, et les limites mal déterminées qui l'en séparent; les grands psychologues et les grands moralistes ont fait souvent de la pédagogie avec un éclat qui a rejailli sur ces deux spéculations plutôt que sur la pédagogie elle-même.

Les recherches pédagogiques ne doivent pas, à mon avis, se faire uniquement dans l'enceinte des Facultés (je laisse de côté l'enseignement, plus spécial et plus restreint, qui se donne sur ces matières dans les écoles normales d'instituteurs), pour venir ensuite à la connaissance du public. Il y a des centres d'étude où la pédagogie peut être cultivée avec le plus grand fruit; ce sont, dans les établissements secondaires, ces réunions des professeurs que M. Jules Simon a essayé de remettre en honneur par sa circulaire du 27 septembre 1872. Je n'oserais affirmer qu'elles n'ont pas un peu langui depuis, et j'ai entendu plus d'une fois l'une des critiques les plus graves que le personnel si distingué et si dévoué de nos lycées ait élevées contre cette utile institution, à savoir son peu d'effet pratique.

Assurément, il est pénible, à certains égards, de se livrer à des discussions sérieuses, en ayant en vue un résultat pratique, et de se voir réduit au rôle académique d'un corps savant, qui n'a ni le pouvoir législatif ni celui de l'exécution.

Mais en supposant même, ce que je ne crois point, que les résolutions prises par les réunions de professeurs soient fréquemment condamnées à ne pas aboutir, les questions qu'on y agite n'en perdent pas pour cela leur intérêt. Il en est de même dans tous les ordres d'études pratiques. Assurément ceux qui recherchent le meilleur système d'impôts et qui arrivent à des conclusions précises ne s'attendent pas à les voir transformer sans délai en lois et en règlements officiels. Que d'études et de discussions sont nécessaires pour que l'opinion se forme sur une question, pour qu'il en résulte un mouvement puissant, qui entraîne l'action définitive de l'État. C'est déjà rendre un grand service au pays et obtenir un résultat précieux que de ne pas laisser les questions languir, pour ainsi dire, au milieu de l'indifférence générale, ce qui sert merveilleusement la routine. Celles qui se rapportent à la pédagogie ont du reste en elles-mêmes un intérêt purement spéculatif, qui, sans autre préoccupation, suffit pour attirer sur elles l'attention des esprits sérieux.

Il est une partie de la pédagogie pratique pour laquelle la collaboration des professeurs pourrait être utilement sollicitée, et serait, j'en suis sûr, accordée de grand cœur : c'est la discipline intérieure des établissements auxquels ils appartiennent, en prenant ce mot de discipline dans un sens noble et large, et en désignant par là l'étude, le maniement, l'amélioration des caractères.

Dans un grand établissement secondaire, la tâche de l'éducation des enfants est vraiment écrasante pour celui qui le dirige, sinon impossible. Quels sont, pour cette tâche si importante, si redoutable, ses collaborateurs intimes et de chaque instant? Ce sont, non pas les professeurs, qui passent chaque jour si peu de temps dans la maison, mais de jeunes maîtres répétiteurs; c'est avec eux que le chef s'entretient des qualités morales et des défauts de ses élèves, échange des observations pédagogiques, traite des questions essentielles et capitales d'un art aussi difficile. Si nos professeurs y prenaient une part plus grande, eux dont le talent d'écrivain s'exerce volontiers sur d'autres questions, peut-être moins importantes, que d'observations fines, que de remarques précieuses, que de bons ouvrages viendraient enrichir la littérature pédagogique et serviraient à notre enseignement!

Enfin nous irons jusqu'à dire que tout père de famille intelligent et cultivé peut se livrer avec succès à nos recherches dans le cercle restreint de sa famille. Qu'il observe attentivement ses enfants sur divers points de leur développement physique, intellectuel, moral; qu'il se rende un peu compte de la manière dont se forment leur esprit et leur caractère, et qu'il consigne ses remarques dans des notes prises au jour le jour. Ce journal de pédagogie intime, rédigé simplement par un père de famille perspicace, serait un document des plus précieux et vaudrait, dans sa simplicité, plus que beaucoup d'ouvrages composés avec des prétentions d'auteur. L'éminent helléniste M. Émile Egger nous en a donné l'exemple dans son opuscule si intéressant intitulé *Le développement de l'intelligence et du langage chez les enfants*. La *Revue philosophique*, dirigée par M. Ribot, publie de temps à autre de très curieux travaux de ce genre.

La pédagogie est un art que tout le monde pratique plus ou moins, mais la plupart du temps, comme M. Jourdain faisait de la prose, sans le savoir. Réfléchissons davantage aux procédés, complétons et redressons par un savoir convenablement acquis ce que la tradition présente de défectueux et d'incomplet, nous rendrons le plus grand service à ce que nous avons, à ce que la patrie a de plus cher, aux enfants.

Je serais, quant à moi, fort heureux si cet ouvrage pouvait y contribuer pour une petite part.

CHAPITRE PREMIER

Définition du caractère. — L'éducation, œuvre de la liberté de
l'homme, modifie la nature. L'œuvre de la nature doit-elle être
modifiée? est-e le bonne ou mauvaise? Opinions optimiste et
pessimiste. — Recherche de ce qu'elle est réellement. Instincts
primitifs qui rapprochent l'homme de la bête et l'animent dans
la lutte pour l'existence. —Classification théologique des défauts:
la triple concupiscence. — Classification des mobiles de la volonté dans Mme Necker de Saussure. — Les instincts primitifs ci dessus désignés peuvent se ramener à l'égoïsme. — La
double face de la nature humaine.

En commençant une étude sur l'éducation du caractère, il convient de définir exactement ce que nous
entendons par le mot de « caractère », si souvent
employé.

Ouvrons un dictionnaire usuel, le Littré abrégé par
exemple; nous y lisons : « Caractère : ce qui distingue,
au moral, une personne d'une autre; nature, naturel,
mœurs, sentiments ». Cette définition, qui serait à peu
près celle que donnerait le premier venu interrogé sur
le sens qu'il attache au mot dont il s'agit, nous paraît
un peu vague et confuse.

On peut entendre par le naturel d'un homme, au
moral, la manière d'être de son âme, telle qu'elle est
naturellement, abstraction faite de l'action exercée sur
elle postérieurement à la naissance par les autres hom-

mes, par l'éducation, par les circonstances, par le monde extérieur.

Encore est-il à peu près chimérique de croire que l'on peut connaître cette manière d'être à l'état exclusivement natif, puisque au moment de la naissance il est impossible de rien apercevoir du moral de l'enfant, et qu'à ce moment même commence à s'exercer sur lui l'action des autres hommes, de l'éducation, des circonstances, du monde extérieur. Il est certains traits qui, par suite de cette action, ne se manifesteront jamais, d'autres qui se manifesteront plus faibles ou plus accentués. Il faut une observation pénétrante et fine pour discerner, dans ce qu'on appelle le naturel d'un homme, la part exacte de la nature et les modifications apportées à la nature par différentes causes postérieurement à la naissance.

Quoi qu'il en soit, tous les traits du naturel d'un individu ne constituent pas son caractère distinctif, puisqu'il y en a qui lui sont propres, et d'autres qui lui sont communs avec d'autres individus; ce sont les traits généraux de la famille, de la contrée, de la nation, de la race, de l'espèce auxquelles il appartient.

Afin d'éviter toute confusion, nous dirons que nous entendons dans cette étude, par le mot « caractère », l'ensemble des qualités (en donnant à ce terme le sens de manière d'être, sans y attacher d'acception favorable ou défavorable) que présentent deux des trois grandes facultés de l'âme humaine, la sensibilité et la volonté.

L'âme humaine est une. Aussi le domaine des facultés plus ou moins nombreuses qu'on lui reconnaît ne peut-il être limité avec une précision rigoureuse. Prenons un exemple. L'imagination est particulièrement attribuée à la faculté de l'intelligence; c'est donc l'intelligence qui agit lorsque l'enfant conçoit un fantôme par l'imagination; mais c'est la sensibilité qui s'exerce lorsqu'il tremble et crie de peur à la suite de cette conception. Toutefois ne doit-on pas reconnaitre qu'il y a entre les deux facultés un lien tellement étroit que, dans la plupart des cas, la vivacité de l'imagination est en rapport direct avec celle du sentiment, tandis que la langueur de l'une implique celle de l'autre? Cependant il y a dans l'intelligence des facultés secondaires qui paraissent avoir des relations moins directes avec la sensibilité et la volonté. Tels sont la mémoire, le raisonnement, etc. Celles-là, nous ne les comprendrons pas dans ce que nous appelons le caractère. Nous ne faisons guère, du reste, qu'adopter la distinction vulgaire de la tête et du cœur, attribuant à la tête ce qui est du domaine de l'intelligence pure, et au cœur ce qui relève de la sensibilité et de la volonté. Remarquons toutefois que le mot tête, dans le langage vulgaire, est parfois employé pour désigner autre chose que la pure intelligence, comme dans l'expression de « mauvaise tête », qui désigne évidemment une manière d'être relevant en grande partie de la sensibilité et de la volonté.

L'homme, en tant qu'âme, sent, pense et veut. Nous nous occuperons surtout de la manière dont il sent et dont il veut, au point de vue de l'action que l'éducation est capable d'exercer sur lui à cet égard.

Ici se présentent à nous plusieurs questions, pour ainsi dire préjudicielles, particulièrement les deux suivantes.

L'homme est-il capable d'exercer librement sur lui-même une action quelconque, et de modifier par son initiative l'action des causes naturelles? La vie de chacun n'est-elle pas la conséquence nécessaire d'antécédents qui la déterminent aussi impérieusement que le moindre mouvement mécanique est déterminé par une infinité de mouvements antérieurs, tous liés les uns aux autres par une nécessité inflexible? Le caractère de chacun n'est-il pas tel qu'il doit être en raison de ces antécédents, et la prétention d'agir sur lui pour le modifier, le soustraire dans une certaine mesure aux fatalités naturelles, n'est-elle pas chimérique?

Cette première question n'est autre que celle du libre arbitre; nous ne la soulevons pas pour la traiter, mais seulement pour dire qu'à notre avis l'œuvre de l'éducation suppose la croyance à la liberté, au pouvoir qu'a l'homme de modifier dans de certaines limites l'œuvre de la nature, d'introduire dans l'univers des actes qui ne sont pas nécessairement produits et rigoureusement déterminés par leurs antécédents, mais qui auraient pu ne pas être produits, si la volonté de l'homme en eût décidé autrement. Certes, nous ne nions pas que le caractère d'un individu quelconque ne soit une résultante de causes innombrables, dont la plupart échappent à notre action et dont beaucoup même échappent à notre connaissance. Mais nous croyons fermement que, parmi ces causes, il peut y en avoir une, très puissante, qui dépend de nous; cette cause, c'est l'éducation. Sinon, pourquoi nous donnerions-nous tant de peine et chercherions-nous avec tant de sollicitude les meilleures méthodes dans l'éducation de la jeunesse? Un déterministe rigoureux répondra que cette peine elle-même est voulue par la nature, que les bonnes comme les mauvaises méthodes sont son œuvre, à laquelle nous concourons en esclaves, absolument soumis au fond, mais bercés par l'illusion singulière qu'ils commandent parfois, tandis qu'en réalité ils obéissent toujours. Nous résisterons quand même, et nous penserons qu'une illusion aussi tenace, à laquelle tous les raisonnements de la science déterministe sont incapables de nous faire renoncer, pourrait bien n'être autre chose qu'une indestructible vérité.

La seconde question n'est pas sans quelques rapports avec la première. Y a-t-il lieu de modifier la nature? ne vaudrait-il pas mieux au contraire la laisser agir comme une mère bienfaisante, comme une directrice infaillible, qui sait mieux que nous ce qui convient à ses enfants? L'action de l'homme, au lieu d'être utile, n'est-elle pas plutôt nuisible? tout le mal moral ne vient-il pas de ce que l'homme n'a pas su écouter docilement la nature, de ce qu'il a eu la prétention funeste de se soustraire à sa direction, de ce qu'il a substitué à la simplicité, à la droiture, à la tranquillité, à la bonté naturelles, ses raffinements, ses inquiétudes et ses malices?

Montaigne figure au premier rang parmi ces admirateurs de la nature. Nous lisons dans son chapitre *Des Cannibales* [1] : « Ils sont sauvages, de mesmes que nous appelons sauvages les fruicts que nature de soy et de son progrez ordinaire a produicts; tandis qu'à la vérité, ce sont ceulx que nous avons alterez par nostre artifice, et destournez de l'ordre commun, que nous debvrions appeler plustost sauvages : en ceulx là sont vifves et vigoreuses les vrayes et plus utiles et naturelles vertus et proprietez; lesquelles nous avons abbastardies en ceulx cy, les accomodants au plaisir de nostre goust corrompu; et si pourtant la saveur mesme et délicatesse se treuve, à notre goust mesme, excellente, à l'envi des nostres, en divers fruicts de ces contrées là, sans culture. Ce n'est pas raison que l'art gaigne le poinct d'honneur sur nostre grande et puissante mère nature. Nous avons tant rechargé la beauté et richesse de ses ouvrages par nos inventions, que nous l'avons du tout estouffée : si est ce que partout où sa pureté reluict, elle faict une merveilleuse honte à nos vaines et frivoles entreprinses. »

Montaigne va plus loin dans son apologie de Raimond Sebond [2]; au lieu d'admirer dans l'homme l'effort qu'il

<hr>

1. *Essais*, liv. I, chap. xxx.
2. *Essais*, liv. II, chap. xii.

fait pour se donner lui-même ce qui lui est nécessaire et pour être lui-même en quelque sorte l'auteur de sa vie, il trouve plus beau de tout devoir à la nature et de se laisser aller à sa bonne loi : « Il est plus honorable d'estre acheminé et obligé à reglcement agir par naturelle et inévitable condition, et plus approchant de la Divinité, que d'agir reglcement par liberté temeraire et fortuite; et plus seur de laisser à nature, qu'à nous, les resnes de nostre conduicte. La vanité de nostre présumption faict que nous aimons mieulx debvoir à nos forces, qu'à sa libéralité, nostre suffisance; et enrichissons les aultres animaulx des biens naturels, et les leur renonceons, pour nous honorer et ennoblir des biens acquis; par une humeur bien simple, ce me semble, car je prise-rois bien autant des grâces toutes miennes, et naïfves, que celles que j'aurois esté mendier et quester de l'apprentissage, il n'est pas en nostre puissance d'acquerir une plus belle recommendation que d'estre favorisé de Dieu et de nature. »

La conséquence toute simple, c'est que l'œuvre de l'éducation est inutile, et qu'il n'y a rien de mieux à faire que de laisser l'enfant se développer suivant ses instincts naturels; aussi Montaigne prétend-il avoir suivi cette règle pour son propre compte [1] : « J'ay prins bien simplement et crûment, pour mon regard, ce precepte ancien que : — Nous ne scaurions faillir à suyvre nature; — que le souverain precepte, c'est de — Se conformer à elle. — Je n'ay pas corrigé, comme Socrate, par la force de la raison, mes complexions naturelles, et n'ay aulcunement troublé, par art, mon inclination : je me laisse aller, comme je suis venu; je ne combats rien; mes deux maistresses pieces vivent, de leur grâce, en paix et bon accord. »

____

1. *Essais*, liv. III, chap. XII.

A ceux qui opposent volontiers, comme Montaigne, la nature et l'art dans l'éducation, et qui condamnent celui-ci pour donner à celle-là toute leur confiance, il est facile d'adresser l'objection suivante : « Puisque la nature est si bonne, et puisque sa direction, à condition qu'on la suive docilement, est si sûre, elle aurait bien dû ne pas mettre en nous cette manie de la modifier et de l'altérer ». A moins qu'on ne prétende que cette manie résulte d'un mauvais emploi de notre libre arbitre. Le libre arbitre ne nous aurait donc été donné que pour suivre la nature, auquel cas il est inutile; ou pour la modifier en mal, puisqu'il est impossible de la modifier en bien, à cause de son excellence, auquel cas il est nuisible. Voilà cette prérogative, considérée généralement comme la plus belle, la plus précieuse de toutes, qui devient un don inutile ou funeste.

Il est impossible, du reste, de prendre tout à fait au sérieux le dédain de l'éducation qui se fait sentir dans les passages précédemment cités, puisque nous savons que Montaigne a écrit sur l'éducation même un remarquable chapitre où il l'estime à son véritable prix.

Pour J.-J. Rousseau, l'éducation est un mal nécessaire, comme il résulte du début de son *Émile* : « Tout est bien, sortant des mains de l'Auteur des choses; tout dégénère entre les mains de l'homme. Il force une terre à nourrir les productions d'une autre, un arbre à porter les fruits d'un autre; il mêle et confond les climats, les éléments, les saisons; il mutile son chien, son cheval, son esclave: il bouleverse tout, il défigure tout : il aime la difformité, les monstres; il ne veut rien tel que l'a fait la nature, pas même l'homme; il le faut dresser pour lui, comme un cheval de manège; il le faut contourner à sa mode, comme un arbre de son jardin. Sans cela, tout irait plus mal encore, et notre espèce ne veut pas être façonnée à demi. Dans l'état où sont désormais les choses, un homme abandonné dès sa naissance à lui-même parmi les autres serait le plus défiguré de tous. »

Ainsi, d'après Rousseau, il eût mieux valu que l'homme restât toujours à l'état de nature, dans lequel il était parfait, puisque « tout est bien, sortant des mains de l'Auteur des choses ». Malheureusement l'art humain l'a tellement altéré et corrompu depuis l'origine de l'espèce, qu'aujourd'hui l'homme à l'état de nature serait le plus défiguré de tous et paraîtrait une sorte de monstre. Nous verrons bientôt ce qu'est au juste cet état de nature qui inspire à Rousseau tant de regrets, surtout, à notre avis, parce qu'il s'en est fait, dans son imagination chimérique, une fausse idée.

En regard des opinions optimistes de Montaigne et de Jean-Jacques au sujet de la nature, il est intéressant d'entendre quelques-uns de ceux qui l'ont appréciée avec moins de complaisance et qui ont vu le mal chez l'homme dès l'origine, lorsqu'il sort, pour ainsi dire, de ses mains. « Comment celui qui est né de la femme serait-il pur[1]? » s'écrie Bildad dans le poème de Job[1]. « La faiblesse des organes est innocente chez les enfants, dit saint Augustin, mais non pas leur âme. J'ai vu, j'ai vu moi-même un petit enfant dévoré par la jalousie : il ne parlait pas encore; mais, tout pâle, il regardait d'un œil haineux son frère de lait[2] ». La corruption native de l'homme est le fond de la doctrine janséniste, qui n'est, sur ce point, que celle de l'Église chrétienne tout entière, présentée sous des couleurs particulièrement sombres. « Aussitôt que les enfants, dit un janséniste, commencent à avoir la raison, on ne remarque en eux que de l'aveuglement et de la faiblesse : ils ont

---

1. Job, xxv, 4.
2. *Confessions*, liv. 1, chap. vii.

l'esprit fermé aux choses spirituelles et ne les peuvent comprendre. Mais, au contraire, ils ont les yeux ouverts pour le mal; leurs sens sont susceptibles de toute sorte de corruption, et ils ont un poids naturel qui les y porte avec violence [1]. » « Vous devez considérer vos enfants, dit un autre janséniste, comme tout enclins et portés au mal. Leurs inclinations sont toutes corrompues, et, n'étant pas gouvernées par la raison, elles ne leur feront trouver de plaisir et de divertissement que dans les choses qui portent aux vices [2]. »

Le Philinte de Molière n'appartient pas assurément à cette secte théologique, si sombre et si austère. Il a des dehors plus aimables et un langage plus indulgent. Mais ne nous y trompons pas : au fond, il n'estime guère davantage l'espèce humaine; pour lui, l'homme est un animal qui a sa méchanceté propre, comme le singe et le loup :

> Et mon esprit enfin n'est pas plus offensé
> De voir un homme fourbe, injuste, intéressé,
> Que de voir des vautours affamés de carnage,
> Des singes malfaisants et des loups pleins de rage.

La Bruyère a écrit sur les enfants une phrase dont on attribue parfois l'amertume à son pessimisme de célibataire, mais que bien des pères de famille observateurs signeraient volontiers : « Les enfants sont hautains, dédaigneux, colères, envieux, curieux, intéressés, paresseux, volages, timides, intempérants, menteurs, dissimulés;... ils ne veulent point souffrir de mal, et aiment à en faire. Ils sont déjà des hommes. »

Le pessimisme concernant l'état naturel de l'homme

1. Cité par Compayré, *Histoire critique des doctrines de l'éducation en France*, p. 265, t. I.
2. *Id.*, p. 266.

ne peut, croyons-nous, atteindre à une expression plus forte et plus nette que celle qui lui est donnée par Schopenhauer : « L'homme est au fond une bête sauvage, une bête féroce. Nous ne le connaissons que dompté, apprivoisé en cet état qui s'appelle civilisation : aussi reculons-nous d'effroi devant les explosions accidentelles de sa nature. Que les verrous et les chaînes de l'ordre légal tombent n'importe comment, que l'anarchie éclate, c'est alors qu'on voit ce qu'est l'homme[1]. »

C'est la thèse tout à fait opposée à celle de Rousseau : d'après le philosophe genevois, la civilisation a gâté l'homme, naturellement bon ; d'après le pessimiste allemand, seule elle l'empêche d'être ce que la nature l'a créé, une bête méchante et féroce.

Pour nous faire une opinion nous-mêmes, cherchons dans l'enfant l'homme tel qu'il sort des mains de la nature, tout en renouvelant la réserve que nous avons faite précédemment, à savoir qu'il est, même dès le premier âge, difficile de distinguer l'œuvre de la nature et celle de l'homme, puisque, aussitôt qu'il est né, l'enfant subit l'action de l'homme, qui modifie immédiatement l'œuvre de la nature. Il y a plus. En supposant, hypothèse insoutenable, que l'enfant pût vivre sans que l'action de l'homme s'exerçât immédiatement sur lui par les soins de la première éducation, et que la nature seule pût lui servir de nourrice, son développement ne serait pas, en vertu des lois de l'hérédité, l'œuvre de la pure nature ; car, s'il n'est pas l'élève de ses parents, de ses proches, il a derrière lui une série très longue d'ascendants qui lui ont transmis, avec la vie, un ensemble d'instincts, de sentiments, d'aptitudes, d'idées, inhérent, pour ainsi dire, à son sang et à tout son être. Nous étudierons bientôt cette influence si puis-

----

1. *Pensées, maximes et fragments* (édit. Bourdeau), p. 152.

sante de l'hérédité. Mais nous pouvons dire dès maintenant, ce que tout le monde sait, que ces qualités dont chaque enfant hérite ne sont pas simplement le don, précieux ou funeste, fait par la nature à son premier ascendant, et qui se serait transmis, de génération en génération, comme un héritage invariable; chacun des ascendants y a plus ou moins ajouté, et ce don de la nature au premier homme a constitué une sorte de fonds qui s'est, à travers les âges, singulièrement augmenté.

Considérons donc, sans préjugé ni parti pris, l'enfant tel qu'il se montre à l'observateur dans son âge le plus tendre, avec ses qualités et ses défauts, les derniers n'étant souvent que l'exagération, l'altération des autres.

Il y a tout un côté par lequel l'enfant est semblable à l'animal. Que l'on ne soit pas choqué au premier abord par le rapprochement que nous allons faire ; assez de grandeurs nous relèvent pour que nous ayons la franchise de reconnaître nos bassesses. Bien des faits de la psychologie des animaux les plus avancés sous le rapport du développement cérébral, le chien et le singe par exemple, peuvent être constatés chez l'enfant.

Comme eux, l'enfant est gourmand : il mange jusqu'à la satiété, jusqu'à l'indigestion ; il recherche non seulement la quantité, mais la qualité de la nourriture, et préfère ce qui flatte son palais, au point de refuser tout le reste, à moins d'une véritable nécessité. Le besoin de manger est primordial chez l'homme comme chez la bête ; il domine toute la vie ; les plus importants de nos arts en résultent ; l'immense majorité des hommes travaillent presque exclusivement pour le satisfaire, soit dans ses exigences les plus simples, soit dans ses excès sous le rapport de la quantité, soit dans ses raffinements. Ses excès, ses raffinements sont aussi naturels que ses exigences simples ; ni l'animal ni l'homme primitif ne savent s'arrêter lorsqu'ils ont assez mangé pour réparer leurs pertes; le chien préfère un os à un morceau de pain; nos ancêtres de l'âge de pierre fendaient les os des animaux ou des hommes qu'ils avaient tués, pour en extraire et en savourer la moelle. Sauf dans certains climats, l'homme n'est pas naturellement sobre. Aussi la gourmandise est-elle un des défauts essentiels de l'enfant.

Un autre besoin primordial de l'homme comme de la bête, c'est de se garantir contre les souffrances qui peuvent résulter du climat dans lequel ils vivent, et, en général, contre toutes les souffrances, contre ce qu'on peut appeler le mal-être. A la limite où cesse le mal-être, le bien-être commence ; il n'a de limites que lorsque ses excès ramènent le mal-être, la souffrance. Ainsi un chien qui a froid à cause de la pluie et du vent cesse de souffrir lorsqu'il est à l'abri; mais il s'approche du feu pour jouir de la chaleur jusqu'à ce qu'elle lui arrive trop ardente. Il est aussi naturel de rechercher le bien-être que d'éviter la souffrance.

A ces deux grands besoins s'en ajoutent d'autres qui sont communs à l'animal et à l'homme, même dans l'enfance. (Nous laisserons entièrement de côté celui qui résulte du sexe.) Tels sont ceux de posséder, de briller, de dominer. Un chien qui ronge un os et qui le laisse pour s'emparer de l'os que ronge son compagnon, ou qui entre le premier dans une niche qui lui est commune avec un autre, et où il y a pour les deux une place suffisante, afin d'avoir toute la place pour lui, manifeste évidemment l'instinct de possession. L'enfant n'a pas assez du fruit, de la friandise qu'on lui donne; pour étendre sa possession, il tâche d'en ravir à d'autres; il s'empare d'un objet quelconque pour en faire un jouet, et, tout le temps que sa fantaisie dure, il s'y attache au point que, pour le lui enlever, il faut le lui arracher et s'exposer à ses cris, à sa colère. Il serait facile de trouver dans l'histoire naturelle des faits qui montrent chez les animaux, chez les oiseaux en particulier, l'instinct de la parure, le besoin du brillant, de l'éclat. Mais cet instinct est encore plus visible chez l'enfant et chez le sauvage. Celui de dominer, ou tout au moins de sentir les autres au-dessous de soi sous un rapport quelconque, n'est pas moins manifeste. Dans un jeu auquel prennent part plusieurs enfants, il y en a un qui conduit les autres, un second qui l'aide dans son commandement, et ainsi de suite. Le dernier ne tient ce rang que parce qu'il est, pour quelque raison, le plus faible, et ne peut se placer au-dessus d'un plus faible que lui.

De ces besoins et de ces instincts résultent nécessairement la lutte, l'hostilité naturelle des animaux et des hommes entre eux. En effet, la nature ne met pas à leur disposition des ressources suffisantes pour que chacun trouve de quoi satisfaire sa faim, son besoin de bien-être, de luxe. Ces ressources insuffisantes, ils se les disputent par la force et par la ruse, chacun tâchant non seulement de ne pas être parmi ceux qui resteront dépourvus, mais même d'augmenter sa part au détriment des autres, afin d'étendre sa possession et d'augmenter sa sécurité pour le lendemain. Quand même, ce qui n'est point, il y aurait une part pour tout le monde, les hommes à l'état primitif sont incapables de se faire tout d'abord entre eux une répartition équitable et pacifique; leur premier mouvement est la lutte. Jetez de la nourriture en abondance à une troupe d'animaux domestiques; c'est à qui arrivera le premier à la pâture et se fera la part la plus abondante au détriment des autres; il en est de même dans une curée de chasse. Paraissez devant une troupe d'enfants avec un sac de dragées et faites le geste de le répandre : ils ne songeront guère à vous prier de leur distribuer les dragées pour que chacun en ait le même nombre; ils s'apprêteront à se bousculer pour se disputer vos largesses, et celui qui en prendra le plus montrera sa part avec un geste de triomphe. Profondément vrais sont les vers de la moralité par laquelle La Fontaine termine une de ses fables les plus saisissantes, celle de *l'Araignée et l'Hirondelle* [1]; c'est du darwinisme anticipé :

> Jupin pour chaque état mit deux tables au monde :
> L'adroit, le vigilant et le fort sont assis
>   A la première; et les petits
>   Mangent leur reste à la seconde.

Quant à l'instinct de domination, il implique la lutte; ceux chez lesquels il est le plus marqué se disputent entre eux la prééminence, et les plus mous ne se laissent pas dominer sans une velléité de résistance qui va parfois jusqu'à la révolte.

L'état naturel de lutte engendre des sentiments dont le germe existe et tend à se développer dans tout cœur humain, l'envie, la haine, la vengeance, la colère, la violence, la cruauté. L'histoire des différents peuples en est pleine; chez ce qu'on appelle les peuples enfants, ils se donnent franchement carrière, et, si l'éducation n'agissait pas, il en serait de même chez les enfants; d'innombrables traits, que relève une étude attentive de cet âge, l'indiquent avec évidence. Nous avons déjà cité l'observation si vraie de saint Augustin concernant l'enfant qui regardait son frère de lait d'un œil haineux. Dans combien de familles, où certains enfants paraissent l'objet d'une préférence, n'observerait-on pas chez les frères et sœurs des exemples d'une envie qui peut aller jusqu'à la haine! Les enfants se querellent, se battent, se portent des coups que la faiblesse seule de leurs moyens empêche d'être dangereux.

1. Liv. X, fable 8

Les traitements qu'ils font subir parfois à des animaux inoffensifs montrent qu'ils sont capables d'une cruauté d'autant plus maligne qu'elle est gratuite;

> ..... Cet âge est sans pitié,

a dit La Fontaine.

Dans la lutte où la vie nous engage, la force n'est pas le seul moyen de succès; elle peut être secondée ou suppléée par la ruse, qu'emploient les forts quand la force ne suffit pas ou n'est pas de mise, et les faibles pour lutter contre les forts par des moyens à leur portée.

L'enfant, à l'égard des grandes personnes qui l'entourent, est un faible : comme il est impossible qu'elles ne lui fassent pas sentir, souvent pour son bien, l'autorité et la contrainte, il ruse contre elles; en particulier, il ment aussi volontiers que le sauvage; son mensonge n'est pas toujours une ressource de sa faiblesse; comme l'adulte, il ment par vanité.

La nature a encore mis en nous deux instincts qui semblent en quelque sorte contradictoires : le besoin d'action et la paresse. On peut observer le premier même chez les animaux qui n'ont pas reçu le privilège de passer dans le sommeil tout le temps qu'ils ne consacrent point à la pâture et au sexe : ainsi le chien n'est pas capable d'un sommeil continu; son besoin d'agir se traduit par des signes manifestes; il éprouve évidemment l'ennui. L'enfant en bas âge, lorsqu'il ne dort pas, a besoin de remuer, d'avoir une occupation quelconque, de manier un objet, un jouet, d'agacer un animal familier ou les personnes qui l'approchent; il faut, comme on dit, l'amuser; rien n'est plus insupportable qu'un enfant qui ne s'amuse qu'en absorbant l'attention de tout le monde. Avec l'âge, les objets changeront, le

besoin d'action : sera le même, et le manque complet
d'occupation, le désœuvrement produira nécessairement cet état pénible qui s'appelle l'ennui.

Mais l'action, si nécessaire à l'homme, s'exerce dans
des conditions diverses : ou elle n'exige point d'efforts,
ou elle n'exige que des efforts faciles, ou elle exige des
efforts pénibles. Par exemple on cause ou l'on joue aux
cartes sans fatigue; on supporte gaiement la fatigue de
la chasse; on doit se contraindre pour travailler sans
distraction à une tâche continue comme un travail
manuel ou une œuvre de l'esprit, et surtout pour la
commencer. L'effort pénible, le labeur n'offre aucun
attrait à la plupart des hommes; ils le déclineraient
volontiers, si la nature, qui les a faits paresseux, ne les
y contraignait par la nécessité ou par l'ennui. L'enfant,
moins capable d'attention que l'adulte, se fatigue plus
vite; il éprouve davantage la peine du travail; il est
encore plus porté à la paresse, qui est un de ses grands
défauts.

Voilà, ce nous semble (en omettant même des traits
qui ont leur importance), l'homme tel qu'il sort des
mains de la nature, si on le considère par le côté où il
ressemble le plus à l'animal, c'est-à-dire surtout comme
un combattant dans la lutte pour l'existence. Notre
peinture n'est pas complète; mais nous ne la croyons
pas inexacte. Nous croyons que ceux qui nous parlent
d'un état de nature où l'homme est exclusivement doux,
bon, juste, sincère, ne font qu'imaginer la plus chimérique et la plus fade des utopies. Ce n'est pas la civilisation qui donne leurs instincts au loup, à l'hyène, au
tigre. Le loup, l'hyène, le tigre sont des bêtes très
naturelles, nullement corrompues, qui font ce qu'elles
doivent faire par la volonté mystérieuse de la cause
productrice. Ce n'est pas non plus la civilisation, l'éducation qui ont fait dégénérer l'homme et qui ont mis

en lui les instincts déclarés mauvais par l'homme lui-
même. Il est possible qu'à un degré de son évolution
l'homme n'ait été qu'un pur animal. Si l'on admet
cette hypothèse, on peut dire qu'il s'en souvient encore
aujourd'hui et qu'il garde encore une large part de son
organisation d'autrefois, même au point de vue moral.

Nous l'étudierons bientôt sous un aspect différent, et
nous rechercherons les instincts supérieurs que la nature
a mis dans son âme en même temps que les autres.
C'est ce qui fait que la conception pessimiste n'est pas
vraie, parce qu'elle ne tient pas compte de tous les
éléments. Mais elle n'est pas entièrement fausse non
plus, et la conception optimiste, en ce qui regarde
l'œuvre de la nature, n'est pas vraie davantage, parce
qu'elle non plus n'est pas complète, et que l'optimiste
ferme les yeux devant certains traits de la réalité, fort
importants et fort visibles. La pédagogie janséniste
n'avait pas tout à fait tort lorsqu'elle considérait les enfants comme « enclins et portés au mal »; mais, si l'on
se place au point de vue exclusivement scientifique, on
ne peut pas dire, avec elle, que leurs inclinations soient
corrompues. L'homme a des inclinations semblables à
celles de l'animal; si sa fin était la même, il ne serait
pas plus immoral que lui en s'y abandonnant. Il est
possible que son état initial soit le même, avant la diffé-
renciation des espèces; on ne l'appelle pas corruption
chez l'animal; ce qu'on en retrouve chez l'homme n'est
pas une corruption, mais un vestige du passé. Voilà au
juste, dans la mesure où la science positive peut l'admettre, et en restant exclusivement sur son terrain, le
péché originel de l'homme.

La théologie a fait une étude approfondie des mauvais instincts; elle en a donné une classification intéressante, qui mérite d'être rappelée, d'autant mieux
qu'on la retrouve dans un ouvrage de pédagogie

remarquable, *l'Enfant*, de Dupanloup. Le chapitre dixième de ce livre a pour titre : « Cause profonde de nos défauts ; le péché originel ; la triple concupiscence ». L'auteur rappelle d'abord les paroles de saint Jean qui servent de texte à l'admirable *Traité de la concupiscence* de Bossuet : « Tout ce qui est dans le monde est concupiscence de la chair, concupiscence des yeux, et orgueil de la vie ». Pour lui, voilà l'explication la plus complète des choses humaines, et la philosophie antique n'a rien dit qui égale en profondeur le verset de saint Jean. Il ajoute : « Chose bien remarquable, ces trois paroles profondes où l'évangéliste a résumé tout le mal du cœur humain, c'est aux jeunes gens, c'est aux enfants même qu'il les adresse, non moins qu'aux hommes faits, parce que cette concupiscence est dans les enfants et les jeunes gens aussi bien que dans les hommes ; parce que les jeunes gens et les enfants sont les hommes de l'avenir ; parce que toute la vie est en germe dans l'enfance et la jeunesse, et que là, dans ces jeunes cœurs, sont les semences de tout ce qui doit se lever et éclater plus tard. C'est donc dans ce premier âge qu'il faut combattre la triple concupiscence, sous peine de la voir pousser des jets vigoureux et terribles. »

L'auteur s'attaque d'abord à l'orgueil, qui est pour lui le premier et le plus fécond des péchés capitaux « C'est la tentation de toute créature. S'exalter, s'enivrer de sa propre excellence, monter, monter toujours dans sa pensée, dans son cœur, dans sa vie, c'est le rêve de l'orgueil en toute âme. »

Ce vice est celui qui éclate le plus vite en nous ; « il y a des enfants qui sont déjà, littéralement, des prodiges d'orgueil à dix ans, et même plus tôt ».

L'orgueil est tristement fécond. De lui naissent :

La désobéissance, car on ne veut avoir pour règle que

sa volonté, on se croit supérieur à tout et parfaitement capable de se gouverner soi-même;

L'envie, la jalousie, à l'égard de la supériorité d'autrui, qui nous rabaisse, le secret désir de le rabaisser lui-même par les médisances, les calomnies, la secrète joie du mal qui lui arrive;

L'égoïsme et l'ingratitude, — celui qui est orgueilleux rapportant tout à lui-même, n'admirant rien, n'aimant pas;

Le ressentiment profond, la vengeance féroce de l'orgueil humilié;

La folle ambition, qui, déçue, laisse dans le cœur un fond de tristesse chagrine et de haine sourde;

La colère, l'insolence, éclats de l'orgueil qui s'exaspère contre ce qui le blesse;

La vanité, l'ostentation, la susceptibilité, même l'hypocrisie, « qui veut cacher sous un manteau d'honneur les honteuses passions qui la dévorent », etc.

La seconde concupiscence, celle de la chair, s'appelle aussi la sensualité, c'est-à-dire l'inclination déréglée aux plaisirs des sens. Il est inutile d'énumérer tous les désordres qui en résultent.

Enfin la troisième concupiscence, moins coupable peut-être, celle que l'apôtre appelle « des yeux », n'est autre que la vaine curiosité, la légèreté, la « propension indiscrète et sans retenue à tout voir, à tout connaître, à tout posséder, à jouir de tout »; l'inattention, l'irréflexion, l'inconstance, l'étourderie en sont les suites.

Telle est cette classification remarquable des défauts inhérents à l'homme et qui se montrent dès l'enfance. On n'en trouverait, croyons-nous, nulle part ailleurs une aussi complète, aussi détaillée et, tel est du moins notre avis, aussi exacte.

Mme Necker de Saussure, dans le Ve chapitre du livre Ier de *l'Éducation progressive*, étudie ce qu'elle appelle « les mobiles de la volonté ». Pour elle, le principal de ces mobiles n'est pas la raison, comme le pensent les utopistes. « Soumis, dit-elle, à l'obligation de raisonner, aussitôt que notre esprit, se repliant sur lui-même, veut juger de notre état intérieur, nous sommes enclins, ce me semble, à nous exagérer le pouvoir du raisonnement. Une trop grande foi à son influence en morale est peut-être l'erreur d'un siècle fier des lumières que la raison a répandues sur mille objets. Il nous est en général agréable de croire que nous agissons d'après des principes raisonnés : établir ces principes, les appliquer à notre situation particulière, et prouver que notre vie y est conforme, est la chaîne que nous cherchons constamment à former. Cette chaîne se déroule avec facilité dans notre esprit; mais il n'en est pas de même du fil délicat qui rattache nos actions à nos sentiments. L'influence de nos instincts secrets, des goûts, des répugnances, des dépits, des désirs bons ou mauvais qui nous animent, est difficile à saisir, souvent embarrassante à s'avouer, et cependant ces mouvements de l'âme sont la source inconnue de la plupart de nos décisions. »

Dans son style un peu mou et trop dépourvu de relief, Mme Necker essaye de donner une classification de ces mobiles de la volonté qui déterminent presque tous nos actes. « Il y a des mobiles de divers genres qu'il n'est pas inutile de distinguer. Les uns, plus particulièrement nommés instincts, veillent à la conservation de notre existence matérielle; d'autres, non moins égoïstes, mais alliés de plus près au moral, sont préposés à la garde de cette partie de notre bonheur qui dépend de l'opinion des hommes : tels sont l'amour-propre et ses nombreuses modifications. » Viennent ensuite, dans une troisième classe, les sentiments du juste, du vrai, du beau; dans une quatrième, les affections « qui semblent transporter notre existence hors de son centre et nous faire vivre dans d'autres âmes »; enfin, au-dessus de tout le reste, « un mobile qui élève l'âme non seulement au-dessus de sa propre sphère, mais de la vie », c'est le sentiment religieux.

Nous ne nous arrêterons, pour le moment, qu'aux deux premières des classes établies par Mme Necker, parce que les instincts et les inclinations dont elle les compose sont ceux qui, mal dirigés ou abandonnés à eux-mêmes, constituent les défauts de l'enfant. Leur caractère commun, comme celui des défauts que les théologiens rapportent à la triple concupiscence, c'est l'égoïsme.

L'égoïsme est, dans le fonds que nous tenons de la nature, ce qui nous est commun avec la bête, ce qui nous met, par rapport à la moralité, non pas sur le même rang qu'elle, puisque, n'ayant ni la conception d'une manière d'être supérieure à l'égoïsme ni la possibilité d'y arriver, la bête ne peut être dite immorale, mais au-dessous d'elle, puisque l'égoïsme a en nous, capables de lutter contre lui et de nous élever à un état supérieur, une laideur morale qu'il n'a pas chez la bête. L'égoïsme est le grand, l'unique mobile de la lutte pour l'existence, loi suprême qui régit le monde animal et en grande partie l'espèce humaine, et qui développe en elle tous les instincts de lutte, depuis le mensonge jusqu'à la cruauté. Pascal l'a dit dans une de ses plus profondes pensées : « Le moi a deux qualités : il est injuste en soi, en ce qu'il se fait centre du tout; il est incommode aux autres, en ce qu'il les veut asservir : car chaque moi est l'ennemi et voudrait être le tyran de tous les autres ».

Tous les instincts égoïstes sont-ils des défauts chez l'homme? Pour répondre à cette question, il est nécessaire d'examiner maintenant l'homme naturel sous un autre aspect que celui sous lequel nous l'avons montré jusqu'à présent. Nous continuerons à le prendre, dans la mesure du possible, tel qu'il sort des mains de la nature, c'est-à-dire, sauf réserves, dans l'état d'enfance.

Nous assisterons à l'éveil en son âme des sentiments affectueux, délicats, généreux, par lesquels il se dégage de l'état inférieur où notre analyse l'a laissé. Il y a long-temps que les philosophes et les moralistes ont montré dans l'homme la double nature. Chacun, pour peu qu'il y réfléchisse, ne la sent-il pas en lui, et n'est-ce pas mal voir la réalité que de s'estimer trop bas ou trop haut? « Il est, dit Pascal, dangereux de trop faire voir à l'homme combien il est égal aux bêtes, sans lui montrer sa grandeur. Il est encore dangereux de lui trop faire voir sa grandeur sans sa bassesse. Il est encore plus dangereux de lui laisser ignorer l'un et l'autre. Mais il est très avantageux de lui représenter l'un et l'autre. » Presque tous les enfants pourraient être l'objet de l'allé-gorie charmante qu'un grand maître en pédagogie, Fénelon, composa un jour pour son élève le duc de Bourgogne. Il suppose qu'il reçoit une lettre de Hollande par laquelle le savant journaliste Bayle l'informe qu'on vient de trouver en Italie une médaille antique dont il lui fait une description aussi fidèle que possible. « D'un côté, cette médaille, qui est fort grande, repré-sente un enfant d'une figure très belle et très noble : on voit Pallas qui le couvre de son égide; en même temps, les trois Grâces sèment son chemin de fleurs; Apollon, suivi des Muses, lui offre sa lyre, etc.... Le revers est bien différent. Il est manifeste que c'est le même enfant, car on reconnaît d'abord le même air de tête; mais il n'a autour de lui que des masques grotesques et hideux, des reptiles venimeux, comme des vipères et des ser-pents, des insectes, des hiboux, enfin des harpies sales qui répandent de l'ordure de tous côtés et qui déchirent tout avec leurs ongles crochus. »

L'œuvre de l'éducation est pour ainsi dire de donner

plus de relief au beau côté de la médaille et d'en effacer le revers. Mais il faut d'abord bien connaître chacune des deux faces, l'une avec ses laideurs, l'autre avec ses beautés. Au premier coup d'œil, la laideur frappe davantage.

Dans l'enfant, la beauté morale n'est qu'une promesse ; il appartient à l'éducation de la réaliser.

CHAPITRE II

Les instincts altruistes dans l'enfant : attachement aux personnes qui le soignent, besoin de caresses, sympathie pour la souffrance, désir d'éviter de la peine et de faire plaisir aux autres, libéralité, protection de la faiblesse, bienfaisance. — Premières manifestations de la moralité. — L'enfant a-t-il, dans les premiers temps, un commencement de sens moral? — La moralité de sympathie. — Les croyances morales de l'enfant ne sont d'abord que des actes de foi, sur la parole des personnes qui l'élèvent. — Influence de l'amour-propre. — Critérium pour apprécier les instincts de l'enfant. Il n'est autre que notre conception des fins de l'homme. — La loi morale. Opposition de l'ordre physique et de l'ordre moral. —Au point de vue de la morale, classification des instincts en bons, mauvais et indifférents ou ambigus. — Il faut, par l'éducation, agir sur la nature.

A l'égoïsme, qui fait du « moi » l'objet et comme le centre de nos sentiments et de nos pensées, s'oppose ce que l'école positiviste appelle l'altruisme, qui nous porte vers autrui et qui est, si l'on peut s'exprimer ainsi, centrifuge.

L'enfant n'est d'abord occupé que de lui-même, ne cherche qu'à satisfaire ses besoins impérieux de nourriture et de bien-être; de la non-satisfaction de ces besoins résultent en lui la douleur, l'agitation, les larmes, les cris, l'impatience, la colère; de leur satisfaction au contraire résultent le plaisir, le calme, la joie même et le sourire.

Les premiers signes de plaisir chez l'enfant, ses premiers sourires, qui nous réjouissent si doucement le cœur, peuvent être pris comme la première manifestation de son altruisme. Il ne faut pas cependant y attacher à cet égard une trop grande importance ; car l'enfant est capable de les prodiguer à des objets inanimés. « C'est tantôt, dit Mme Necker de Saussure, un bouton de métal poli, tantôt un verre éclairé du soleil, auxquels il parle ; il semble leur dire qu'ils sont jolis, qu'ils lui font plaisir ; il leur montre de la bienveillance ; quelquefois il pousse de petits cris joyeux et perçants, comme pour attirer leur attention [1]. » Ces actes ne manquent pas d'analogie avec les transports des jeunes animaux, que certains objets attirent et qui s'en servent pour jouer avec tous les signes du contentement, sauf le rire, qui est, comme dit Rabelais, « le propre de l'homme ».

Mais l'enfant manifeste aussi cette bienveillance, tout égoïste au fond, à ceux qui l'entourent, et en particulier à la mère, à la nourrice. Il n'a pas évidemment l'intention de les remercier pour leurs soins, qu'il n'apprécie point encore : il montre seulement qu'il connaît déjà un peu la relation qui existe entre son bien-être et la cause dont ce bien-être provient. Que le bien-être cesse brusquement, pour une raison quelconque, l'enfant est très capable de faire succéder aussitôt à sa bienveillance un sentiment visible de colère et de haine, de frapper sa mère ou sa nourrice : ainsi, sous le coup d'un vif déplaisir, l'animal déchirera la main qu'il léchait tout à l'heure.

La sympathie vague pour la mère et la nourrice, d'abord purement égoïste, et qu'on a vu certains enfants témoigner à leur biberon, devient, avec le temps, plus caractéristique ; on sent que l'enfant distingue plus nettement la différence entre les personnes et les choses, la

____

1. *L'Éducation progressive*, liv. II, chap. II.

différence entre les personnes elles-mêmes, qu'il s'attache
à certaines d'entre elles, un peu pour elles-mêmes, et
non pas exclusivement pour le bien-être qu'elles lui pro-
curent. Ainsi, au point de vue de l'alimentation lactée
et des soins généraux, deux nourrices qui se succèdent
auprès du même enfant peuvent se valoir; cependant il
arrive assez souvent que l'enfant s'attache à la première
et n'en change qu'avec répugnance.

On dira peut-être que c'est un effet de cette force mystérieuse de l'habitude, qui nous attache non seulement
aux personnes, mais aux lieux, aux habitations, aux
vêtements, aux ustensiles, et qui agit sur les animaux
eux-mêmes. On connaît les beaux vers où Virgile peint
la douleur du bœuf séparé de son compagnon de charrue.
Je possède deux chiens, dont l'un, plus fort et plus vif,
mordait volontiers l'autre jusqu'au sang et s'était attiré
de sa part une véritable haine; pourtant, une séparation
complète ayant eu lieu pendant quelques mois, le second
la supporta, ce qui ne me surprit point, avec une parfaite indifférence, mais le premier en perdit d'abord la
gaieté et même l'appétit, et fut plusieurs semaines avant
de se remettre; lorsque son compagnon lui fut ramené,
il lui témoigna sa joie par de vives caresses. « Son père
étant parti en voyage, dit Bernard Perez, Fernand, alors
âgé de onze mois, s'était difficilement habitué à ne pas
le voir. Quand on passait, l'enfant sur les bras, devant
la chambre du père, il disait d'un air triste : « Papa!
« papa! » Quand son père fut de retour, il ne voulait pas
le quitter, il voulait toujours être avec lui ou le suivre [1]. »

Parmi les besoins dont l'enfant attend la satisfaction de
ceux qui le soignent, il y en a un en particulier que l'on
doit distinguer des autres, parce qu'il est une manifestation évidente de la tendance altruiste : je veux parler

---

1. *L'Éducation dès le berceau*, chap. v.

du besoin de caresses. Il peut y avoir dans la caresse un élément de sensualité; alors le désir d'être caressé peut n'être que purement égoïste. Mais l'enfant, croyons-nous, désire surtout la caresse parce qu'elle est un signe de la sympathie qu'on lui accorde. Certains animaux aussi sont très friands de caresses, et il est facile de distinguer les cas où l'animal y trouve une jouissance sensuelle, comme celle du chat auquel on passe doucement la main sur le dos, et ceux où il y voit surtout un témoignage de bienveillance, comme les petites tapes données sur la tête d'un chien, ou même simplement certaines inflexions de la voix qui lui parle. L'enfant prend volontiers l'habitude du baiser maternel.

J'emprunte à Bernard Perez deux faits intéressants à cet égard : « Un enfant de deux ans et demi a toujours été mis au lit par sa mère, qui ne lui a refusé son baiser que dans des occasions graves. Souvent, quand il est couché et que sa mère cherche quelque objet dans la chambre avant de s'en aller, il craint qu'elle n'oublie de l'embrasser. « Maman, lui dit-il, je t'en prie, je ne t'ai « pas fait le baiser du soir, je ne peux pas m'endormir. » Un enfant de trois ans s'étant endormi sur les genoux de sa tante, sa mère en profita pour aller dans une chambre voisine. L'enfant s'éveille, s'étonne de ne pas voir là sa mère et, apprenant qu'elle se trouve dans cette chambre, va la chercher en se lamentant de ce qu'elle l'a laissé seul. Ne pouvant ouvrir la porte, il y frappe à coups de pied, et, comme la mère n'arrivait pas, il se fâche, pleure, hurle presque; sa mère arrive enfin et lui dit : « Eh bien, tu me commandes maintenant? — « Vilaine! — C'est à moi que tu dis cela? — Oui, oui. — Eh « bien, tu es un mauvais petit garçon, je ne veux plus t'ai- « mer. — Alors je n'aimerai plus Charlot (son frère aîné, « pour lequel il est plein d'affection). — Je ne te donnerai « pas mon baiser ce soir. — Oh si! j'aimerai toujours Char-

« lot, je ne le dirai plus, que je n'aimerai pas Charlot. —
« Et tu ne crieras pas quand je m'absenterai un moment?
« — Je te le promets. — Viens alors m'embrasser. »

L'enfant en arrive assez vite à rendre lui-même les
caresses. Ici encore nous devons distinguer celles qu'il
fait parce que ses sens, et surtout celui du toucher, y
trouvent du plaisir, comme lorsqu'il passe la main sur
la peau douce d'un visage féminin, et celles qui ont pour
but de témoigner son attachement.

Un progrès sensible dans l'altruisme est marqué par
l'apparition chez l'enfant des sentiments de sympathie
pour la souffrance. Dugald Stewart a remarqué que la
sympathie compatissante (qu'on nous permette cet
apparent pléonasme, nécessaire à cause du sens général
qu'a pris le mot de sympathie) est en rapport avec
l'imagination, et qu'on s'apitoie plus sur les maux que
l'on se représente vivement. Dans le premier âge, les
apparences de sensibilité peuvent être trompeuses. Voici
une curieuse observation de Mme Necker de Saussure :
« Chez un enfant de neuf mois, j'ai été témoin d'un
fait que je rapporterai comme exemple. Cet enfant jouait
avec gaieté sur les genoux de sa mère, lorsqu'il entra
dans la chambre une femme dont la physionomie exprimait une tristesse marquée, mais calme. Cette personne,
qu'il connaissait, sans avoir pour elle d'affection particulière, fixe dès lors son attention. Peu à peu son visage
se décompose, ses joujoux tombent de ses mains, et
enfin il se jette en pleurant dans le sein de sa mère. Il
n'avait point de peur, point de pitié, point d'attendris-
sement : il souffrait, et il soulageait son mal par des
larmes [1]. » Dans cet exemple je verrais volontiers un
fait de suggestion analogue sous certains rapports à
ceux que l'on étudie en ce moment avec tant d'intérêt

---

1. *L'Éducation progressive*, liv. II, chap. IV.

chez les hypnotisés. L'attitude de la femme triste
excite l'attention de l'enfant et frappe vivement son
imagination; elle fait naître dans son âme, elle lui
suggère un sentiment de tristesse sans raison, qui s'exprime immédiatement par la décomposition du visage
et par les larmes. La gaieté aurait pu tout aussi bien,
s'il eût été d'abord dans un état de tristesse, lui être
suggérée par une personne dont l'attitude eût exprimé
la gaieté. A l'observation précédente, Mme Necker de
Saussure en ajoute une autre, où le fait de la suggestion
apparait aussi clairement que chez les hypnotisés qui
conçoivent des sentiments religieux aussitôt qu'on leur
a fait prendre l'attitude de la prière et de l'adoration.
« A l'âge de quinze à seize mois, dit-elle, un enfant qui
assiste à une lecture sérieuse et voit sur tous les visages
l'expression du recueillement, est bientôt saisi d'un certain respect, et, si vous ne prolongez pas trop cette
épreuve, le même effet se reproduira dans chaque occasion semblable. »

Miss Edgeworth donne un exemple assez amusant de
cette sensibilité trompeuse qui peut être suggérée aux
enfants sans que leur cœur soit réellement ému. « Veut-
on un exemple de l'abus de cette méthode qui tend à
faire étaler des sentiments avant que les enfants puissent les éprouver? il n'y a qu'à lire Mme de Genlis.
Quand la duchesse d'Orléans était malade, les enfants
étaient instruits à écrire des billets d'heure en heure
pour savoir de ses nouvelles. Un jour, un messager va
partir de Saint-Leu : la gouvernante demande aux enfants
s'ils n'ont point de commissions pour Paris. « Oui, dit le
« petit duc de Chartres, je voudrais qu'on m'apportât
« une cage ». Il oubliait sa mère; il fallut le lui dire à
l'oreille. L'affection ne s'apprend pas par cœur [1]. »

1. *Essays on practical Education,* chap. x.

La compassion de l'enfant pour la peine qu'il a faite lui-même à ses parents nous semble plus sincère, bien qu'elle puisse n'être encore, en dernière analyse, que de la sensibilité par imitation et suggestion. Car c'est bien à l'enfant qu'on peut appliquer le vers d'Horace :

> Ut ridentibus arrident, ita flentibus adsunt
> Humani vultus.

La sincérité de la sympathie se prouve mieux par les faits que par les apparences. Ainsi dirons-nous que les enfants sont réellement sensibles seulement lorsque nous constaterons en eux le désir effectif d'éviter de la peine et de faire plaisir aux autres. Ce désir se manifeste en particulier par ce qu'on appelle les bons procédés, les égards qui constituent la civilité, la politesse. Locke attachait le plus grand prix à la civilité dans l'éducation, et il lui consacre un chapitre plein de finesse. Parmi les causes qu'il assigne à l'incivilité, férocité naturelle, mépris, raillerie, esprit de contradiction, susceptibilité, attachons-nous à la première. « La première, dit Locke, est cette férocité naturelle qui fait qu'un homme est sans complaisance pour les autres hommes, de sorte qu'il n'a aucun égard à leurs inclinations, à leur tempérament ou à leur état. Le vrai caractère d'un homme grossier et rustique, c'est de ne point faire de réflexion sur ce qui plaît ou déplaît à ceux avec qui il se trouve.... Quiconque veut persuader aux autres qu'il a la moindre teinture d'éducation ne saurait se rendre coupable d'un tel vice, puisque l'essence et la vraie fin de l'éducation, c'est d'adoucir la férocité naturelle des hommes et de vaincre la rudesse de leur tempérament, afin qu'ils puissent s'ajuster à ceux avec qui ils ont affaire [1]. »

---

1. *De l'éducation des enfants*, trad. Coste, § 144.

Cette férocité naturelle n'est autre que l'égoïsme naturel, l'unique souci de soi. Les enfants, par le fait même qu'ils ne sont guère, au début, que des égoïstes, sont au début parfaitement grossiers; ils le sont, en particulier, là où se satisfait le besoin primordial de l'égoïsme humain et où se montre le mieux la grossièreté native, c'est-à-dire à table. L'animal, lui aussi, n'est jamais plus féroce que lorsqu'il s'agit de sa pâture. Les premiers procédés de la politesse doivent donc être remarqués avec soin chez l'enfant comme une précieuse manifestation de l'altruisme, comme l'éveil de l'attention à ne pas froisser autrui et à même lui faire plaisir.

La politesse chez les enfants peut aller jusqu'à une délicatesse fort gracieuse dans sa gaucherie. Une petite fille souffrante envoyée chez sa tante à la campagne est d'abord enchantée du changement; sa joie éclate, son appétit renaît; au bout de quelques jours elle est triste, elle ne mange plus : « Qu'est-ce que tu as? lui dit sa tante; tu regrettes ta maman? » L'enfant fond en larmes et répond : « Oh! tante, c'est bien gentil ici, je ne m'ennuie pas du tout. » L'enfant n'a pas eu la force de maîtriser le sentiment tout naturel du regret de sa mère; mais elle a senti que l'expression crue de son ennui pourrait faire de la peine à sa tante, et elle l'a dissimulé par un innocent mensonge.

Les égards que la politesse réclame des enfants, les petites gênes qu'elle leur impose ne sont pas bien pénibles. Il y a des sacrifices plus difficiles qu'ils font parfois afin d'être agréables, comme celui de quitter un jeu très amusant pour rendre un service, pour « aller chercher ou porter un objet dans une chambre, aller faire une commission à une personne éloignée, aider quelqu'un dans une besogne un peu ennuyeuse [1] ». Là

---

1. Bernard Perez, *l'Éducation dès le berceau*, chap. v.

se montre un réel effort à la suite d'une impulsion altruiste dont l'animal le plus apprivoisé serait incapable.

La libéralité, la facilité à donner, la protection des faibles, la véritable bienfaisance, c'est-à-dire l'action de chercher à soulager la souffrance et la misère, apparaissent tôt ou tard, suivant l'éducation qu'ils ont reçue, chez les enfants convenablement doués. Tel enfant de quinze mois, quand il a quelque chose de bon, dit à sa mère : « Oh! maman, c'est si bon, je voudrais que tu en goûtes ». Si on lui donne quelque chose, il réclame pour son frère Lolo, pour maman, pour papa, pour grand'mère [1]. L'auteur auquel j'emprunte ce fait est d'avis qu'on en peut constater de semblables chez les animaux. Je les crois fort rares, et j'ai toujours vu les animaux se disputer pour la nourriture et pour le gîte, sauf, bien entendu, quand il s'agit de la mère à l'égard des petits; mais les petits s'affameraient volontiers réciproquement pour avoir meilleure part.

L'enfant, si disposé en maintes occasions à faire abus de sa force contre de plus faibles que lui, et capable d'aller, dans ce sens, jusqu'à la cruauté, en particulier avec les animaux, devient cependant très volontiers protecteur de la faiblesse; il sera, si l'on sait s'y prendre, et suivant les circonstances, un gardien attentif et un soutien dévoué d'un petit frère, d'une petite sœur, d'un camarade. Peut-être est-ce là un curieux mélange d'égoïsme et d'altruisme; et l'orgueil d'exercer une protection sur des faibles, ce qui rehausse la force et la dignité de celui qui l'exerce, se mêle-t-il au charme de la sympathie.

Il ne faut pas s'étonner de ce que la bienfaisance est peu développée chez les enfants. Ceux des familles

---

1. Bernard Perez, *l'Éducation dès le berceau*, chap. v.

pauvres ne voient autour d'eux que la gêne, et ne peuvent guère encore compatir à des privations semblables aux leurs; ceux des familles plus aisées sont tellement habitués au bien-être dont on les entoure qu'il leur semble une condition naturelle de la vie; ils se trouvent rarement en contact avec les misérables, et, lorsqu'ils les rencontrent, la vue de la misère les étonne et les effraye plutôt qu'elle ne les touche, parce qu'ils n'ont pas encore l'idée des souffrances qu'elle comporte. « J'ai vu, dit Bernard Perez, donner bien maladroitement une leçon de charité par une mère à son fils âgé d'environ deux ans. Ayant aperçu un vieux mendiant sous une porte cochère, elle s'arrêta, mit un sou dans la main de l'enfant, et, le tirant par le bras, lui dit : « Donne à ce pauvre homme! » Le petit, qu'effrayaient le visage et l'accoutrement du misérable, recula d'abord avec une horrible grimace, se colla contre les jupes de sa mère, et lui remit le sou dans la main [1]. »

Dans un autre fait, cité par le même auteur, la mère, plus intelligente, et d'un cœur plus délicat, explique à son enfant ce que c'est que la pauvreté d'un petit ramoneur. « Il travaille tous les jours, lui dit-elle; il prend beaucoup de peine, il n'a pas, comme toi et ton frère, une bonne mère pour lui donner de quoi manger, pour l'habiller, le promener, le caresser et s'amuser avec lui. » Alors l'enfant se fait une idée de cette misère, qui lui était inconnue; sa compassion s'éveille, elle ne reste pas stérile, elle arrive tout de suite à la bienfaisance et il dit à sa mère : « Alors, quand on est pauvre, on est bien malheureux! Maman, je voudrais lui donner une tartine et un joli pantalon : veux-tu, maman? il ne sera plus pauvre [2]. » Cet enfant aurait-il été capable,

1. *L'Éducation dès le berceau*, chap. III.
2. *Idem.*

spontanément, de se priver d'une tartine et d'un joli pantalon pour les donner au ramoneur? Je n'oserais l'affirmer; il est déjà bon qu'il songe à une libéralité qui ne lui causera aucun sacrifice, et qu'il n'écoute pas seulement l'instinct égoïste de possession dont nous avons précédemment parlé.

Tout ce qui vient d'être dit montre suffisamment l'éveil, dans la première enfance, des sentiments altruistes, qui, grâce à l'éducation, prendront un développement plus ou moins large.

Nous arrivons maintenant à une question fort vaste et fort délicate, celle de la moralité dans l'enfance. Si nous voulions la traiter avec toute l'ampleur qu'elle comporte, nous définirions d'abord ce que l'on entend par la moralité, le devoir; nous examinerions les différents systèmes qui affirment ou qui nient la loi morale, et ceux qui, reconnaissant son existence en tant que concept de l'esprit humain et règle pratique de la vie, lui donnent comme origine soit le raffinement des sentiments égoïstes en vue de l'intérêt bien entendu, soit l'évolution des sentiments égoïstes et altruistes, soit une révélation faite à la raison par un être transcendant, à la fois législateur et juge, qui est son auteur et sa sanction. Ces questions ne sont nullement étrangères à la psychologie enfantine et à la pédagogie. L'école évolutionniste en biologie prétend retrouver les formes successives du développement embryonnaire des animaux les plus parfaits, la trace des formes successives par lesquelles l'évolution les a fait passer à travers les âges pour les amener à l'état où ils sont aujourd'hui. De même l'étude du développement de la conscience morale chez l'enfant est précieuse pour éclairer la grande question de l'origine de la morale.

Mais notre intention est de nous restreindre. Sans nous occuper de l'origine de la loi morale, nous con-

dérerons cette loi comme un fait, comme un concept pratique qui existe dans la raison de tout homme adulte, à partir d'un certain degré de civilisation et de culture, et nous nous contenterons d'en rechercher les rudiments dans le premier âge de la vie.

L'enfant, pendant les premières années, a-t-il un commencement du sens moral, c'est-à-dire distingue-t-il le bien du mal par un jugement de sa propre raison, est-il capable de choisir l'un plutôt que l'autre par une décision éclairée de sa libre volonté? Rousseau ne le pense pas. « Connaître, dit-il, le bien et le mal, sentir la raison des devoirs de l'homme, n'est pas l'affaire d'un enfant [1]. » Pour mieux faire ressortir la justesse de son idée, il imagine le dialogue suivant entre un enfant et son maître. « *Le maître.* Il ne faut pas faire cela. — *L'enfant.* Et pourquoi ne faut-il pas faire cela? — *Le maître.* Parce que c'est mal fait. — *L'enfant.* Mal fait? Qu'est-ce qui est mal fait? — *Le maître.* Ce qu'on vous défend. — *L'enfant.* Quel mal y a-t-il à faire ce qu'on me défend? — *Le maître.* On vous punit pour avoir désobéi — *L'enfant.* Je ferai en sorte qu'on n'en sache rien. — *Le maître.* On vous épiera. — *L'enfant.* Je me cacherai. — *Le maître.* On vous questionnera. — *L'enfant.* Je mentirai. — *Le maître.* Il ne faut pas mentir. — *L'enfant.* Pourquoi ne faut-il pas mentir? — *Le maître.* Parce que c'est mal fait », etc. On trouvera peut-être que ce maître est peu ingénieux, et qu'il ne sait pas donner à l'enfant de bonnes et solides raisons empruntées à la morale. Mais, selon Rousseau, et nous partageons son opinion, l'enfant ne les entendrait point. Si, en vous plaçant à un autre point de vue, et pour lui parler un langage qu'il est en état de comprendre, vous lui dites de ne pas faire une action parce qu'il causera

1. *Émile,* liv. II.

de la peine à ses parents, parce qu'on ne l'embrassera plus, parce qu'on le prendra en horreur, alors vous faites appel à des sentiments qu'une philosophie exacte ne doit pas confondre avec le sens moral.

Aussi trouvons-nous qu'il est facile de critiquer à cet égard les faits cités par certains auteurs pour montrer l'apparition de la moralité chez le petit enfant et même chez l'animal. En voici quelques-uns.

« Étant allé, dit Romanes, dans la maison d'un ami, j'avais enfermé un terrier dans ma chambre. Furieux d'avoir été laissé à la maison, il mit les rideaux en lambeaux. A mon retour, il m'accueillit avec joie. Mais, dès que je ramassai les lambeaux et que je les lui présentai, l'animal se mit à hurler et à gémir en s'enfuyant vers l'escalier. Le fait est d'autant plus remarquable que l'animal n'avait jamais été châtié. Je ne puis donc y voir qu'un certain sentiment de repentir [1]. » La connaissance de l'espèce canine peut y faire voir autre chose.

Il est probable que Romanes présenta les lambeaux à son terrier avec l'attitude de l'irritation, ou tout au moins du reproche. Or on sait par expérience combien cette attitude a d'action sur les chiens, même sur ceux qui sont traités avec la plus grande douceur et qui n'ont, pour le moment, aucun reproche à se faire. Le chien, en général, est dans un état de crainte permanente, soit que son maître l'ait habitué aux procédés brutaux, soit que cette crainte lui vienne de l'hérédité; une passion violente est seule capable de la lui faire oublier. Si Romanes lui avait présenté les lambeaux d'un air riant, il n'aurait constaté chez son terrier aucune apparence de tristesse, à moins que, par une liaison d'idées qui est possible, la vue de ces lambeaux

---

1. Cité par la *Revue philosophique*, novembre 1878, p. 503.

ne rappelât au chien le vif déplaisir qu'il avait eu tout
à l'heure d'être laissé par son maître.

Le jeune Tiedemann, âgé de dix-sept mois, se cache
pour manger du sucre. Faut-il y voir l'aveu implicite
d'une faute de gourmandise et de larcin dont il comprend la laideur et qu'il essaye de dissimuler, ou tout
simplement l'intention de manger, sans être dérangé,
le produit de son petit vol ?

Le cas du jeune Darwin, fils du grand naturaliste,
n'est pas plus concluant. « Doddy, à treize mois, paraît
sensible aux reproches de son père, qui l'appelle méchant.
A deux ans et cinq mois, Doddy, resté seul, prend du
sucre, ce qu'il sait lui être défendu ; son père le rencontre au moment où il sort de la salle à manger et
lui trouve dans l'attitude quelque chose d'étrange. »
Et Darwin, qui a soigneusement relevé cette observation,
pourtant si banale, croit que l'attitude de l'enfant
doit être attribuée à la lutte entre le plaisir de manger du sucre et un commencement de remords ! C'est
un remords qu'il est facile d'observer tous les jours,
non seulement chez les enfants, mais même chez les
animaux domestiques pris en flagrant délit de ce que
Rabelais appelle « larrecin furtivement faict » ; il n'est
autre que la crainte de recevoir des coups ou des reproches, ou même de se voir enlever l'objet dérobé.

Mme Necker de Saussure pense qu'il n'y a qu'une sorte
de moralité dont les tout petits enfants soient susceptibles, c'est celle qu'elle appelle, dans une expression
qui nous semble heureusement trouvée, la « moralité
de sympathie ». Pour eux, le bien, c'est de satisfaire
ceux qu'ils aiment ; le mal, c'est d'être blâmé d'eux, de
leur causer de la peine. Ils peuvent éprouver du mal
qu'ils jugent avoir fait dans ces conditions un remords
qui peut aller jusqu'au désespoir ; tel est le cas d'un
enfant vu par Mme Necker, et qui avait frappé sa mère ;

« sans être menacé ni grondé même, il renonçait à tous ses jeux et, le cœur gros de sanglots, allait se cacher dans un coin obscur, le visage tourné contre la muraille [1] ». Mais l'âme de l'enfant est déjà bien complexe, et on risque de se tromper en attribuant à un seul mobile une attitude qui peut exprimer plusieurs sentiments très mélangés. Il me revient un souvenir d'enfance ; je me cachai, un jour, moi aussi, dans un coin, contre la muraille, étendu dans l'attitude du plus morne désespoir, parce qu'on m'avait séparé d'un camarade avec lequel je me battais et que je frappais de toutes mes forces ; qu'est-ce qui m'accablait ainsi ? était-ce le remords de ma violence à l'égard d'un ami, ou les reproches qu'on m'avait adressés, ou la honte d'avoir reçu, en même temps que ces reproches, quelques bourrades, ou même le regret de n'avoir pu triompher jusqu'au bout de mon adversaire ? Je ne sais ; mais je n'ai pas oublié l'impression que j'éprouvais alors d'un vif déplaisir mêlé de honte.

A trois ans, d'après Mme Necker, on constate déjà un commencement de véritable moralité. « Rien sans doute, dit-elle, ne paraît plus irrégulier, plus versatile que le sentiment moral à trois ans. Ce sentiment existe néanmoins et se manifeste à cet âge aussitôt que les passions cessent d'être en jeu. L'enfant a une idée vive du bien et du mal, quoiqu'il ne l'exprime pas en termes généraux. Il reconnaît une loi commune à tous, une convention tacite qu'on doit respecter ; toute atteinte à la vérité, au droit de la propriété, aux jouissances d'autrui, le choque et le blesse, lors même qu'il n'en souffre pas personnellement ; mais il faut que son attention soit excitée [2]. »

<hr>

1. *L'Éducation progressive*, liv. III, chap. II.
2. *Idem*, chap. VI.

Les derniers mots de ce passage doivent être relevés, parce qu'ils contiennent une objection implicite de l'auteur contre sa propre théorie. Le sens moral de l'enfant à cet âge ne s'exerce, dit Mme Necker, que si son attention est éveillée. Mais, en éveillant son attention au sujet de certains actes, que fait-on souvent, si ce n'est de lui suggérer un jugement moral qu'il n'aurait pas porté de lui-même? Alors c'est bien plutôt le sens moral des grandes personnes qui s'exprime par sa bouche que le sien propre.

Nous croyons, quant à nous, que la conception rationnelle et la pratique du devoir pour lui-même ne se constatent qu'assez tard chez l'enfant, lorsque l'enseignement moral qu'il reçoit de sa famille et de ses maitres commence à porter des fruits; mais pendant longtemps la conception du devoir considéré comme un « impératif catégorique », pour nous servir de l'expression kantienne, est au-dessus de sa raison. Sous l'influence de l'éducation, elle apparaît dans l'âme de l'enfant, comme, sous l'influence de la civilisation, elle peut se manifester dans l'âme du sauvage, parce que ces âmes étaient prédisposées à la recevoir. Il y a cette différence spécifique entre l'homme et la bête, que la bête ne pourra jamais être amenée à concevoir la distinction du bien et du mal, tandis que l'homme enfant et l'homme sauvage, chez qui elle peut manquer lorsqu'ils en sont encore au plus bas degré de culture, sont susceptibles d'y être amenés. Voilà pourquoi nous trouvons peu solide, parmi les arguments employés contre l'existence de la loi morale, celui qui consiste à en objecter l'absence chez l'enfant en bas âge, chez le sauvage et même, dans un état de civilisation avancée, chez certaines brutes qui appartiennent au monde des misérables et des criminels. Socrate, Marc-Aurèle, Benjamin Franklin, et tant d'autres, pèsent beaucoup plus dans la question qu'un enfant moralement abandonné ou un Papou.

Pour expliquer l'apparition relativement tardive de la moralité dans l'enfance, Mme Necker de Saussure donne une raison qui nous paraît fort juste, c'est ce qu'elle appelle « l'absence de la notion du temps ». Le passage est excellent et mérite d'être cité. « La nullité du passé exclut les regrets ; celle de l'avenir exclut les craintes ; et, tandis que l'idée des conséquences de chaque action pourrait être un bon auxiliaire pour la conscience, l'enfant, qui ne voit pas distinctement comment les faits influent les uns sur les autres, ne met point d'importance à ses déterminations. Son extrême légèreté livre ses impressions au vent qui souffle ; ses souvenirs, sur lesquels il ne revient point, s'envolent bientôt ; et, si les événements restaient dans sa mémoire, ses motifs passés seraient toujours oubliés. Trop mobile pour se croire le même, il ne répond pas de l'enfant d'hier, qui n'est plus celui d'aujourd'hui. Il n'a pas ce sentiment de la succession des pensées qui donne l'idée du moi et celle du temps, deux idées assez dépendantes l'une de l'autre. Un moi, spectateur immobile des variations d'un autre moi, sans cesse modifié, dont il enregistre les changements, voilà ce qui constitue notre identité, et par là notre moralité dans la vie, mais rien n'est encore fixé chez l'enfant [1]. »

On pourrait étendre la portée de cette observation si juste, et dire que le petit enfant n'est pas capable de moralité parce qu'il ne peut saisir encore les rapports très complexes de toute sorte dont l'intelligence plus ou moins nette est impliquée dans un jugement moral. Ce qui fait, par exemple, qu'un vol est une action mauvaise, c'est qu'il est une atteinte au principe de la pro-

---

1. *L'Éducation progressive*, liv. III, chap. VI.

priété; mais ce principe lui-même n'est pas un de ceux qui s'imposent à la raison avec la même rapidité et avec la même force que tel axiome de la géométrie ; il faut, pour s'y attacher, savoir comment la propriété se forme, se transmet, et quels droits le propriétaire possède par son travail ou par celui de ses ascendants.

L'enfant prendra, par ignorance, un raisin dans une vigne, un morceau de sucre dans un sac, comme on prend de l'eau dans une fontaine ou une fleur sur le bord de la route. Pourquoi ne frapperait-il pas un petit camarade comme son père frappe un cheval ou un chien? est-il capable de se faire une idée de ce qu'est la personne humaine au point de vue de la dignité, de l'inviolabilité?

Aussi la morale ne peut-elle, à mon avis, être connue de l'enfant que par voie d'autorité. Ses croyances morales ne peuvent être, au début, que des actes de foi. Pour lui, une action est mauvaise parce qu'elle lui est donnée comme telle par des personnes qui ont acquis sa sympathie et sa confiance. Il en résulte que sa moralité vaut ce que vaut celle des personnes qui l'élèvent. Par l'enseignement qu'elles lui donnent, par le jugement qu'elles portent sur ses actes, par les sentiments qu'elles en éprouvent, elles sont sa loi morale vivante, la seule qu'il soit d'abord capable de comprendre et de suivre.

Mme Necker de Saussure prétend même qu'il y en a parmi elles une à laquelle l'enfant croit, à cet égard, dépendre d'une manière particulière et presque exclusive. « C'est envers elle qu'il se sent responsable de sa conduite; ses rapports avec les autres sont beaucoup moins intimes. Il se tire d'affaire comme il peut avec les autorités moins rapprochées, mais les reproches de son vrai maître retentissent au fond de son cœur. C'est lui qui est sa conscience. C'est lui qu'il voit en imagination au moment décisif de l'épreuve; souvent il se le représente si vivement qu'il ne peut plus lui désobéir, et que, par l'effet assez naturel d'une illusion forte, il croit même en être vu. Aussi ne s'étonne-t-il point quand cette personne a l'air d'être informée de ce qu'il a fait loin de ses yeux ; l'idée d'un invisible témoin n'a rien qui répugne à cet âge. Mais si par oubli ou par faiblesse l'enfant a succombé à la tentation, c'est lorsqu'il retrouve son maître que le remords entre dans son cœur. Il pourrait revoir sans émotion le propriétaire des fleurs ou des fruits qu'il a dérobés ; mais son front se couvre de rougeur aussitôt qu'il vient à rencontrer le représentant de sa conscience. C'est avec lui qu'ont lieu les aveux, les explications tendres et touchantes ; c'est auprès de lui qu'il éprouve ce besoin d'expiation si naturel à un cœur coupable [1]. »

L'auteur a peut-être exagéré en généralisant une observation qui est vraie dans un certain nombre de cas ; mais, que la conscience de l'enfant soit incarnée en une ou en plusieurs personnes, on ne doit pas accorder à la crainte du jugement de cette conscience une influence préventive très forte. « Il faut, dit Bernard Perez, que l'impression de la tentation actuelle soit bien faible, pour que l'imagination de l'enfant lui représente son rémunérateur-vengeur se dressant entre lui et son acte. Une fois l'acte accompli, la tentation passée, le désir assouvi, la nature de l'acte peut lui suggérer l'idée de la sanction. Un petit enfant de dix-huit mois, s'étant élancé dans le jardin en l'absence de sa bonne qui le gardait, se mit à ravager quelques plates-bandes, sachant bien qu'on lui avait défendu de toucher aux fleurs : il commit son acte de vandalisme avec un entrain et une insouciance admirables ; mais, quand il vit tous ces débris jonchant l'allée, il se rappela tout à coup la défense faite ;

1. *L'Éducation progressive*, liv. III, chap. VI

il se mit à rougir, quoiqu'il ne se crût vu par personne, et alla d'un air confus se cacher derrière la cage aux poulets [1]. »

Outre l'impression et le jugement des personnes qui le touchent de très près, auxquels l'enfant attache une grande importance, les opinions, les préjugés du monde au milieu duquel il vit, et dont il est de bonne heure un observateur très perspicace, agissent assez puissamment sur sa direction morale, ainsi que le désir de s'y faire une réputation favorable, de s'attirer l'estime et la louange, de briller et de primer. L'enfant qui, élevé par d'honnêtes gens, sera tout fier de rendre au possesseur un objet qu'il aura trouvé, pourrait bien, s'il était élevé parmi des voleurs, être tout fier de son premier vol et des compliments qu'il lui vaudrait; il se constituerait facilement une morale à rebours.

Dans son livre immortel des *Maximes*, La Rochefoucauld a essayé de montrer, par une analyse subtile, que toutes les vertus « se perdent dans l'intérêt, comme les fleuves se perdent dans la mer ». Il faut reconnaître au moins qu'un certain amour-propre, en particulier chez les enfants, est le mobile de beaucoup d'entre elles, et que telle bonne action, telle bonne parole, qui pourraient frapper comme un indice marqué de sens moral, doivent être attribuées au souci, déjà très éveillé, de l'opinion. Le jeune Tiedemann, à deux ans et cinq mois, disait, quand il croyait avoir fait quelque chose de bien : « Le monde dira : C'est un bon garçon ». Et son père affirme que, dès l'âge de quinze mois, il avait « jusqu'au sentiment de l'honneur ».

En résumé, nous pensons que la moralité de l'enfant tient presque exclusivement aux grandes personnes au milieu desquelles il se développe, et que c'est d'elles que

1. *L'Éducation dès le berceau*, chap. VII.

dépendent ses manifestations tardives ou promptes, rares ou nombreuses. Il n'y a guère, au fond, de morale proprement enfantine; la morale des enfants n'est autre que celle des grandes personnes, inculquée par celles-ci dans des intentions plus ou moins pures, pratiquée par ceux-là, dans la mesure de leurs forces, par intérêt, par sympathie, par obéissance, par amour-propre, jamais, pensons-nous, par le sentiment austère du seul devoir, dont nous les croyons absolument incapables.

L'étude qui vient d'être faite des instincts, des inclinations, des sentiments de l'enfance, nous fournit les éléments nécessaires pour décider si l'homme, tel qu'il sort des mains de la nature, est bon ou mauvais. Cependant il nous en manque encore un, le plus nécessaire de tous, à savoir le criterium d'après lequel nous prononcerons notre jugement. En vertu de quel principe déclarerons-nous que l'homme naturel est bon ou mauvais, entièrement ou par parties, et que l'éducation doit se contenter de suivre la nature, ou qu'elle doit lutter contre elle, ou qu'elle doit la seconder sur certains points, la corriger et l'améliorer sur d'autres?

Ce principe ne peut être que notre conception des fins de l'homme. Notre jugement variera suivant l'opinion que nous aurons adoptée en ce qui concerne la destinée humaine, le rôle que l'homme est appelé à jouer sur la terre, le but de la vie. Si pour nous, par exemple, la vie est essentiellement une lutte où il s'agit de remporter le plus d'avantages possible sur ses concurrents, nous estimerons surtout et nous chercherons à développer les instincts égoïstes, en vue de préparer dans l'enfant un combattant redoutable par sa force et par sa ruse; nous réprimerons, au contraire, les instincts altruistes qui seraient capables de l'amollir, de lui enlever cette rudesse nécessaire pour « jouer des coudes dans la foule », suivant l'expression vulgaire, et se frayer un passage; nous ne cultiverons pas bien attentivement en lui la moralité qui lui donnerait de vains scrupules et le rendrait hésitant. Pour nous, le plus beau type humain sera l'homme fort et habile, à qui tous les moyens sont bons pour arriver à ses fins, dont la main est successivement de fer et de velours, ce qu'était César Borgia pour Machiavel. Si nous avons adopté la règle donnée par Gœthe, qu'il faut chercher à faire de soi une créature toujours plus noble, ce dilettantisme moral, d'une nature très élevée et d'un égoïsme supérieur, nous fera juger sévèrement des inclinations personnelles qui nous paraîtront basses, et cultiver des sentiments altruistes dont la présence dans notre âme contribue à lui donner plus de noblesse et de beauté; mais il accordera aux considérations esthétiques une importance telle, qu'il verra de l'humiliation et de la laideur dans certains états où se complaît l'âme qui doit au christianisme une conception de la vie non moins élevée, quoique différente, et, à quelques égards, contraire. Les inclinations naturelles de l'homme ne peuvent être appréciées ni traitées de la même manière, au point de vue de l'éducation, par un Gœthe et par un Pascal.

Notre intention n'est point de passer en revue toutes les manières de concevoir les fins de l'homme et de nous prononcer après examen. Contentons-nous d'adopter la morale, pour ainsi dire, courante, celle qu'on appelle parfois universelle, comme on la trouve en général dans les esprits droits, éclairés et honnêtes, sans nous dissimuler ce qu'il y a encore de vague, de flottant, d'obscur dans cette morale, qui ne serait pas aux prises avec une analyse subtile et profonde sans éprouver quelques dommages, quoique, en somme, elle dure depuis longtemps, quoique la vie des sociétés repose en grande partie sur elle, et quoiqu'elle nous paraisse devoir survivre à toutes les critiques dont elle peut être l'objet.

Jamais, croyons-nous, elle ne revêtira un caractère absolument scientifique et ne recevra une expression définitive; jamais elle ne sera complètement arrêtée dans ses contours; cependant tout le monde en a une conception plus ou moins nette, et elle est la règle, sinon effective, du moins idéale de la vie.

Eh bien, cette règle idéale est en contradiction complète, pour ce qui regarde les individus, avec la loi que la science semble dégager aujourd'hui de l'étude des faits de la nature, avec la loi de la concurrence vitale. D'après la science, le prix, dans la vie, c'est-à-dire le succès et la part de bonheur compatible avec les conditions qui sont faites par la nature, est décerné au plus fort et au plus habile; celui-là détruit les autres, ou les réduit à un état inférieur et les asservit. D'après la morale, le succès n'importe point, le bonheur n'est que secondaire; ce qu'il faut avant tout, c'est se conformer aux ordres d'un maître impérieux qui réside dans notre conscience, et qui s'oppose à la satisfaction de nos instincts les plus puissants, les plus naturels, pour nous imposer des devoirs envers nous-mêmes et envers les autres. Dans l'ordre physique, il n'y a pas de devoirs pour les individus; ou, si l'on veut, le seul devoir est de vivre avec le plus de jouissances, le plus de puissance, le plus de durée possible, et de transmettre la vie à sa postérité avec la plus grande somme possible de résistance et d'énergie. Dans l'ordre moral, le bien de la vie, qui, pour le pur égoïsme, surpasse de beaucoup tous les autres par son prix, n'a lui-même qu'une importance secondaire, et il est des circonstances où il doit être sacrifié; les autres biens, auxquels l'égoïsme attache un prix moindre, il est vrai, mais encore très grand, les jouissances matérielles, les distinctions sociales, la richesse, le pouvoir, doivent être sacrifiés aussi, lorsque notre conscience juge qu'ils sont incompatibles avec la vertu.

Donc, si le but d'une éducation honnête et droite est d'élever l'enfant suivant les principes d'une morale qu'il entrevoit à peine et avec laquelle beaucoup de ses inclinations naturelles sont en opposition, mais que les adultes connaissent plus nettement et se croient obligés de pratiquer eux-mêmes, la réponse nous sera maintenant facile, puisque nous avons le criterium que nous cherchions tout à l'heure. Nous rangerons les inclinations naturelles de l'enfance en trois classes : celles qui sont indifférentes au point de vue de la morale; celles qui sont contraires à la morale; celles que la morale approuve parce qu'elle trouve en elles des auxiliaires. Par exemple, en observant cette règle, nous placerons parmi les mauvaises la gourmandise, l'envie, la tendance au mensonge, la paresse; parmi les bonnes, la sympathie, la pitié, la bienfaisance. Quant aux indifférentes, nous en trouverons peu, et peut-être conviendrait-il de remplacer ce terme par celui d'ambiguës ou à double face. Beaucoup d'inclinations, en effet, seront bonnes ou mauvaises suivant les conditions dans lesquelles elles s'exercent. Ainsi le besoin d'action est mauvais lorsqu'il entraîne l'homme à une agitation sans suite, sans but ou même malfaisante; il est bon lorsqu'il produit une série continue d'actes utiles, lorsqu'il a pour but notre propre bien et celui des autres. Le désir de primer engendre l'émulation et peut conduire à la puissance; or il y a l'émulation dans le mal comme dans le bien, la puissance égoïste, stérile et oppressive comme la puissance féconde et bienfaisante.

Demandons-nous, pour finir cette étude, s'il convient, ainsi que le demande Montaigne dans les passages cités précédemment, de « laisser à nature les resnes de notre conduicte », de ne pas « corriger nos complexions naturelles », de ne pas « troubler, par art, notre inclination », ou, en d'autres termes, de laisser se développer spontanément dans l'enfant toutes les énergies qu'il tient de la nature, s'en remettant à cette même nature du soin de les équilibrer, de les contre-balancer les unes par les autres. Elles ne sont pas toutes bonnes, l'examen auquel nous venons de nous livrer nous l'a montré. Il faudrait donc espérer que la nature se prêtera, en quelque sorte, à nos combinaisons, qu'elle adoptera notre morale et qu'elle dirigera pour le mieux, en vue de nos fins, telles que nous les concevons, le développement de l'âme de l'enfant. Cette espérance, qui rendrait l'œuvre de l'éducation inutile, nous paraît tout à fait chimérique, et nous plaindrions le père de famille qui, s'y laissant aller, adopterait pour ses enfants ce système négatif. Le « laissez faire, laissez passer » peut être un bon principe d'économie politique; la pédagogie ne saurait l'admettre. Nous déclarons, pour notre part, que, s'il nous fallait choisir entre deux conceptions qui nous paraissent fausses toutes deux parce qu'elles sont incomplètes, l'optimisme et le pessimisme à l'égard de la nature humaine, nous inclinerions du côté de celle qui nous semble la moins fausse, c'est-à-dire vers le pessimisme, et nous penserions plutôt avec Schopenhauer que l'homme doit à l'éducation et à la civilisation de n'être pas une bête féroce, qu'avec Rousseau que sa perfection primitive a été corrompue par elles. Mais il y a paradoxe des deux côtés; nous aimons mieux dire qu'on trouve dans l'homme un mélange de qualités et de défauts naturels, sur lesquels l'éducation peut exercer, pour le mal comme pour le bien, une action puissante. C'est plus banal peut-être, mais c'est plus vrai.

CHAPITRE III

La volonté dans l'enfance considérée comme faculté de se déterminer entre plusieurs actes, comme activité personnelle,
comme autonomie, comme pouvoir dominateur et régulateur
des inclinations. — L'habitude. — L'imitation. — Variété des
caractères. — Une classification scientifique des caractères
est-elle possible? — Le système de la faculté maîtresse. —
Difficulté de définir un caractère, et même les éléments qui le
constituent. — Le diagnostic dans l'éducation. — Difficulté
de l'observation morale pratiquée sur les enfants.

Les différents instincts peuvent entrer en lutte les uns
avec les autres dans le même homme. Non seulement il
y a souvent conflit entre l'égoïsme et l'altruisme, mais
les instincts égoïstes eux-mêmes nous poussent vers des
actes différents, qu'il est difficile ou impossible de con-
cilier, et parmi lesquels il faut choisir. Une remarque
semblable s'applique aux animaux. La faim, par
exemple, attire le renard vers un poulailler; mais les
observations qu'il a déjà faites et la crainte héréditaire
qu'il a de l'homme lui inspirent des inquiétudes sur
sa conservation personnelle et l'éloignent. Le chien se
trouve partagé entre sa gourmandise et la peur des
coups. L'enfant est tiraillé en divers sens par la gourmandise, le besoin d'action, la crainte des réprimandes,
la paresse, le désir des louanges, etc.

On dit généralement que l'instinct le plus fort l'emporte. Ici encore, nous nous abstiendrons de faire une incursion sur le domaine de la philosophie pour étudier la question du déterminisme et du libre arbitre. Contentons-nous d'affirmer une fois de plus notre croyance à la liberté. Pour nous, si, dans certaines occasions, un instinct est le plus fort, cette force par laquelle il l'emporte n'est pas intrinsèque ; c'est la volonté qui a choisi et la lui a donnée. Sinon, pourquoi la force d'un instinct serait-elle variable suivant les moments et les circonstances ? Ce qui varie, n'est-ce pas plutôt la force de la volonté ? Un même acte de gourmandise sollicite plusieurs fois un enfant ; il résiste d'abord et finit par succomber. Est-ce parce que la relation de force entre les mobiles en lutte a varié pendant le cours de cette expérience, ou parce que la volonté elle-même a varié ? La prédominance d'une impulsion sur l'autre, sans intervention de la volonté, pourrait être admise à la rigueur lorsque l'intérêt seul est en jeu, et qu'il ne s'agit que de se procurer un plaisir ou de s'éviter une souffrance. Mais, lorsque l'intérêt est sacrifié au devoir, et lorsque nous choisissons une privation, une souffrance certaine, non point par calcul, pour nous procurer un plaisir qui est à ce prix ou éviter une privation, une souffrance plus pénibles, mais simplement pour obéir à des principes en quelque sorte abstraits, on ne peut guère nier, à moins de recourir à des subtilités vaines, qu'il intervient dans notre choix un agent autre que les impulsions fatales de l'instinct. Cet agent est la volonté.

On confond sous le terme de volonté des idées qu'il importe de distinguer. Lorsqu'un homme, au lieu de se laisser diriger par les autres et d'adopter le parti qu'ils lui proposent, a l'habitude de se décider par lui-même, on dit qu'il a de la volonté. Souvent cette volonté persiste en dépit des meilleurs avis, des faits les plus défavorables; elle est alors de l'entêtement; souvent, non contente de garder avec un soin jaloux son autonomie, elle cherche à s'imposer; l'homme volontaire est facilement autoritaire. On dit aussi que celui-là a de la volonté qui s'est rendu maître de lui-même, qui domine les mouvements de sa chair et de son esprit, qui est capable de leur imposer les plus dures contraintes. Volonté désigne également l'énergie et surtout la continuité de l'effort en vue d'un but plus ou moins lointain; le mot est alors synonyme de fermeté, de constance.

La psychologie emploie ce terme tantôt pour désigner la faculté de se déterminer entre plusieurs actes qui sollicitent l'esprit avec des forces diverses, tantôt pour désigner l'activité lorsqu'elle n'est pas une simple activité de suggestion et de contrainte, une activité passive, si l'on peut s'exprimer ainsi, mais lorsqu'elle produit des actes où se dépense plus ou moins spontanément l'énergie personnelle.

Si nous le prenons dans le sens de faculté de se déterminer entre plusieurs actes, nous reconnaîtrons des rudiments de volonté presque dès le début de la vie. Par exemple, l'enfant qui crie pour qu'on satisfasse une fantaisie, et qui se tait subitement sous le coup d'une menace de son père, s'il n'institue pas une délibération en règle pour décider lequel vaut mieux de cesser de crier ou de s'exposer à un châtiment, n'en fait pas moins un choix entre les deux partis et il en a vaguement conscience.

La volonté, considérée comme activité personnelle, s'exerce aussi de bonne heure. L'auteur d'un travail sur « le développement psychique de l'enfant »[1], Sikorski, l'étudie d'abord comme « principe moteur » et comme « principe répressif des mouvements ». Disons en passant que, même dans la volonté considérée ainsi par

_____
1. *Revue philosophique*, mars, avril, mai 1885.

rapport à ses manifestations extérieures, une analyse psychologique très élémentaire distingue autre chose ; car un mouvement ou une répression de mouvement peuvent n'être que le signe extérieur d'un acte mental bien plus important. Par exemple, il faut le même mouvement à l'enfant pour frapper un meuble ou pour frapper sa mère, et l'enfant qui réprime, par un commencement de sensibilité reconnaissante, un mouvement violent dirigé contre sa mère, exerce sa volonté autrement que comme « principe répressif des mouvements ».

Quoi qu'il en soit, l'auteur signale d'abord chez le nouveau-né cette espèce de contractions musculaires, sans but et non coordonnées, que Bain appelle mouvements *automatiques* et Preyer mouvements *impulsifs;* ils tiennent probablement à l'excitation immédiate des centres moteurs par l'effet de la nutrition et de la croissance. Puis viennent les mouvements réflexes, et apparaissent les premiers signes de suppression, émanant du cerveau, des mouvements réflexes, d'un cri par exemple excité par un motif quelconque et arrêté sous l'influence d'un son entendu par l'enfant, d'une menace, d'une caresse, d'un léger coup. Bientôt la volonté produit des mouvements plus importants. Preyer en a relevé quelques-uns d'après les observations faites sur ses propres enfants : suivant lui, la tenue de la tête commence à la seizième semaine de la vie, les mouvements de préhension à la dix-septième, l'acte indicateur de la main à la trente-sixième, l'attitude assise et la station verticale à la quarante-huitième [1].

L'enfant ne tarde pas à coordonner ses mouvements pour des actes plus complexes, et, quand il se croit capable de ces actes, il veut les faire seul, sans le secours d'autrui. Ainsi, lorsqu'il a compris le mécanisme de la

____

1. *Die Seele des Kindes*, p. 206.

manipulation, il veut manger seul, bien que le secours
d'autrui lui rende encore cette action plus facile; il
essaye de manger seul uniquement pour le plaisir
d'exercer sa volonté, et au bout d'un certain temps il
ne réclame assistance que parce qu'il sent sa volonté
fatiguée. D'autres fois il met brusquement fin à tous ses
mouvements et prend une pose immobile, avec l'attitude de l'attention; c'est alors la volonté qui s'essaye
comme principe répressif des mouvements, sans but
déterminé.

L'activité volontaire de l'enfant a, dans les premiers
temps de la vie, un champ plus étendu que celui des
mouvements. Nous ne pouvons pas affirmer qu'alors
l'enfant ait une conscience nette de lui-même, puisqu'il
est incapable de nous manifester à cet égard son état
mental, et qu'il ne lui en reste aucun souvenir auquel
on puisse recourir plus tard. Mais il est certainement
attentif, d'une attention spontanée, que personne ne lui
recommande ni ne lui impose, et commence avec ses
sens un examen du monde qui l'entoure. Est-ce sans
but, par exemple, qu'il fixe son regard encore un peu
vague, qu'il promène ses mains encore hésitantes sur un
objet? Preyer a remarqué que son enfant soulevait
soixante-dix-neuf fois de suite le couvercle d'une cruche
sans se reposer; pour lui, c'est là une observation
physique évidente : le petit observateur semble rechercher comment se produit le son [1]. Si l'on se place à ce
point de vue, un grand nombre d'actions qui paraissent
sans raison à des personnes peu perspicaces exciteront
au contraire la sollicitude des personnes plus éclairées;
elles verront ainsi s'exercer dans l'enfant, et de plus en
plus avec les progrès de l'âge, une attention, mobile il
est vrai, mais toujours en éveil, dans le but d'acquérir

1. *Die Seele des Kindes*, p. 205.

une multitude de connaissances pratiques. « Avant de parler, dit Rousseau, avant que d'entendre, il s'instruit déjà. L'expérience prévient les leçons ; au moment qu'il connaît sa nourrice, il a déjà beaucoup appris. On serait surpris des connaissances de l'homme le plus grossier, si l'on suivait son progrès depuis le moment où il est né jusqu'à celui où il est parvenu. Si l'on partageait toute la science humaine en deux parties, l'une commune à tous les hommes, l'autre particulière aux savants, celle-ci serait très petite en comparaison de l'autre [1]. »

La volonté, en tant que revendication de l'autonomie, n'est pas non plus absente chez le petit enfant. « Quand il avait fait quelque chose de lui-même, dit Tiedemann au sujet de son fils âgé de quinze mois, il se réjouissait visiblement et trouvait du plaisir à réitérer. » De là naissent la désobéissance de l'enfant, sa résistance à la direction constante que l'entourage lui impose ; il veut, lui aussi, à certains moments, agir par lui-même et montrer son indépendance. Cette réaction naturelle à l'égard d'une contrainte dont on finit par se lasser, si douce qu'elle soit, peut aller jusqu'à produire des actes extravagants et désordonnés, mais où l'enfant affirme d'autant plus son initiative qu'ils sont plus en contradiction avec la règle qu'il suit d'habitude. Ainsi un peuple trop gouverné sera capable, en temps de sédition, des plus grands excès. Ainsi un internat révolté, un jeune homme libéré de la tutelle trop assujettissante de sa famille, se livreront aux folies de tout genre. Mme Necker de Saussure raconte l'histoire d'une petite fille qui, docile d'habitude, et paraissant se plaire à l'obéissance, trouvait parfois du plaisir à y manquer ouvertement. « Restée seule avec sa mère, qui était retenue au lit par la maladie, elle entra un jour sans le

---

1. *Émile*, liv. I.

moindre motif en révolte déclarée. Les robes, les chapeaux, les écrans, les petits ouvrages, tout ce qui lui tomba sous la main fut porté au milieu de la chambre sur le plancher; elle chantait et dansait autour du monceau avec des joies indicibles; le courroux assez réel de sa mère ne l'arrêtait point. Elle avait bien l'idée du mal, sa rougeur trahissait bien les reproches de sa conscience, mais le plaisir consistait à en étouffer la voix [1].

Comme nous l'avons fait remarquer tout à l'heure, la volonté ne se contente pas de réclamer son autonomie; souvent, par une tendance naturelle, elle cherche à imposer sa domination. Il y a bien des enfants exigeants, capricieux, impérieux. Rousseau en a vu « qui voulaient qu'on renversât la maison d'un coup d'épaule, qu'on leur donnât le coq qu'ils voyaient sur un clocher, qu'on arrêtât un régiment en marche pour entendre les tambours plus longtemps, et qui perçaient l'air de leurs cris, sans vouloir écouter personne, aussitôt qu'on tardait à leur obéir. Tout s'empressait vainement à leur complaire; leurs désirs s'irritant par la facilité d'obtenir, ils s'obstinaient aux choses impossibles, et ne trouvaient partout que contradiction, qu'obstacles, que peine, que douleurs. Toujours grondants, toujours mutins, toujours furieux, ils passaient les jours à crier, à se plaindre [2]. » Certes un pareil tableau n'est pas exact pour tous les enfants volontaires; mais la tyrannie de ces faibles peut prendre des formes plus douces, moins désagréables, sans perdre de son exigence.

Examinons plus attentivement encore dans l'enfance la volonté considérée comme pouvoir dominateur, régulateur, des instincts et des inclinations. Sikorski l'appelle « volonté inhibitoire » lorsqu'elle exerce une action

<hr>

1. *L'Éducation progressive*, liv. III, chap. VI.
2. *Émile*, liv. III.

répressive, et Preyer remarque que le caractère de l'enfant est surtout défini par le degré de ses capacités répressives. Voici un exemple. « Si, assis, un livre à la main, ou occupé à écrire, vous enjoignez à votre enfant de tâcher de rester aussi tranquille que vous-même, il commence par vous obéir avec plaisir ; mais vous vous absorbez dans votre travail, et quelques secondes après il s'abandonne déjà à sa mutinerie habituelle. Si vous lui rappelez qu'il est bien plus turbulent que vous-même, il réprime, de nouveau pour quelques instants, tous ces actes impulsifs et instinctifs, toute sa mécanique psychique, sous l'influence de l'idée que vous venez de lui souffler. C'est déjà beaucoup de volonté ferme pour ce petit cerveau [1]. »

La volonté enfantine est capable aussi de réprimer la sensation de la faim sous l'influence d'une autre impression, par exemple de l'attrait exercé par un jeu, une occupation quelconque. Elle peut aller jusqu'à ce qui est pour elle un commencement de courage, jusqu'à triompher d'une répugnance, d'une souffrance véritable. « Ma fille, dit Sikorski, âgée de deux ans, après avoir goûté quelque chose d'amer, n'en voulut plus. L'observation de la lutte qui eut lieu chez cette enfant est assez instructive. Elle repoussait instinctivement le verre contenant sa potion amère, comme le font souvent les enfants ; alors on exerçait sur elle une pression morale, en cessant de manger et en lui disant que personne ne pouvait manger parce qu'elle ne voulait pas prendre une médecine amère. La résistance durait plus d'une minute, puis l'enfant, encore indécise, approchait sa main du verre pour la retirer de nouveau ; mais l'hésitation était de peu de durée, la résolution s'affermissait, et, les encouragements aidant, elle finissait par prendre

---

1. Sikorski, *l'Évolution psychique de l'enfant*, chap. III.

la médecine amère, sans laisser paraître aucune trace de sensation désagréable. Au contraire, on lisait sur son visage le plaisir évidemment produit par le triomphe de la volonté [1]. »

Lorsqu'un enfant se résigne à subir une opération désagréable, ou même cruelle et dangereuse, a-t-il l'idée nette de la douleur qui l'attend, du danger qui va le menacer, et les affronte-t-il de parti pris par un effort véritablement héroïque de sa volonté? On n'ose répondre affirmativement, si l'on se rappelle les circonstances des petites opérations que l'on a pu subir dans son enfance, comme l'avulsion d'une dent, l'ouverture d'un abcès, etc. On y est allé avec un sentiment de terreur vague, et on s'est laissé faire sous l'influence de volontés plus fortes, avec un mélange d'ignorance, de défaillance, de révolte, et aussi d'acquiescement; car il est rare que l'enfant essaye de témoigner sa colère à l'opérateur par un acte de violence, comme le chien ne manque presque jamais de le faire. Mme Necker de Saussure cite à ce sujet un fait touchant. « Ceux qui soignent les enfants malades dans les hôpitaux, dit-elle, les trouvent souvent beaucoup plus doux, plus patients que les adultes. Une petite fille à laquelle on s'était vu obligé de couper la jambe avait subi toute l'opération sans proférer une seule plainte, en serrant étroitement sa poupée dans ses bras. « Je m'en vais, à présent, couper la jambe à votre « poupée, » lui dit le chirurgien en riant quand il eut achevé l'amputation. La pauvre enfant, qui avait tant souffert sans dire mot, à ce propos cruel fondit en larmes [2]. » Que s'était-il passé au juste dans cette petite âme? Avait-elle dominé sa douleur au point de s'interdire les cris et les larmes? Était-elle plongée, par l'excès

<hr>

1. *L'Évolution psychique de l'enfant*, chap. III.
2. *L'Éducation progressive*, liv. III, chap. V.

même de cette douleur, dans une stupeur momentanée dont la sotte parole du chirurgien la tire tout à coup? Nous ne pouvons le dire. Mais que d'enfants, mis en présence d'un léger désagrément pour leur sensibilité, celui qui est causé par l'eau froide par exemple, ne savent pas se contenir et jettent des cris!

Il y a d'autres efforts de la volonté pour dominer des instincts naturels qui leur paraissent, en général, fort pénibles, même quand ils ont déjà passé l'âge de la première enfance : tel est le travail de l'attention soutenue, la lutte contre la distraction, la légèreté, la paresse. La volonté, considérée comme patience et constance, n'est qu'une forme de la volonté considérée comme pouvoir dominateur et régulateur des inclinations et des passions. En effet, le manque de patience et de constance vient de ce que l'action que la volonté s'efforce de rendre suivie et continue est interrompue à un certain moment par les passions, d'abord réprimées, et qui finissent par reprendre l'offensive. On sait qu'un long exercice est nécessaire afin de donner à la volonté une force suffisante de résistance. Il ne faut donc pas s'étonner si elle est encore exposée chez l'enfant à des défaillances fréquentes, si elle ne s'exerce souvent chez eux qu'avec un sentiment de peine qui aboutit vite à la fatigue.

Ceci nous amène à dire quelques mots du pouvoir mystérieux qui influe sur la sensibilité, tantôt pour l'émousser, tantôt pour l'aiguiser, sur les inclinations pour les affaiblir ou leur donner une énergie redoutable, et sur la volonté pour lui rendre sa tâche plus facile en lui adoucissant chaque jour davantage l'effort : nous voulons parler de l'habitude.

Les enfants contractent de très bonne heure des habitudes. « J'ai vu, dit Mme Necker de Saussure, un enfant de neuf mois pleurer amèrement et refuser son déjeuner parce que la tasse, la soucoupe et la cuiller n'étaient pas dans leur position accoutumée [1]. » Déjà dans cet enfant semble prendre racine l'habitude de l'ordre. Remarquons à ce sujet les rapports étroits qui existent entre l'habitude et la moralité, et combien l'habitude, en supprimant peu à peu l'effort demandé par certaines actions, en y attachant même du plaisir, déplace pour ainsi dire chez les différents individus le champ d'exercice de l'énergie morale. Telle personne a pris dès son enfance l'habitude de l'ordre; ranger est devenu pour elle une occupation qui ne lui demande aucun effort et qui lui procure une sorte de plaisir; peut-être devra-t-elle faire attention à ce que cette occupation ne prenne pas trop souvent la place d'autres plus importantes et qu'elle se laisserait aller volontiers à négliger parce que ces dernières exigent d'elle plus d'effort; l'ordre ne serait alors qu'un prétexte honorable pour la paresse. Telle autre personne, au contraire, qui n'a pas pris l'habitude de l'ordre, devra s'imposer fréquemment, pour l'établir autour d'elle, un effort pénible et méritoire. Suivant Mme Necker, des sentiments moraux importants commencent par provenir d'une habitude, le respect de la propriété par exemple. « La vie de l'enfant est surtout dans ses yeux; les objets qu'il voit constamment en regardant la personne qu'il aime font partie d'elle-même dans son souvenir; les habits, les petits meubles dont elle se sert, ont pour lui beaucoup d'importance; il se la représente accompagnée de ses attributs, comme nous voyons les dieux de la Fable; et, quand il observe qu'elle seule fait usage de ces objets, il se persuade qu'ils lui appartiennent. Il peut même en devenir jaloux pour cette personne, les garder comme un chien fidèle, et empêcher les autres d'en

___

1. *L'Éducation progressive*, liv. III, chap. I.

approcher. J'ai vu une petite fille de dix-huit mois qui pleurait si quelqu'un touchait le panier de sa bonne à la promenade. Un jour que cette même enfant vit une femme inconnue emporter de la maison une robe de sa mère, elle poussa des cris affreux, scène qui se répéta le lendemain. Depuis lors, elle a conservé de l'inquiétude à la vue des étrangers, elle les reconduit avec une politesse affectée qui cache mal son soulagement. Ce sentiment, qu'il est aisé d'augmenter par l'exercice, peut donner une probité précoce à de très jeunes enfants [1]. »

Tout peut devenir habitude, tantôt avec le concours des instincts naturels, tantôt malgré eux. Suivant que la table de ses parents sera plus ou moins abondante et délicate, l'enfant, naturellement porté à la gourmandise, comme nous l'avons vu, contractera ou non l'habitude d'une nourriture choisie et recherchée. L'habitude est même capable de lui faire trouver du plaisir à prendre des médicaments qui répugnent d'abord à son palais et lui soulèvent le cœur ; témoin ce fait, rapporté par Maxime Du Camp, je crois, que, dans un hospice d'enfants, l'une des punitions en usage est la privation d'huile de foie de morue. Suivant qu'on lui ménagera ou qu'on lui prodiguera l'éloge et l'admiration, qu'on se mettra en garde contre ce qu'un pédagogue appelle justement la « népiolâtrie » (l'adoration du marmot), ou qu'on s'y livrera sottement, ainsi qu'il arrive dans un si grand nombre de familles, l'orgueil naturel de l'enfant languira faute d'aliment ou prendra un développement excessif par l'effet de l'habitude.

« Souvent, dit Fénelon, le plaisir qu'on veut tirer des jolis enfants les gâte ; on les accoutume à hasarder tout ce qui leur vient dans l'esprit et à parler des choses dont ils n'ont pas encore de connaissances distinctes ; il leur

1. *L'Éducation progressive*, liv. III, chap. I.

en reste, toute leur vie, l'habitude de juger avec précipitation, et de dire des choses dont ils n'ont point d'idées claires; ce qui fait un très mauvais caractère d'esprit [1]. »

D'après les circonstances, et l'inclination y aidant ou résistant, les enfants sont susceptibles de prendre l'habitude du mensonge, de l'insolence, de la peur, ou bien de la sincérité, de la modestie, du courage. A quoi bon multiplier les exemples? tout le monde en connaît. L'habitude fortifie l'instinct naturel, ou l'affaiblit, ou même crée des instincts qu'on peut appeler acquis, à moins qu'ils ne soient que des instincts naturels qui sommeillaient et qu'on éveille. On sait qu'elle pousse des racines profondes qu'il est parfois fort difficile et parfois impossible d'extirper.

Il y a dans l'âme de l'enfant un autre pouvoir que nous aurions pu étudier lorsque nous avons parlé des instincts, mais que nous avons négligé alors, parce qu'il n'avait pas un caractère nettement marqué d'égoïsme ou d'altruisme; nous voulons parler de l'imitation. Cependant nous y avons déjà touché en parlant de la suggestion de certaines attitudes et de certains sentiments; il y a bien des rapports entre la suggestion et l'imitation.

« L'ignorance des enfants, dit Fénelon, dans le cerveau desquels rien n'est encore imprimé, les rend souples et enclins à imiter tout ce qu'ils voient [2]. » D'après Aristote, cette tendance est naturelle à l'homme en général; « l'homme, dit-il, est un animal imitateur. » Darwin l'observe dès l'âge de quatre mois chez son fils, qui paraît imiter des sons. Tiedemann, chez le sien, au même âge, croit en saisir aussi la première manifestation : « S'il voyait quelqu'un boire, il faisait avec la

---

1. *De l'éducation des filles*, chap. III.
2. *Idem*, chap. V.

bouche un mouvement comme s'il goûtait quelque chose. » Egger pense l'avoir vue nettement vers neuf mois dans l'action de se cacher et de se montrer tour à tour par manière de jeu, de jeter une balle après l'avoir vu jeter, de souffler sur une bougie, d'essayer d'éternuer en singeant la personne qui vient d'éternuer, etc. [1].

Sans préciser l'époque, nous pouvons dire que l'imitation s'exerce de très bonne heure, et que l'enfant lui doit une grande partie de ses acquisitions les plus précieuses, en ce qui concerne les mouvements, le langage, les opérations des sens et de l'intelligence. Elle a aussi une grande influence sur le développement de ses facultés morales, de son caractère. L'imitation d'une certaine attitude, d'un certain langage, suggère à l'enfant les sentiments que cette attitude et ce langage expriment. « Il se peut, dit Mme Necker de Saussure, que l'intérieur se moule chez l'enfant sur l'extérieur. Il voit une action qu'il copie, accompagnée d'une certaine expression de physionomie qu'il copie aussi, et bientôt il s'ouvre je ne sais quel jour au dedans de lui. Il devient grave par l'imitation du sérieux, tendre par celle de la sensibilité, et, une fois sur la voie de ces impressions, son âme est de plus en plus modifiée [2]. » Bernard Perez en donne un exemple significatif. « Une petite fille a commencé à prendre, seulement à l'âge de quinze mois, les froncements de sourcils de son père, ses habitudes d'irascibilité, son ton de voix criard, et bientôt ses formules expriment l'impatience ou la colère. A trois ans elle disait gravement à un visiteur avec lequel elle s'était mise à discuter, selon la manie paternelle :

1. *Le Développement de l'intelligence et du langage chez les enfants*, p. 10 et suivantes.
2. *L'Éducation progressive*, liv. II, chap. IV.

« Mais tais-toi donc, tu ne me laisses jamais achever
ma phrase [1] ! »

Les effets du bon et du mauvais exemple, que tout le
monde connaît, appartiennent entièrement à l'imitation. On voit, sans qu'il soit nécessaire d'insister, quelle
influence morale elle peut avoir sur l'âme des enfants.

Ainsi dès les premières années de la vie, par l'action
latente de l'habitude, combinée avec celle des inclinations naturelles, de la volonté, de l'imitation, se constitue le caractère de chaque homme, ce facteur important de sa destinée.

L'infinie variété des existences humaines ne tient
pas seulement à la différence des conditions matérielles
et sociales dans lesquelles elles se déroulent; elle tient
aussi à la différence des caractères. La nature n'a pas
mis en chacun de nous des instincts doués de la même
énergie, par exemple la même dose de gourmandise,
d'orgueil, d'envie, de sympathie, de libéralité, de bienfaisance.

On pourrait, à ce point de vue, établir d'abord une
classification des individus, enfants ou adultes, en deux
grandes catégories : ceux en qui dominent les instincts
égoïstes, et ceux en qui dominent les instincts altruistes.
Les uns et les autres se subdiviseraient ensuite d'après
l'instinct ou le groupe d'instincts qui dominent dans
leur égoïsme ou leur altruisme. Il est rare, en effet, que
les égoïstes aient tous les défauts qui se rangent sous
la dénomination générale d'égoïsme, et qu'on puisse
dire de chacun d'eux ce que Saint-Simon disait du
cardinal Dubois, que tous les vices se disputaient en
lui à qui demeurerait le maître. L'altruisme, non plus,
n'est pas parfait chez tous les gens de bien.

En se plaçant à un autre point de vue, celui de la

1. *L'Éducation dès le berceau,* chap. V.

volonté, il y aurait lieu d'établir une classification nouvelle, les individus à volonté forte d'un côté, ceux à
volonté faible de l'autre.

Si l'on voulait classer les individus en se plaçant à la
fois à ces deux points de vue, la tâche serait complexe
et embrouillée. Des instincts égoïstes très forts peuvent,
par exemple, coexister avec une volonté faible. Il y a,
nous ne craignons pas de le dire, des monstres cachés
dans la peau de gens qui passent pour très honnêtes,
qui le sont en effet, à n'en juger que par leurs actes, mais
qui ne se révèlent point ce qu'ils sont parce que les circonstances, la puissance, surtout la volonté leur manquent. L'ambition d'un César peut se rencontrer dans
des âmes dont l'intelligence est médiocre et l'énergie
nulle.

On voit combien la variété, en nombre et en puissance,
des éléments qui constituent les caractères, rend difficile, sinon impossible, le travail d'une classification
scientifique de ces derniers. Il y a bien un système qui
simplifierait ce travail, s'il était vrai : c'est celui qui prétend qu'il existe dans chaque homme une qualité maîtresse dont les autres dépendent, autour de laquelle elles
s'assemblent, pour ainsi dire, d'après une loi déterminée,
et qui peut servir à caractériser non seulement l'individu, mais le groupe d'individus chez lesquels elle se
montre, de même qu'un caractère général sert à constituer les ordres, les familles, les genres, les espèces en
histoire naturelle. C'est le système soutenu, on le sait,
par Taine avec une rare vigueur. « Les facultés d'un
homme, dit-il, comme les organes d'une plante, dépendent les unes des autres ; elles sont mesurées et produites
par une loi unique ; il y a en nous une faculté maîtresse,
dont l'action uniforme se communique différemment à
nos différents rouages, et imprime à notre machine un
système nécessaire de mouvements prévus.... Une fois

qu'on a saisi la faculté maîtresse, on voit l'homme se
développer comme une fleur. » Sainte-Beuve a critiqué
ce système dans son application à l'histoire littéraire;
mais les objections qu'il présente peuvent être enten-
dues d'une manière plus générale. « Le dernier mot
d'un esprit, lisons-nous dans une *Causerie du lundi*,
d'une nature vivante! certes il existe, mais dans quelle
langue le proférer?... Il s'agit de trouver une juste
nomenclature à des esprits et des talents humains,
matière essentiellement ondoyante et flottante, diversité
et complication infinies.... Arriver ainsi à la formule
générale d'un esprit est le but idéal de l'étude du moraliste et du peintre de caractères.... Efforçons-nous de
deviner ce nom intérieur de chacun, et qu'il porte
gravé au fond du cœur. Mais, avant de l'articuler, que
de précautions, que de scrupules! Pour moi, ce dernier
mot d'un esprit, même quand je serais parvenu à réunir
et à épuiser sur son compte toutes les informations
biographiques de race et de famille, d'éducation et de
développement, à saisir l'individu dans ses moments
décisifs et ses crises de formation intellectuelle, à le
suivre dans toutes ses variations jusqu'au bout de sa
carrière, ce dernier mot, je le chercherais encore, je
le laisserais deviner plutôt que de me décider à l'écrire,
je ne le risquerais qu'à la dernière extrémité [1]. »

Leçon d'une justesse exquise adressée aux présomp-
tueux qui osent exprimer et déterminer un caractère
dans une courte formule, où ressort sur tout la prétendue
qualité maîtresse. Ne pourrait-on point s'appuyer sur
un grand nombre d'expériences pour retirer la concession faite par Sainte-Beuve, et dire que non seulement
cette qualité maîtresse est des plus difficiles à découvrir
et à exprimer, mais même que dans une foule d'individus

---

1. *Causeries du lundi*, t. III.

elle n'existe point, que leur caractère est un assemblage incohérent des qualités les plus diverses, souvent opposées, qui se heurtent, se gênent, se secondent, s'équilibrent entre elles, et que leur vie, au lieu d'être un développement mécanique et logique suivant une loi dont il s'agit de trouver la formule, « un système nécessaire de mouvements prévus », n'est qu'une suite d'actions diverses, parfois incohérentes, où il y a bien des facteurs différents, parmi lesquels il faut accorder une large place aux circonstances, aux hasards, à l'éducation, etc. Il n'y a peut-être pas dans la réalité autant de logique que dans les esprits à systèmes. « Certes, dit Montaigne, c'est un subject merveilleusement vain, divers et ondoyant, que l'homme : il est malaysé d'y fonder jugement constant et uniforme.... Il faut considérer comme nos âmes se treuvent souvent agitées de diverses passions. Et tout ainsi qu'en nos corps ils disent qu'il y a une assemblée de diverses humeurs, desquelles celle-là est maîtresse, qui commande le plus ordinairement en nous, selon nos complexions; aussi en nos âmes, bien qu'il y ait divers mouvements qui les agitent, si faut-il qu'il y en ait un à qui le champ demeure; mais ce n'est pas avec si entier advantage que, pour la volubilité et soupplesse de notre âme, les plus faibles par occasions ne regaignent encore la place, et ne facent une courte charge à leur tour [1]. » Ce qui est vrai de l'homme en général l'est encore plus de l'enfant, chez lequel le caractère se forme et peut être si profondément modifié par l'éducation. Assurément il y a dans chaque enfant des traits plus ou moins saillants. Mais il faut faire attention et ne point se laisser tromper par les apparences. Voici, par exemple, un enfant de trois ans, auquel il vient de naître un petit frère, et qui,

1. *Essais*, liv. I, chap. I et XXXVII

jaloux de voir le nouveau venu accaparer les caresses
de la mère, l'attention du frère, se laisse aller à dire :
« Est-ce qu'il ne va pas bientôt mourir, le petit Fernand ? » Bernard Perez, à qui j'emprunte le fait, ajoute :
« Quand le nouveau venu se mit à marcher et à parler,
l'autre lui faisait mille méchants tours; il le battait, le
tirait d'une chaise pour se mettre à sa place, lui criait
dans les oreilles, l'appelait vilain, lui prenait des mains
les jouets, contrefaisait son langage et sa marche [1]. » Ne
serons-nous pas tentés de mettre cet enfant dans la
classe des méchants et des envieux, et ne ferons-nous
pas sur lui, à cause d'un tel caractère, le plus sombre
pronostic? Attendons quelque temps : l'enfant sera
devenu, par le jeu d'autres instincts, et grâce à l'action
de sa mère, un protecteur attentif et aimant de son
petit frère, qu'il semblait haïr à mort, on peut le dire.

Voici un autre enfant dont un observateur profond du
cœur humain, Saint-Simon, nous trace le portrait. « Le
duc de Bourgogne était né avec un naturel à faire trem-
bler. Il était fougueux jusqu'à vouloir briser ses pendules
lorsqu'elles sonnaient l'heure qui l'appelait à ce qu'il ne
voulait pas, et jusqu'à s'emporter de la plus étrange
manière contre la pluie quand elle s'opposait à ce qu'il
voulait faire. La résistance le mettait en fureur. Tout ce
qui est plaisir, il l'aimait avec une passion violente.... De
la hauteur des cieux il ne regardait les hommes que
comme des atomes avec qui il n'avait aucune ressemblance quels qu'ils fussent; à peine Messieurs ses frères
lui paraissaient-ils intermédiaires entre lui et le genre
humain. » Dans un pareil caractère semblent dominer
la violence et l'orgueil, qui seront, d'après les conjec-
tures les plus vraisemblables, les facteurs principaux
d'une vie désordonnée; il y a tout à craindre d'un tel

1. *L'Éducation dès le berceau*, chap. VI.

enfant, « né terrible ». Or le même écrivain ajoute : « Le prodige est qu'en très peu de temps la dévotion et la grâce en firent un autre homme, et changèrent tant et de si redoutables défauts en vertus parfaitement contraires ». On croira peut-être qu'il porta dans la vertu, comme il menaçait de l'employer au vice, la violente énergie qui paraissait le trait dominant de sa nature. Nullement : sa vertu est de telle sorte qu'elle fait concevoir aux contemporains les doutes les plus regrettables sur son énergie, sa décision, et même sur son courage. En 1708, commandant une armée française, il s'attire la leçon suivante de son ancien précepteur : « Quand un grand prince comme vous, Monseigneur, ne peut pas acquérir de la gloire par des succès éclatants, il faut au moins qu'il tâche d'en acquérir par sa fermeté, par son génie et par ses ressources dans les tristes événements ». Cette leçon sévère produit sur lui un si médiocre effet, qu'au milieu des préoccupations d'un chef d'armée il demandera bientôt à Fénelon s'il ne croit pas « qu'il soit absolument mal de loger dans une abbaye de filles ». Voilà où en était venu le terrible enfant de tout à l'heure. L'histoire met ces faits en lumière; mais n'en constate-t-on point d'analogues dans la vie privée, et les prédictions que l'on fait sur le caractère d'un enfant ne sont-elles pas souvent démenties, sans qu'intervienne une éducation aussi remarquable que celle où Fénelon réussit trop bien?

Aussi faut-il, à notre avis, être très circonspect lorsqu'il s'agit de définir et de classer le caractère dans l'enfance. Il ne nous semble même pas qu'une classification des caractères ait grand intérêt en pédagogie. Si l'on arrivait, ce que nous croyons impossible, à déterminer nettement un certain nombre de types de caractères, dans la constitution desquels entreraient un nombre déterminé d'éléments moraux, croit-on qu'on pourrait également déterminer un nombre correspondant de types d'éducation? Cela faciliterait certainement la tâche des éducateurs; mais cela est impraticable. Il faut se contenter de ce qui est possible, c'est-à-dire de distinguer les éléments moraux qui entrent dans la constitution d'un caractère, et d'agir sur eux suivant les règles établies par l'expérience. Mais, comme nous l'avons dit, leur mélange dans chaque individu est variable à l'infini.

Nous irons plus loin, et nous dirons que, en y réfléchissant bien, il est souvent difficile de définir ces éléments eux-mêmes avec une netteté parfaite, et de déterminer les règles générales du traitement qu'il convient de leur appliquer, tant est complexe d'un côté cette psychologie du caractère qui est le point de départ de l'éducation morale, et d'un autre côté tant est confuse, sur certains points, la morale proprement dite, qui doit en être la directrice. Vous entendez dire : « tel enfant est orgueilleux,... tel enfant est bon,... il faut combattre l'orgueil,... il faut développer la bonté ». En examinant les idées que l'on croit exprimer nettement ainsi, nous y trouverons encore du vague ou même de l'erreur. On appelle parfois orgueil des sentiments qui ne doivent pas être confondus avec l'orgueil, par exemple ceux de l'indépendance, de la dignité personnelle, ou qui, tout en tenant de près à l'orgueil, n'en doivent pas moins être cultivés parce qu'ils seront très utiles à l'enfant pour stimuler son activité et le préserver de la bassesse. Il y a dans beaucoup d'âmes humaines une si grande disposition à la nonchalance, et aussi à l'adulation des forts, au culte intéressé de la puissance et du succès, qu'un peu d'orgueil ne nuit pas pour réveiller celui qui serait tenté de s'endormir, et lui faire donner plus que n'obtiendrait de lui le pur sentiment du devoir, ou pour tenir droites quelques échines, lorsque trop d'autres se courbent. Quant à la bonté, c'est sans doute une vertu divine; « lorsque Dieu forma le cœur et les entrailles de l'homme, il y mit premièrement la bonté », a dit Bossuet à propos d'un héros dans l'âme duquel la bonté n'était pas précisément la qualité dominante. Mais on sait qu'elle peut être alliée à des défauts qui lui donnent souvent des apparences plus sympathiques encore, à la faiblesse, à l'imprévoyance, à la négligence d'intérêts très sérieux; pour être vraiment une vertu précieuse et parfaite, il faut qu'elle soit ferme, prudente, perspicace, attentive. Réprimer l'orgueil, développer la bonté, voilà donc deux règles d'éducation empruntées à la morale, qui sont très imparfaites dans leur généralité et dans leur brièveté, de même que les deux mots : orgueil, bonté, employés par la psychologie enfantine, ont besoin d'être longuement définis pour ne pas éveiller dans l'esprit des idées inexactes et incomplètes, et pour que la même épithète, celle d'orgueilleux ou de bon, appliquée à différents enfants, ne désigne pas des états d'âme très différents les uns des autres, puisqu'il y a bien des manières d'être orgueilleux ou d'être bon.

On le voit, il est impossible, en pédagogie, de classer les caractères comme les savants classent les plantes et les animaux en histoire naturelle; et il est difficile de traiter par la culture les divers éléments qui constituent ces caractères d'après des règles générales et fixes. Assurément il faut des règles dans cet art comme dans les autres; sinon on ne sortirait pas d'un vulgaire empirisme; mais il faut aussi les appliquer avec beaucoup de souplesse, de finesse, de sentiment des nuances. « Ceulx qui, comme porte nostre usage, dit Montaigne, entreprennent d'une même leçon et pareille mesure de conduicte, regenter plusieurs esprits de si diverses mesures et formes; ce n'est pas merveilles si en tout un peuple d'enfants ils en rencontrent à peine deux ou trois qui rapportent quelque juste fruit de leur discipline [1]. » Un médecin habile n'a pas une thérapeutique invariable dont les remèdes s'appliquent à des cas pour ainsi dire abstraits; il ne soigne pas des maladies avec des formules qu'il trouve en nombre déterminé dans ses livres; il soigne des malades, et varie ses moyens à l'infini, comme les cas varient aussi à l'infini, d'après les constitutions individuelles.

En continuant la comparaison, je dirai que le premier soin de l'éducateur, comme du médecin, doit être d'établir son diagnostic par une observation attentive et de chercher à bien connaître le caractère de l'enfant qu'il veut élever. J.-J. Rousseau dit, en recommandant l'éducation négative pour les premiers temps de la vie : « Une considération qui confirme l'utilité de cette méthode est celle du génie particulier de l'enfant, qu'il faut bien connaître pour savoir quel régime moral lui convient. Chaque esprit a sa forme propre selon laquelle il a besoin d'être gouverné; et il importe au succès des soins qu'on prend qu'il soit gouverné par cette forme et non par une autre. Homme prudent, épiez longtemps la nature, observez bien votre élève avant de lui dire le premier mot; laissez d'abord le germe de son caractère en pleine liberté de se montrer, ne le contraignez en quoi que ce puisse être, afin de le mieux voir tout entier.... Le sage médecin ne donne pas étourdiment des ordonnances à la première vue, mais il étudie premièrement le tempérament du malade avant de lui rien prescrire; il commence tard à le traiter, mais il le guérit, tandis que le médecin trop pressé le tue [2]. »

J'ai parlé précédemment des difficultés que présente en principe l'observation psychologique de l'enfance.

1. *Essais*, liv. I, chap. XXV.
2. *Émile*, liv. II.

L'expérience nous fait faire à ce sujet d'autres remarques inquiétantes.

Il y a des raisons qui s'opposent à ce que les parents, les premiers éducateurs en date, soient de bons observateurs à l'égard des enfants. C'est d'abord leur complaisance naturelle pour leur progéniture. L'aigle, dans une fable de La Fontaine, demande au hibou de lui peindre ses « nourrissons » :

> Le hibou repartit: « Mes petits sont mignons,
> Beaux, bien faits, et jolis sur tous leurs compagnons :
> Vous les reconnaitrez sans peine à cette marque ».

Une mère trouve que son enfant, qui ouvre les yeux depuis quelques jours, montre de l'intelligence, de la gentillesse. Cette illusion fait sourire; mais elle peut se prolonger et devenir dangereuse. Je l'ai dit ailleurs : « De petits êtres âgés d'un an à peine ont déjà en eux les rudiments de toutes leurs passions de l'âge mûr, avec cet avantage immense, que tout cela est encore tendre, flexible, et peut être modifié, extirpé au besoin sans grande peine, mais aussi avec cet immense danger, que tout cela se dissimule sous les apparences du besoin, se pare des grâces du premier âge, trompe ou même flatte l'indulgence excessive, l'affection volontiers aveugle de la famille [1] ». Chose singulière! chez les parents mobiles, passionnés, peu maîtres d'eux-mêmes, et le nombre en est grand, à cette affection aveugle succède par moments une sévérité excessive, aussi peu raisonnable, qui leur fait trouver alors dans leurs enfants les plus tristes défauts; cela peut arriver sous le coup d'une grosse étourderie de ces derniers, lorsque la patience des parents est poussée à bout, lorsque leur fatigue est extrême. De plus, l'enfant, qui tient beaucoup de ses parents, et par

---

1. *Les Doctrines pédagogiques des Grecs*, Introduction.

l'hérédité, dont nous parlerons bientôt, et par l'imitation, dont nous avons parlé déjà, reproduit, dans une certaine mesure, leurs qualités, leurs défauts, leurs manières, dont ils sont mauvais juges, par l'effet de l'habitude et de l'indulgence qu'on a toujours pour soi-même. C'est ce qui fait qu'un simple visiteur, un invité, observe souvent chez les enfants de la famille où il se trouve pour quelques instants des traits que les parents n'apercevront jamais. Une raison du même ordre fait que parfois les étrangers observent mieux une nation que les nationaux eux-mêmes.

En général, l'observation morale est un don assez rare. Elle demande des qualités de pénétration, de finesse, d'attention, de sang-froid, de patience, de mesure qui ne sont pas très répandues. Dans l'histoire de la pédagogie il est plus facile de trouver des idées préconçues, des théories, des systèmes, que des observations nombreuses et bien faites. Or, si des hommes, remarquablement doués du reste, et attirés par un goût particulier vers cet intéressant sujet, l'enfance, qu'ils ont étudié dans leurs ouvrages, n'ont pas toujours été, pour la connaissance de l'âme enfantine, à la hauteur de leur tâche, que dire du vulgaire, de cette foule innombrable de parents, d'amis, de connaissances, de précepteurs, d'instituteurs, de professeurs, qui dirigent l'éducation des enfants ou influent sur elle? Cette grande œuvre réclame, comme condition nécessaire, une connaissance sérieuse de leur corps et de leur âme. Chez combien la trouve-t-on et combien en sont capables? Lorsque, parvenus à la maturité, et plus en état de nous connaître nous-mêmes, mieux instruits sur nous et sur la vie, nous nous rappelons notre propre histoire, nous constatons plus d'une erreur d'observation commise à notre sujet par nos parents ou par nos maîtres, et plus d'une faute de conduite qui a résulté de cette erreur.

Cependant il ne serait pas raisonnable de tomber dans le scepticisme et de ne pas croire à l'œuvre de l'éducation, parce qu'elle est des plus ardues dès son point de départ, la connaissance des enfants. Il faut voir les difficultés, non pour se laisser aller au découragement, mais pour être plus attentif, plus sérieux, et pour redoubler d'efforts.

CHAPITRE IV

L'influence de l'hérédité sur le caractère. Faits qui la montrent.
Hérédité des instincts d'ivrognerie, d'avarice, du vol, du
meurtre. Exemples historiques. — Hérédité du caractère pro-
vincial et national. — Constitution des éléments du caractère
par l'hérédité. — La question du progrès par l'évolution. Opposition du progrès dans l'ordre naturel par la sélection et dans
l'ordre moral par l'amélioration du caractère. — Les lois de
l'hérédité. — Importance de la question de l'hérédité en pédagogie.

L'éducation se propose d'agir sur les différents pouvoirs que nous avons étudiés jusqu'ici dans l'âme de l'enfant, pour les modifier, ou de se servir d'eux pour arriver à ses fins. Il est nécessaire qu'elle les connaisse bien,
et surtout qu'elle se rende bien compte de leur énergie.
La question de leur origine, leur histoire, doit avoir, à
cet égard, une grande importance. Le temps influe beaucoup, tout le monde le sait, sur la force de résistance
que les choses peuvent présenter à l'homme. Il est plus
malaisé de déraciner un vieil arbre qu'un jeune. Les
habitudes récentes changent facilement, les habitudes
invétérées résistent souvent à tous les efforts. Or la
plupart des éléments qui constituent notre caractère
sont plus anciens que nous; ils existaient avant nous
chez nos parents, qui nous les ont transmis et qui les

avaient eux-mêmes reçus de leurs ascendants. C'est un
héritage qui passe de génération en génération, par la
loi de l'hérédité, dont une multitude de faits démontrent
l'existence. Attachons-nous particulièrement à ceux qui
se rapportent au caractère [1].

Nous pouvons, sur ce point encore, rapprocher les
animaux de l'homme. « Un cheval naturellement hargneux, ombrageux, rétif, dit Buffon, produit des pou-
lains qui ont le même naturel. » Girou de Buzareingues
remarque que l'hérédité s'étend chez les bêtes aux dispositions les plus bizarres. « Un chien de chasse pris à
la mamelle et élevé loin de son père et de sa mère était
d'un entêtement incorrigible, et, chose remarquable, il
craignait au point de n'en plus chasser l'explosion de
la poudre, qui excite tant d'ardeur chez les autres chiens.
Sur la surprise qu'une personne en témoignait, on lui
répondit : « Rien n'est moins surprenant, son père était
« ainsi. »

Étudiez attentivement le caractère des enfants d'une
famille qui vous est connue, ainsi que celui de leurs
parents, et recueillez le plus de renseignements possible
sur leurs ancêtres : vous constaterez que les traits du
caractère se sont transmis des uns aux autres comme
les traits du visage, suivant des combinaisons variées.
On dit parfois d'un enfant : « C'est tout le portrait de
son père, ou de sa mère, ou de son grand-père », etc.
Rarement cette assertion est exacte, et en général il
serait plus juste de dire : « Il tient ceci de son père, cela
de sa mère, cela de son grand-père », etc. La ressemblance des traits du visage frappe tous les yeux ; celle
du moral n'échappe même pas au vulgaire. La ressemblance physique tient évidemment à l'hérédité. La res-

---

1. Voir sur cette question le remarquable travail de Ribot,
l'Hérédité psychologique, auquel j'ai fait de nombreux emprunts.

semblance morale pourrait être attribuée à l'influence
de l'imitation, s'il n'arrivait souvent qu'un enfant reproduit certains traits du caractère d'un aïeul qu'il n'a
jamais connu et que, par conséquent, il ne peut imiter.
Du reste, si l'imitation était seule en jeu, on ne s'expliquerait pourquoi l'enfant aurait reproduit certains traits
de préférence à d'autres : il faut faire intervenir une
prédisposition naturelle, qui résulte de l'hérédité. Chaque famille pourrait donc être, à ce point de vue, l'objet
d'une intéressante monographie, qui apporterait, pour
confirmer l'existence de l'hérédité, des faits soit entièrement nouveaux, soit analogues à la multitude de ceux
que l'on connait déjà. Parmi ces derniers nous choisirons quelques-uns des plus saillants.

Il en est toute une catégorie qui offre aujourd'hui,
malheureusement, un grand intérêt; ce sont ceux où se
montre l'hérédité de cette forme de l'instinct de gourmandise qui s'appelle l'ivrognerie. « Gall parle d'une
famille russe où le père et le grand-père avaient péri
tous deux prématurément, victimes de leur penchant
pour les liqueurs fortes; le petit-fils, dès l'âge de cinq ans,
manifestait le même goût au plus haut degré.... De nos
jours, Magnus Huss et Morel ont recueilli tant de faits
sur l'hérédité de l'alcoolisme, que nous n'avons qu'à
choisir. Un homme adonné aux boissons alcooliques a
un fils qui montra dès l'enfance les instincts les plus
cruels. Contraint de s'engager, il vendit ses effets militaires pour se procurer de l'eau-de-vie, et n'échappa à
la peine de mort que sur les rapports des médecins, qui
conclurent à l'irrésistibilité du penchant[1]. » Remarquons,
dans cet exemple, que le fils d'un alcoolique manifeste
dès son enfance les instincts les plus cruels. C'est que le
penchant est transmis, non pas seulement sous forme

____

1. Ribot, *l'Hérédité psychologique*, 1re partie, chap. v.

d'ivrognerie, mais avec les plus tristes modifications, cruauté précoce, paresse, besoin de vagabondage, qui sont, d'après un célèbre aliéniste, Morel, le partage des enfants d'alcooliques. Une statistique américaine, citée par Despine, a montré qu'ils sont dix fois plus exposés que les autres à commettre des crimes et des délits.

L'avarice ainsi que les instincts qui lui font pour ainsi dire cortège sont souvent héréditaires. « J'ai remarqué, dit Maudsley, que, quand un homme a beaucoup travaillé pour arriver de la pauvreté à la richesse et pour établir solidement sa famille, il en résulte chez les descendants une dégénérescence physique et mentale, qui amène quelquefois l'extinction de la famille à la troisième ou à la quatrième génération. Quand cela n'a pas lieu, il reste toujours une fourberie et une duplicité instinctives, un extrême égoïsme, une absence de vraies idées morales. Quelque opinion que puissent avoir d'autres observateurs expérimentés, je n'en soutiens pas moins que l'extrême passion pour la richesse, absorbant toutes les forces de la vie, prédispose à une décadence morale, ou intellectuelle et morale tout à la fois [1]. »

Voici une curieuse généalogie qui montre l'hérédité des instincts du vol et du meurtre. Jean Chrétien a trois enfants, Pierre, Thomas et Jean-Baptiste; le premier, Pierre, a pour fils Jean-François, condamné aux travaux forcés à perpétuité pour vol et assassinat; le second, Thomas, a pour fils François, condamné aux travaux forcés pour assassinat, et Martin, condamné à mort pour assassinat, dont le fils, voleur, est mort à Cayenne; le troisième, Jean-Baptiste, a eu sept petits-fils et petites-filles, tous voleurs, et un arrière-petit-fils, condamné à mort pour assassinat et vol [2]. Gall cite le cas

1. *Pathology of Mind*, p. 234.
2. Despine, *Psychologie naturelle*, t. II, p. 410.

d'une femme très perverse des États-Unis d'Amérique dont les quatre-vingts descendants en ligne directe ont été, pour un quart, frappés par la justice, et, pour les trois autres quarts, ivrognes, fous, idiots et mendiants.

L'histoire nous offre un grand nombre de cas où apparaît nettement l'influence de l'hérédité sur le caractère. « Le physique, ce père du moral, dit Voltaire, transmet le même caractère de père en fils pendant des siècles. Les Appius furent toujours fiers et inflexibles, les Catons toujours sévères. Toute la lignée des Guises fut audacieuse, téméraire, factieuse, pétrie du plus insolent orgueil et de la politesse la plus séduisante. Depuis François de Guise jusqu'à celui qui, seul, sans être attendu, alla se mettre à la tête du peuple de Naples, tous furent d'une figure, d'un courage et d'un tour d'esprit au-dessus du commun des hommes. J'ai vu les portraits en pied de François de Guise, du Balafré et de son fils; leur taille est de six pieds : mêmes traits, même courage, même audace sur le front, dans les yeux et dans l'attitude [1]. » L'étude des quatre Césars, Tibère, Caligula, Claude et Néron, faite par Wiedemeister au point de vue de l'hérédité morbide, était facile; leurs vices prodigieux éclatent dans Tacite et dans Suétone, qui en ont déjà signalé la transmission héréditaire. Vespasien, dont l'avarice est célèbre, comptait parmi ses ascendants un commis de banque et un percepteur usurier. « Chez presque tous les princes de la famille de Condé, dit Saint-Simon, on note une chaude et naturelle intrépidité, une remarquable entente de l'art militaire, de brillantes facultés de l'intelligence, mais, à côté de ces dons, des travers d'esprit voisins de la folie, des vices odieux du cœur et du caractère, la malignité, la bassesse, la fureur, l'avidité du gain, une avarice sordide, le goût

---

1. *Dictionnaire philosophique*, art. CATON.

de la rapine et de la tyrannie, et cette sorte d'insolence qui fait plus détester les tyrans que la tyrannie elle-même. » Sainte-Beuve dit à propos du livre où Loménie a étudié la famille des Mirabeau : « Il a révélé une race à part, des caractères d'une originalité grandiose et haute, d'où notre Mirabeau n'a eu qu'à descendre pour se répandre ensuite, pour se précipiter comme il l'a fait, et se distribuer à tous, tellement qu'on peut dire qu'il a été l'enfant perdu, l'enfant prodigue et sublime de sa race ». Les plus belles vertus sont elles-mêmes héréditaires, témoin cette famille des Lamoignon, dont l'un des derniers représentants, Malesherbes, a un rôle si noble dans notre histoire, et que Fléchier appelle avec raison « une de ces familles où l'on ne semble naître que pour exercer la justice et la charité, où la vertu se communique avec le sang, s'entretient par les conseils, s'exalte par les grands exemples ». Remarquons les dernières expressions de l'orateur chrétien, dans lesquelles les diverses influences de l'hérédité, de l'éducation, de l'imitation, sont distinguées avec beaucoup de justesse.

Il y a donc des traits de caractère communs à chaque famille, et dont l'existence s'explique non seulement par l'influence, très réelle, du milieu, de l'imitation, mais encore, et surtout, par celle du sang.

Il y a aussi des traits de caractère communs aux provinces, aux nations, aux races; ces traits se constituent à l'origine pour diverses raisons et, par l'influence de l'hérédité, se transmettent à travers les âges, plus ou moins modifiés, mais presque toujours reconnaissables. Le Lorrain, le Champenois, le Picard, le Gascon, le Provençal conservent, malgré la centralisation et l'unité nationale de la France, des qualités et des défauts qui leur sont propres; ils les doivent à plusieurs causes, dont les unes ont disparu, par exemple des guerres, des invasions, des conquêtes, certaines institutions et

certains usages, dont les autres persistent, comme le
sol, le climat, etc.; quelles que soient les causes, tran-
sitoires ou permanentes, les effets restent en partie et
sont conservés par l'hérédité. Aussi peut-on affirmer
d'avance, avec peu de chances d'erreur, sans les connaître individuellement, que tel Gascon et tel Lorrain
par exemple, dans la physionomie et dans le caractère,
offriront certains traits généraux de leur province qui
les feront distinguer. Quoique assez éloignés l'un de
l'autre, et vivant sous un ciel différent, à proximité de
peuples aussi peu ressemblants que les Allemands et les
Espagnols, ce Lorrain et ce Gascon offriront aussi, surtout sous le rapport du caractère, des traits généraux
de leur nation commune, la France, par lesquels ils se
ressembleront; car il y a un caractère national, qui se
forme en grande partie sous l'influence de l'hérédité.
« Si nous possédions, dit Ribot, quelque bonne psychologie ethnographique, nous verrions plus clairement le
rôle de l'hérédité dans la formation du caractère d'un
peuple. Les historiens ont fait depuis longtemps des
remarques décisives sur le caractère des peuples et
l'impossibilité de le transformer. Ainsi, le Français du
xixe siècle est, au fond, le Gaulois de César. On trouve
dans les *Commentaires*, dans Strabon et Diodore tous
les traits essentiels de notre caractère national : l'amour
des armes, le goût de tout ce qui brille, l'incroyable
légèreté d'esprit, la vanité incurable, la finesse, une
grande facilité à parler et à se laisser prendre par les
mots. Il y a dans César des réflexions qui sembleraient
dater d'hier [1]. »

Ce passage peut soulever des objections sérieuses; on
peut dire que le Français y est imparfaitement défini,
qu'il faut se défier de ces généralisations dans lesquelles

_____
1. *L'Hérédité psychologique*, 1re partie, chap. vii.

il est impossible de faire rentrer une foule de cas particuliers, que les Gaulois primitifs, qui ne formaient peut-être pas eux-mêmes une race homogène, se sont mélangés, sur divers points, avec des Ibères, des Latins, des Germains, Francs, Visigoths, Burgondes, Normands, etc. Je n'entrerai pas dans l'examen d'une question ethnographique. Mais, quel que soit le sang primitif d'un peuple, du moment que ce peuple se constitue, il accumule peu à peu un fonds d'habitudes, d'idées et de sentiments communs qui pénètrent dans tous les esprits, qui finissent par en faire partie intégrante, qui se transmettent par le sang et qui constituent un caractère ethnique. Il y a ainsi un caractère français, un caractère anglais, distincts l'un de l'autre, mais capables, par mélange du sang de se pénétrer réciproquement. Nul doute que de quelques unions consécutives entre des familles françaises et anglaises ne résultent, au bout d'un certain temps, des enfants qui différeront sensiblement et des purs Français et des purs Anglais, et qui présenteront sur certains points un caractère mixte où se mêleront les qualités et les défauts des deux peuples. Toutefois reconnaissons qu'on doit se mettre en garde, dans ces matières délicates, contre les inductions défectueuses, les généralisations précipitées, et qu'on ne fait pas l'analyse ou la synthèse d'un caractère avec la précision et la certitude d'une opération chimique.

Il est évident que les éléments transmis par l'hérédité qui constituent en totalité ou en partie le caractère d'un individu, d'une famille, d'une nation, d'une race, ont eu un commencement, qu'ils ont été nouveaux à un certain moment de la durée et non héréditaires. L'hérédité peut, en ce qui concerne les divers éléments du caractère, commencer son œuvre avec chaque génération: mais l'œuvre, une fois commencée, ne s'anéantit pas avec cette génération, et elle passe aux suivantes.

Expliquons-nous par des exemples. Il y a beaucoup de chances, en vertu même de l'hérédité, pour que, dans une famille où règnent depuis longtemps des traditions d'économie, de tempérance et de dignité, ne se manifeste pas le vice de l'ivrognerie chez un des membres; mais le fait, bien qu'inattendu, peut se produire. Voilà, dans le caractère de la famille, un élément nouveau, perturbateur, et qui, malheureusement, ne sera peut-être pas transitoire; l'ivrogne, en se mariant, pourra le transmettre, soit sous cette forme, soit transformé, comme nous l'avons vu. De même, une particularité de l'organisme, une maladie du corps, après avoir fait une première fois son apparition dans une famille, passera aux descendants.

Y a-t-il, après un certain temps, disparition de l'élément nouveau et qu'on peut appeler souvent perturbateur? Pour ce qui regarde le physique, la question est encore très obscure; des éléments se fixent, d'autres semblent disparaître. On connait la persistance de certains traits du visage dans les familles historiques, du nez bourbonien, par exemple, de la lèvre des Habsbourg. L'union d'un blanc avec une négresse produit un mulâtre; si les descendants de celui-ci ne s'unissent qu'avec des blanches, le sang noir disparaîtra graduellement, et la famille reviendra tout à fait au type de la race blanche après quelques générations. Quant à ce qui regarde le moral, une qualité ou un défaut de caractère persistent-ils indéfiniment dans une famille, après avoir commencé à s'y manifester, s'atténuent-ils ou se fortifient-ils par la transmission? Sont-ils destinés à une extinction lente, mais certaine? Problème difficile, presque insoluble dans l'état actuel de nos connaissances! Le caractère spécifique lui-même n'est pas entièrement fixe; la culture peut produire en lui, avec le temps, des modifications profondes. Les animaux domestiques, l'homme civilisé, descendent d'ancêtres sauvages doués d'instincts qu'on ne retrouve guère dans leur lointaine postérité. Socrate, Washington, Gœthe ont comme nous, parmi leurs ascendants, les brutes de l'époque quaternaire, qui étaient probablement anthropophages. Mais ces brutes se reconnaîtraient assez facilement, sous le rapport du caractère, dans les membres de la famille de voleurs et d'assassins dont je parlais tout à l'heure.

Faut-il admettre, en vertu des lois de la concurrence vitale et de la sélection naturelle, que les éléments nouveaux se fixent pour un temps plus ou moins long lorsqu'ils contribuent au triomphe des mieux doués, et qu'ils disparaissent au contraire bientôt avec les êtres dans lesquels ils se manifestent, lorsqu'ils sont une cause de faiblesse, de dégénérescence? Ainsi l'espèce humaine, et même toutes les espèces, seraient continuellement en progrès par l'effet de cette sélection de la nature qui distingue le bon pour le fixer, et le mauvais pour l'anéantir.

Malheureusement il s'en faut que l'on soit d'accord sur toutes ces questions, et en particulier sur celle du progrès continu. Si l'on compare l'homme primitif, tel qu'on se le figure d'après les données, bien insuffisantes, de la science, à l'homme actuel, en laissant de côté les exceptions défavorables, et en prenant une sorte de moyenne, on doit assurément reconnaître qu'à beaucoup d'égards le progrès est évident, au physique comme au moral, et que l'homme semble de plus en plus se dégager de la bête.

Cependant ne serait-il pas chimérique d'espérer que par l'action des lois darwiniennes l'homme ne cessera de s'améliorer, et que la terre verra un jour le règne universel de l'honnêteté, de la douceur, de la bonté, de l'intelligence? D'abord l'histoire ne nous y encourage nullement. Elle nous montre qu'une civilisation avancée peut, à la suite de grands événements, faire place à une barbarie relative. Un peu avant les invasions germaines, l'Italie et la Gaule offraient un état de civilisation qui, inférieur au nôtre sur certains points, par exemple la science et l'industrie, le valait peut-être sur d'autres; quelques siècles se passent, nous arrivons en plein moyen âge, et tout, dans ces mêmes pays, a rétrogradé. En outre, comme nous l'avons déjà dit, il n'y a pas accord entre nos conceptions morales et les volontés mystérieuses de la nature.

Nous ne sommes nullement certains, en développant par l'éducation les plus nobles qualités du caractère, d'armer le mieux possible pour la concurrence vitale ceux sur lesquels nous agissons ainsi. Ce n'est peut-être pas à eux que la nature destine le prix du combat, et les races qu'elle se propose de faire triompher ne sont peut-être pas celles qui, par l'honnêteté, la douceur, la bonté, l'intelligence même, paraissent valoir mieux que les autres. Un savant de la célèbre famille genevoise des Candolle, dans une étude sur l'hérédité, s'attache à la race juive comme à un exemple frappant du pouvoir de l'atavisme; il définit le caractère des Israélites, et cherche ce que pourrait être l'Europe s'ils étaient seuls à la peupler. « Si l'Europe, dit-il, était uniquement peuplée d'Israélites, voici le singulier spectacle qu'elle présenterait. Il n'y aurait plus de guerre; des millions d'hommes ne seraient pas arrachés aux travaux utiles de toute espèce, et l'on verrait diminuer les dettes publiques et les impôts. D'après les tendances connues des israélites, la culture des sciences, des lettres, des arts, surtout de la musique, serait poussée très loin. L'industrie et le commerce seraient florissants. On verrait peu d'attentats contre les personnes, et ceux contre la propriété seraient rarement accompagnés de violence.

La richesse augmenterait énormément par l'effet d'un travail intelligent et régulier uni à l'économie. Cette richesse se répandrait en charités abondantes. Le clergé n'aurait pas de collision avec l'État, ou seulement sur des points secondaires. Il y aurait des concussions et peu de fermeté chez les fonctionnaires publics. Les mariages seraient précoces, nombreux, assez généralement respectés; par conséquent, les maux résultant du désordre des mœurs seraient rares. Ceci, joint à quelques règles d'hygiène, rendrait la population saine et belle. Les naissances seraient nombreuses et la vie moyenne prolongée », etc. Sauf quelques traits, ce tableau ne répond-il pas à l'idéal qu'on se fait d'une société civilisée, heureuse, bonne et honnête en somme? Ne nous paraît-il pas fort désirable que le progrès continu de la nôtre nous mène à un semblable état? N'est-ce pas, avec quelques corrections, le but où tendent les aspirations des politiques et des économistes raisonnables, des éducateurs bien intentionnés? Or le même savant continue en ces termes : « Après ce tableau, qui n'a pas demandé beaucoup d'imagination, puisqu'il repose sur des faits connus, je me hâte d'ajouter que la société ainsi composée ne serait pas viable. Pour peu qu'il restât en Europe ou dans les pays voisins quelques enfants des anciens Grecs ou Latins, des Celtes, des Germains, des Slaves ou des Huns, l'immense population serait bientôt soumise, violentée ou pillée. Plus les richesses seraient grandes, plus vite on les dépouillerait; plus la race serait belle, plus on la traiterait comme celle des Circassiennes et des jeunes captives qui pleuraient jadis à Babylone. Si les Barbares manquaient en Europe, il en viendrait d'au delà des mers. En un mot, supposer une grande population très civilisée, c'est-à-dire très humaine, très douce, très intelligente et très riche, sans pillards et sans despotes pour en profiter, est aussi contraire aux faits connus que d'imaginer un continent peuplé d'herbivores sans carnivores. Théoriquement on peut concevoir une société extrèmement civilisée, c'est-à-dire éloignée de l'état barbare ; mais ce ne serait pas une perfection, puisqu'elle ne pourrait plus se défendre. » On serait tenté de dire, en appliquant ces réflexions aux individus et aux familles : « Théoriquement on peut concevoir un homme excellemment cultivé, réunissant les plus belles qualités de l'intelligence et du cœur ; mais cette culture ne serait en définitive pour lui qu'une cause de faiblesse, parce qu'elle aurait diminué en lui certaines énergies brutales et immorales, la violence et la ruse nécessaires pour l'emporter dans le combat de la vie ; et, en la transmettant par l'hérédité à ses enfants, ne leur ferait-il pas un don funeste ? »

Si la nature fixe, à l'aide de l'hérédité, les qualités qui sont les meilleures pour triompher dans la concurrence vitale, son choix est souvent en contradiction absolue avec nos idées morales et avec l'œuvre éducative dirigée selon ces idées. Il y a là de quoi inquiéter les éducateurs d'une haute et sévère moralité, et aussi ceux dont l'âme tendre regarde la bonté à la fois comme le meilleur moyen et comme le meilleur but de l'éducation. En se plaçant au point de vue des nouvelles théories scientifiques, n'ont-ils pas à craindre que la culture exquise de l'esprit et du cœur, affinant l'un et l'autre et développant la délicatesse de la conscience, ne mette ceux qui la reçoivent trop au-dessus des réalités grossières, ne les rende incapables des folies, des vilenies et des violences qui sont en partie les éléments indispensables de l'action et du succès, et n'amène la défaite des familles dans lesquelles se transmet un héritage trop beau et trop pur ?

Si nous en avions le loisir, nous nous étendrions sur

ce problème, sur cette antinomie entre l'ordre naturel et l'ordre moral, dont nous avons déjà parlé plusieurs fois ; nous trouverions peut-être qu'il est impossible d'en sortir autrement que par la conception d'un ordre surnaturel, grâce auquel tout s'explique, se corrige, se compense, s'achève, et qui seul empêche la vertu de n'être qu'une illusion, l'éducation dont la vertu est le but de n'être qu'une duperie.

Pour le moment, nous nous en tiendrons aux faits d'expérience, aux apparences positives, et, revenant à la question qui nous occupe, nous verrons que l'hérédité, si tant est que l'on puisse se reconnaître dans l'extrême complexité de ses effets, tend sans cesse à se corriger elle-même, parce qu'elle agit dans les sens les plus divers. Il n'y a pas à craindre, en général, qu'elle accumule les éléments vertueux ou vicieux dans une seule famille d'une manière tellement exclusive qu'elle condamne cette famille à l'impossibilité de vivre et de se perpétuer par l'excès même de ses vertus ou de ses vices. L'union de générateurs différents par le sang, l'esprit et le caractère produit une infinie variété, une modification incessante des familles et des races ; chacun d'eux lègue à l'enfant des éléments plus ou moins dissemblables, qui se combinent pour former des tempéraments, des esprits, des caractères nouveaux à certains égards. La nature elle-même veut cette variété, puisqu'elle n'a pas fait deux êtres entièrement semblables, et que dès l'origine elle a mis entre les deux générateurs, l'homme et la femme, des différences profondes. L'enfant diffère nécessairement de chacun d'eux par le fait même qu'il tient de chacun d'eux, et réunit en lui seul les traits différents de deux personnes. « Un peu de réflexion, dit Ribot, montre que l'action unique de ces deux facteurs peut donner lieu aux résultats les plus dissemblables ; moyenne entre les deux parents, prépondérance du père à tous les degrés possibles, prédominance de la mère à tous les degrés possibles. » Mais, outre son père et sa mère, l'enfant a comme ascendants ses innombrables ancêtres, dont il hérite au physique comme au moral. « Remarquons, dit encore Ribot, que dix générations, c'est-à-dire pour l'homme environ trois siècles, représentent 2048 générateurs dont l'influence plus ou moins marquée est possible. » Or ces générateurs sont loin d'avoir été identiques; et l'influence de chacun d'eux, relativement aux autres, peut s'exercer avec des variétés et des nuances fort nombreuses sur le descendant.

Darwin a essayé de ramener à un petit nombre de lois les faits si complexes de l'hérédité; Ribot, qui adopte ces lois en général, les formule de la manière suivante, en ce qui concerne l'hérédité psychologique :

1° Les parents ont une tendance à léguer à leurs enfants tous leurs caractères psychiques, généraux et individuels, anciens et nouvellement acquis.

2° L'un des parents peut avoir une influence prépondérante sur la constitution mentale de l'enfant. Dans ce cas, il peut arriver ou bien que la prépondérance suive le sexe, du père au fils, de la mère à la fille, ou bien qu'elle aille d'un sexe au sexe contraire, du père à la fille, de la mère au fils.

3° Les descendants héritent souvent de qualités mentales propres à leurs ancêtres et leur ressemblent sans ressembler à leurs propres parents. L'hérédité en retour est très fréquente en ligne directe, du grand-père au petit-fils, de la grand'mère à la petite-fille, etc. Elle est plus rare en ligne indirecte ou collatérale, du grand-oncle ou de l'oncle au neveu, de la tante à la nièce, etc.

4° Certaines dispositions mentales, d'une nature très nettement déterminée, le plus souvent morbides, se manifestent chez les descendants au même âge que chez les ascendants [1].

Bien que la première de ces lois affirme la tendance de chacun des parents à transmettre tous ses attributs à l'enfant, en fait il n'arrive jamais, et il est complètement impossible que l'enfant reproduise à la fois tout son père et tout sa mère. Il reproduit certains attributs de l'un et certains attributs de l'autre. La règle est même que l'un des deux ait sur lui, au point de vue de l'hérédité, une influence prépondérante, mais non exclusive. D'après Schopenhauer, la volonté, faculté essentielle et primordiale, qui comprend les instincts, les passions, le caractère en un mot, est transmise par le père; l'intelligence, faculté du second ordre, est transmise par la mère. Il cite, comme exemples du caractère transmis du père au fils, les Décius, la *gens Fabia*, la *gens Claudia*, Philippe et Alexandre, etc.; et, comme exemples de l'intelligence transmise de la mère au fils, J.-J. Rousseau, d'Alembert, Buffon, Hume, Kant, etc. Cette théorie est des plus discutables. D'autres ont soutenu que l'influence du père est prépondérante sur les filles, et celle de la mère sur les fils. Michelet en trouve des preuves nombreuses dans l'histoire. « Nul roi, dit-il en parlant de Louis XVI, ne montra mieux une loi de l'histoire qui a bien peu d'exceptions. Le roi, c'est l'étranger. Tout fils tient de sa mère. Le roi est le fils de l'étrangère et en apporte le sang. La succession presque toujours a l'effet d'une invasion, les preuves en sont innombrables. Catherine, Marie de Médicis nous donnèrent de purs Italiens; Louis XVI fut un vrai roi saxon et plus Allemand que l'Allemagne [2]. » Buffon remarquait volontiers qu'il tenait de sa mère,

---

1. *L'Hérédité psychologique*, 2ᵉ partie, chap. II.
2. *Histoire de France*, t. XVII.

« qui avait beaucoup d'esprit, des connaissances étendues, une tête bien organisée ». Mais, si les faits sur lesquels s'appuie la thèse de la prépondérance héréditaire d'un sexe sur l'autre sont nombreux, il y a d'autres faits, non moins nombreux, par lesquels on peut prouver la prépondérance d'un sexe sur le sexe du même nom.

On appelle *atavisme* la transmission par le sang d'un attribut, physique ou moral, qui passe des ancêtres à leur postérité plus ou moins reculée, sans se manifester chez un certain nombre de descendants intermédiaires. Ainsi tel trait du caractère d'un enfant, qu'il n'a reçu ni de son père ni de sa mère, existait chez un de ses aïeuls. « On observe souvent, dit Ribot, entre des parents fort éloignés et en dehors de la ligne directe, entre les oncles et les neveux, les nièces et les tantes, les cousins, les cousines, les arrière-neveux et même les arrière-cousins, des rapports saisissants de conformation, de figure, d'inclinations, de passions, de caractère, de monstruosité, de maladie [1]. » Lorsque des rapports de ce genre existent, par exemple entre un oncle et un neveu, si l'influence de l'imitation ne peut être invoquée, il faut évidemment les attribuer à celle d'un ascendant dont le sang coule dans les veines du neveu et de l'oncle. Ribot trouve dans son expérience personnelle un cas frappant de ressemblance morale entre un neveu et son oncle maternel : « Tous deux ont eu un développement d'esprit précoce qui s'est arrêté vers quinze ans. Depuis ils sont tombés dans une sorte d'inertie qui les rend impropres à tout travail suivi. Ils ont tenté toutes les carrières, sans se fixer à aucune. Ce qui rend ces ressemblances encore plus probantes pour notre sujet, c'est qu'il est impossible de les attribuer à l'éducation ou à des influences de famille. L'oncle a passé la

____

1. *L'Hérédité psychologique*, 2ᵉ partie, chap. III.

plus grande partie de sa vie en Algérie ; le neveu a vécu en France dans une famille rangée et extrêmement laborieuse. Je doute que tous les deux aient passé ensemble plus de dix jours de leur vie. Ces ressemblances dérivent d'un ancêtre commun [1]. »

Dans l'état actuel de la science, il n'est pas possible de dire d'une manière certaine, surtout pour le moral, quel est le maximum du temps pendant lequel un attribut de l'ancêtre reste latent chez un certain nombre de ses descendants pour reparaitre ensuite. L'histoire seule nous fournit à ce sujet des faits intéressants, et ils sont trop rares, souvent trop discutables, pour qu'on puisse en induire une loi. Dans les familles restées obscures, et même dans beaucoup de celles qu'un ou plusieurs de leurs membres ont illustrées, le souvenir des ancêtres disparaît si vite qu'il est impossible de rien savoir d'eux au bout de quelques générations. C'est un véritable mal aux yeux de ceux qui, comme nous, attachent le plus grand prix à la conservation des souvenirs et des traditions de famille, et qui y voient pour un pays l'une des meilleures garanties de stabilité et de force. Nos mœurs et nos institutions actuelles ne feront que l'aggraver. La famille d'aujourd'hui est éminemment instable ; à peine formée, elle se déplace et se disperse avec une extrême facilité. Combien y a-t-il de Français, surtout à la ville, qui vivent dans la maison de leurs ancêtres? Combien même y en a-t-il qui, arrivés à l'âge adulte, vivent dans la maison de leur père? Avec la funeste tendance qui nous pousse aux grandes agglomérations urbaines, la possession du foyer deviendra un jour l'exception, si peut-être elle ne l'est déjà. Que de Parisiens connaissent à peine l'appartement loué où le hasard les a fait naître et auquel ne les attache aucun souvenir de famille!

____

1. *L'Hérédité psychologique*, 2ᵉ partie, chap. II.

Comment, dans de telles conditions, pourraient se former et se conserver des archives familiales? Je suppose qu'un père recueille ses souvenirs et ceux de ses aïeuls pour les transmettre à ses enfants; on peut prédire presque avec certitude que ce legs se perdra bien vite au milieu des déménagements, des changements de résidence, des partages. Aussi l'histoire des familles est-elle à peu près nulle, et ne fournit-elle en général aucun document utile sur ces graves questions d'hérédité physique et morale par atavisme.

Il nous reste à dire quelques mots de la loi d'hérédité à des périodes correspondantes de la vie. « Quelquefois chez l'ascendant, un caractère, une disposition apparaît brusquement à l'âge adulte; chez le descendant, le même caractère, la même disposition apparaît brusquement au même âge, sous la même forme. C'est ce que Darwin appelle l'hérédité aux périodes correspondantes de la vie, et Hœckel la loi d'hérédité homochrone.... Il n'y a guère de fait qui montre sous une forme plus saisissante le caractère fatal de la transmission héréditaire. Un déterminisme latent amène chez le père ou la mère une infirmité physique, une disposition organique qui se traduit par le suicide ou par quelque forme de folie. L'enfant est sain, adulte; qu'a-t-il à craindre? Mais le legs fatal était en lui bien avant qu'il s'en révélât chez les parents la moindre trace. Il était dans cet ovule fécondé d'où il est sorti. A travers l'évolution de l'œuf, la vie embryonnaire, l'enfance, l'adolescence, un déterminisme inexorable, où chaque état commande celui qui suit, mène insensiblement à la date fatale. Est-il rien qui montre mieux combien l'hérédité pèse sur nous de tout son poids, même quand nous n'en avons nulle conscience et nul souci [1] ? » L'hérédité homochrone pour-

1. Ribot *l'Hérédité psychologique*, 2e partie, chap. II.

rait expliquer, dans plusieurs cas, les modifications inattendues qui se produisent parfois, à un certain âge, dans le caractère de l'enfant, malgré l'éducation, de même qu'elle explique celles qui se produisent dans sa santé, en dépit de l'hygiène; les promesses sont excellentes, on augure bien de l'avenir; mais la dépravation s'exerce à l'état latent et doit se manifester à un moment déterminé.

Toute cette étude sur l'hérédité a des rapports très directs avec la pédagogie. On a souvent comparé l'enfant à une cire molle que l'on peut pétrir à volonté pour lui donner les formes les plus diverses. Cette comparaison manque de justesse, et les éducateurs qui croiraient au principe qu'elle implique, c'est-à-dire à leur pouvoir absolu sur l'enfant, s'exposeraient à de cruelles déceptions. Sans être l'esclave de la science positive, surtout lorsqu'elle en est encore sur beaucoup de points aux hypothèses, il faut cependant lui faire sa part et ne pas fermer obstinément les yeux devant ses théories. J'emprunte volontiers les lignes suivantes à un savant dont je n'adopte nullement l'esprit philosophique, parce qu'elles font bien ressortir l'importance de la question de l'hérédité en pédagogie. « Si grand que soit le pouvoir de l'éducation, dit Maudsley, ce n'est cependant qu'une force rigoureusement limitée. Elle est limitée par la capacité inhérente à la nature de l'individu et ne peut agir que dans le cercle plus ou moins resserré d'une nécessité préexistante. Il n'y a pas d'éducation au monde qui puisse faire porter des raisins à un prunier ou des figues à un chardon; de même aucun être mortel ne peut aller au delà de sa nature, et il sera toujours impossible de construire avec quelque stabilité une intelligence ou un caractère sur les fondations d'une nature mauvaise.... Dans chaque œuf en particulier, l'hérédité individuelle prépare la destinée propre de l'individu.... Placez dès la naissance deux personnes dans des conditions identiques, soumettez-les à la même éducation; à la fin, elles n'auront pas plus l'esprit exactement fait sur le même moule ou de la même capacité qu'elles n'auront les mêmes traits et le même visage. Chacune d'elles est sous l'empire de la loi d'évolution, sous l'empire des antécédents dont elle est le conséquent.... Il y a pour l'homme une destinée que ses ancêtres lui ont faite, et nul, fût-il capable de le tenter, ne peut échapper à la tyrannie de son organisation [1]. »

Sauf la dernière phrase, les partisans du libre arbitre peuvent souscrire à tout ce qui précède. Ce qui fait la moralité de l'homme, et par conséquent son mérite, c'est précisément la lutte contre les instincts naturels et héréditaires lorsqu'ils sont contraires au devoir. Lorsque l'enfant est encore incapable de se diriger lui-même, l'éducation se sert des énergies diverses qu'elle trouve en lui pour lui faire commencer cette lutte; elle l'y conduit, et l'y aide d'abord, pour le rendre ensuite capable de la soutenir seul. Mais il évident que la différence des forces engagées dans le combat rend les résultats différents pour chaque individu; celui dont les passions mauvaises sont puissantes et la volonté faible y réussira moins bien que celui qui est heureusement doué sous le rapport du moral. Si l'on veut rendre l'éducation efficace, il faut croire en elle, et l'on doit croire en elle non seulement par un acte de foi aveugle, mais parce qu'une multitude de faits déposent en sa faveur aussi fortement que d'autres faits démontrent l'influence de l'hérédité. Il n'est pas juste, il n'est pas conforme aux faits de soutenir comme Maudsley que nul ne peut échapper à la tyrannie de son organisation. Le déterminisme scientifique, lorsqu'il exclut complètement la

____

1. *Le Crime et la Folie*, Introduction.

liberté humaine, ne vaut pas mieux que le fanatisme mahométan. Nous ne nous étonnons pas de voir adopter ce déterminisme exclusif surtout par les médecins et les psychologues qui étudient l'homme dans les hôpitaux, dans les asiles d'aliénés, dans les prisons, et qui ne voient guère en lui que le malade, le fou, le criminel. Ces états sont justement ceux dans lesquels, par des lois mystérieuses dont la raison morale nous échappe, la liberté humaine se voile ou disparaît entièrement. Aussi la justice actuelle, chez les peuples civilisés, en tient-elle compte, pour atténuer la culpabilité des actions qu'ils peuvent faire commettre, ou même pour la supprimer et ne voir dans les auteurs de ces actions que des irresponsables. Celui qui fonderait sa pédagogie sur les observations qu'on peut faire dans les maisons de correction, parmi les malheureux enfants à l'égard desquels toutes les tentatives d'amélioration morale restent impuissantes, raisonnerait fort mal ; il n'aurait même qu'une chose à faire, ce serait de prêcher l'abstention et de refuser toute influence à l'œuvre éducative. Dans ce milieu, en effet, la tyrannie de l'organisation paraît s'imposer avec une force inéluctable. Il suffit d'envisager la réalité tout entière, de ne pas se cantonner dans les régions désolées de la folie et du crime, pour retrouver l'espérance et la foi.

Mais, d'autre part, il serait puéril de croire que l'homme, en tant qu'être libre, est le seul facteur de sa destinée, et que les enfants sont uniquement ce que l'éducation les fait. Leur caractère n'est pas celui d'un être qui sortirait tout nouveau, tout original des mains de la nature. Chacun de nous plonge par ses racines dans les générations antérieures ; il a en lui, avec leur sang, leurs instincts, leurs passions, leurs vertus et leurs vices. Il n'est pas cet homme abstrait dont parle Rousseau, d'après une conception tout à fait inexacte et antiscientifique. Les influences héréditaires de sa race, de son pays, de sa province, de sa caste, de sa famille se mélangent à des degrés infiniment divers, pour lui donner une originalité individuelle il est vrai, mais qui se décompose en éléments empruntés pour la plupart à la série des individus qui ont vécu avant, éléments dont la combinaison particulière en lui fait seule son originalité propre.

Mais, dira-t-on peut-être, pourquoi la pédagogie se préoccuperait-elle, en définitive, de ces questions d'hérédité? Pourvu que l'éducateur connaisse bien les caractères des enfants dont il a la charge, que lui importent les origines? En quoi cette recherche, qui est du domaine de la science pure, intéresse-t-elle son action pratique? L'objection serait bien superficielle.

Des instincts, des passions, des habitudes héréditaires, en vertu même de leur durée, qui dépasse celle de l'individu chez lequel on les constate, et qui leur donne une grande puissance, ne demandent pas le même traitement que s'ils dataient de cet individu lui-même. Il importe beaucoup, pour cette raison, de savoir non seulement qu'ils sont héréditaires, mais, si c'est possible, depuis quand ils le sont. Un attribut qui ne s'est manifesté que depuis peu de temps dans une famille est plus facilement modifiable qu'un attribut qui remonte à des ascendants éloignés. Il y en a qu'on ne peut modifier que dans une certaine mesure. Il y en a qui sont, par l'action de l'hérédité, tellement entrés dans le caractère d'une famille, d'une classe, d'une nation, qu'ils sont devenus une de ces forces naturelles contre lesquelles on ne lutte pas et qu'il faut subir. Aussi serait-il déraisonnable de prétendre établir des règles uniformes pour tous les enfants. Que de nuances, d'habiletés, de concessions, de précautions sont nécessaires, non seulement suivant les cas individuels, mais aussi suivant les familles, les classes, les nations, les races! Irez-vous, par exemple, exiger le même effort d'attention scientifique d'un enfant dans la famille duquel l'ignorance et la paresse d'esprit sont héréditaires, et d'un enfant dont les ascendants ont reçu depuis longtemps une culture raffinée? Il y a, on le sait, des exceptions : de futurs savants naissent dans des familles ignorantes, et, de savants ou de lettrés, proviennent des faibles d'esprit; mais, dans ces questions, il faut s'attacher surtout à la moyenne. Irez-vous prêcher avec pleine confiance l'humilité au descendant d'une race orgueilleuse et habituée au commandement, et le désintéressement absolu à celui qui n'a dans sa famille que des traditions de négoce et de lucre? L'insuccès trop fréquent des éducateurs s'expliquerait souvent par l'ignorance des conditions où l'hérédité place les enfants à qui ils ont affaire, et par la présomption, l'impatience avec lesquelles, sans le savoir, ils luttent contre des natures dont ils ne s'expliquent pas les résistances obstinées.

A cet égard comme à d'autres, il convient de rapprocher l'éducateur du médecin. Un médecin consciencieux et habile ne se contente pas d'examiner l'état de son malade et de le questionner sur sa vie passée : il l'interroge aussi sur ses parents, sur sa famille, dans le passé de laquelle il remonte aussi loin qu'il le peut, pour y trouver, sur le cas qui l'occupe, de précieuses indications. De même l'éducateur, pour mettre de son côté toutes les chances de succès, ne devrait pas se contenter d'étudier le caractère des enfants : il lui faudrait recueillir sur leurs ascendants des renseignements aussi nombreux que possible, constituer pour chacun ce que j'appellerai son dossier d'hérédité. La tâche, je ne me le dissimule pas, est des plus difficiles.

Quoi qu'il en soit, j'estime que la pédagogie a intérêt à connaître ces questions, qui ont pris de nos jours

une importance énorme et qui jouent un rôle capital
dans les sciences biologiques. Elle n'en tirera pas,
comme on le fait trop souvent, des conclusions décou-
ragées et sceptiques au point de vue de l'éducation et
de la morale. Mais elle y trouvera de nouvelles lumières.
Il ne faut jamais, nous le répétons, fermer les yeux à
la vérité; d'autant mieux que, pour les esprits prudents,
fermes et hauts, elle n'est pas toujours triste, et que,
pour qui sait voir, les théories scientifiques ne sont
nullement mortelles aux grandes croyances morales.

CHAPITRE V

Une petite fille jusqu'à l'âge de six ou sept ans avait
été intelligente, aimable, pleine d'affection; tout à coup
un grand changement se produit dans son caractère :
elle devient grossière, sauvage et intraitable; elle ne
fait plus rien, court les champs et, si on la réprimande,
répond par des injures; ses parents n'ont plus aucune
autorité sur elle, elle est constamment méchante pour
ses sœurs; elle fait entendre des jurements affreux; elle
vole tout ce qu'elle croit précieux, pour le cacher ou
pour le détruire. Il est probable que dans sa famille
on s'en prend d'abord au moral, et que parents et
maîtres usent avec elle de conseils, de réprimandes, de
punitions, jusqu'à ce que, poussés à bout et désespérés,
ils songent à recourir au médecin. Celui-ci examine
l'enfant; il lui trouve les yeux brillants, les conjonctives
rouges, la tête chaude, les extrémités froides, les intes-

tins dérangés; on lui apprend que son appétit est perverti, qu'elle aime mieux dormir sur la terre humide que dans son lit, qu'elle se plaît à vivre dans l'ordure, etc. Plusieurs membres de la famille ont été aliénés. Le doute n'est pas possible : cette enfant n'est pas vicieuse, elle est atteinte de folie; il faut chercher, non pas à la corriger, mais à la guérir; de fait, elle guérit au bout de deux mois [1].

Un petit garçon, dès l'âge de deux ans, était méchant et intraitable; il déchirait ses vêtements, brisait ce qui lui tombait sous la main, et souvent refusait de prendre sa nourriture; un de ses amusements était de saisir un chat, de lui arracher les moustaches avec une adresse et une rapidité étonnantes, et de le jeter dans le feu ou par la fenêtre; il était complètement insensible à l'amitié et ne jouait jamais avec les autres enfants; il fut l'élève sans espoir de plusieurs maîtres; on se décida enfin à l'enfermer dans un asile, où aucune amélioration ne se produisit [2].

Un autre petit garçon, d'un extérieur et d'une intelligence ordinaires, était de temps en temps sujet à de graves désordres de conduite; il devenait alors incorrigible, ce qui l'avait fait chasser de différentes écoles; ses actes de violence avaient un caractère si excessif, qu'on était porté à penser qu'ils pouvaient aller jusqu'au meurtre; dans les intervalles, il était doux et affectueux; lorsque ses accès le prenaient, la sensibilité cutanée était complètement abolie; on dut également l'enfermer dans un asile [3].

Pourquoi ai-je cité ces trois faits, pris parmi beaucoup d'autres analogues? C'est parce qu'ils montrent

1. Prichard, *On the different forms of insanity.*
2. Maudsley, *Pathologie de l'esprit*, chap. VI.
3. Moreau, *Psychologie morbide*, p. 313.

bien une situation spéciale de l'enfant que je veux étudier tout d'abord au point de vue de l'influence du physique sur le moral : c'est celle où la folie, évidente pour le médecin, ne l'est pas pour les personnes peu ou point versées dans la science de l'aliénation mentale, et où cette ignorance de la vraie cause leur fait attribuer à des défauts de caractère des actes dont la folie seule est responsable. Dans le premier des cas cités tout à l'heure, la folie est transitoire ; elle n'affecte que pendant un temps très court le caractère de l'enfant ; peut-être alors est-elle plus visible, même pour les personnes incompétentes, auxquelles un changement aussi subit, suivi d'une amélioration aussi prompte, peut faire soupçonner une cause purement morbide. Dans le troisième cas, la folie est intermittente et se dissimule davantage ; les alternatives de bonne et de mauvaise conduite sont bien faites encore pour étonner ; mais comme la mauvaise conduite revient souvent, on peut l'attribuer à des caprices d'un caractère variable, sur lequel il convient d'agir pour lui donner un peu plus de constance et faire disparaître les éléments perturbateurs. Enfin, dans le second cas, la folie est continue, et c'est là qu'elle se dissimule le mieux ; l'enfant aliéné n'est pendant longtemps aux yeux de tous qu'un monstre dont les vices font horreur, jusqu'à ce que l'on finisse par s'apercevoir qu'il n'est qu'un malade digne de pitié. L'erreur peut, nous le répétons, durer longtemps. Il y a beaucoup de familles et d'écoles dans lesquelles se rencontrent ces malheureux qui sont le désespoir des parents et des maîtres, et dont la maladie mentale n'est pas assez caractérisée pour qu'on la soupçonne et pour qu'on songe à les mettre en traitement dans un asile. La science médicale elle-même, ou bien s'y trompe, ou bien n'ose pas avouer ses soupçons à la famille, surtout lorsque, au milieu de leur incontestable dépravation, les enfants donnent des preuves d'une

certaine intelligence. Car on ne sait pas encore assez,
même parmi les personnes éclairées, que folie n'est nullement dans tous les cas synonyme de démence, qu'il y
a des cas de folie partielle affectant seulement les actes
et les produisant sans aucune adhésion de la volonté,
ou affectant la volonté et les sentiments tout en laissant
l'intelligence plus ou moins intacte. On se fait vulgairement une idée fausse de la folie : on lui attribue un caractère délirant qu'elle n'a pas toujours, tant s'en faut,
et, quand ce caractère manque, on ne songe pas à
la folie, ou l'on refuse de la reconnaître. « Il y a, dit
Maudsley, une catégorie d'enfants qui sont pour leurs
parents et les personnes qui ont affaire avec eux une
cause de trouble ou d'anxiété. Affligés d'une véritable
imbécillité morale, ils sont profondément vicieux; ils
mentent et volent instinctivement, avec une adresse et
une ruse qu'ils n'auraient jamais pu acquérir; ils n'ont
aucune trace d'affection pour leurs parents, aucun bon
sentiment pour les autres personnes; leur unique souci,
c'est de trouver le moyen de satisfaire leurs passions et
leurs tendances vicieuses; et ils le font avec une finesse
et une subtilité singulières. Leur intelligence est également défectueuse, car, à seize ans, ils ne lisent pas
mieux qu'un enfant de six ans bien portant; et cependant ils sont adroits à tromper et à satisfaire les désirs
de leur nature vicieuse. Chez d'autres, il n'y a aucun
trouble apparent de l'intelligence; leur éducation générale peut être bonne, et quelques-uns font preuve
parfois d'une dextérité extraordinaire d'un ordre particulier; la chose surprenante, c'est qu'avec une intelligence aussi vive ils soient aussi complètement incapables
de voir combien leur conduite est contraire à leurs
intérêts. Cependant il en est ainsi : le sentiment de leur
personnalité est si absorbant et si intense qu'ils ne peuvent voir au delà de la satisfaction immédiate, et leur

intelligence est complètement engagée à son service. Parfois ils sont dignes d'approbation, se tiennent bien, s'imposent habilement aux personnes avec lesquelles ils se rencontrent et se tirent d'embarras avec une grande adresse. Quand ils sont embarrassés, ils expriment les regrets les plus amers, écrivent les lettres les plus repentantes, et font la promesse solennelle de s'amender sans la moindre sincérité ou sans faire le moindre effort à la première occasion qui se présente [1]. »

Mais, dira-t-on au sujet de cette remarquable peinture empruntée à un médecin aliéniste, où voit-on que ces enfants-là aient un germe de folie? Sur quoi s'appuie-t-on pour attribuer à la folie le retard de leur intelligence, les vices de leur caractère, les fautes de leur conduite? On s'appuie sur les analogies frappantes que leur état présente avec certains états de folie confirmée, sur leurs antécédents héréditaires, qui révèlent souvent chez leurs ascendants soit une névrose transformable en folie, soit la folie elle-même, sur certains signes qu'un regard perspicace aperçoit dans leur constitution physique, et sur certains détails de leur santé, enfin sur les conséquences que leur état amène souvent dans l'âge adulte. Beaucoup d'entre eux, s'ils ne disparaissent pas rapidement victimes de leur constitution physique et mentale, s'en vont finir dans les prisons, dans les asiles ou dans les maisons de santé.

D'après les aliénistes, et je crois qu'ils voient juste sur ce point, il existe, entre la véritable folie et la véritable santé de l'esprit, une zone mixte, dans laquelle vivent et s'agitent un grand nombre d'individus qu'on appelle vulgairement maniaques, bizarres, excentriques, et dont les singularités de conduite tiennent à des particularités de leur tempérament qui se manifestent aux

1. *La Pathologie de l'esprit*, chap. VI.

bons observateurs, ou qui restent inconnues. Mais les limites de cette zone se franchissent assez facilement, surtout du côté de la folie. Alors se produisent des actes affligeants, qu'on attribue à un vice, à une faute de la volonté, lorsque le seul coupable est le système nerveux de ceux qui les commettent.

Mon expérience personnelle me fournit un cas intéressant de ce genre. J'avais en 1874, dans ma classe, un élève interne médiocre, mais dont l'intelligence, quoique peu distinguée, ne me paraissait nullement atteinte; il était d'une famille aisée, instruite et jouissant de l'estime générale; je n'avais à lui faire aucun reproche pour sa conduite, je le trouvais poli, tranquille, assez attentif, et la seule chose qui m'eût frappé dans sa personne, c'était une espèce de contorsion nerveuse de la bouche, que j'observais même assez rarement. Le correspondant qui le faisait sortir constata chez lui, à plusieurs reprises, des vols d'argent, dont il accusa d'abord sa bonne; cette fille, très honnête, fut inquiétée par la justice, et finalement on découvrit que le coupable était mon élève.

L'enquête à laquelle on se livra fit connaître que ce jeune homme recevait largement de son père de quoi satisfaire aux menues dépenses d'un collégien de son âge, qu'il ne s'était livré à aucun excès, à aucune dépense extraordinaire au lycée ni au dehors, et que les sommes provenant de ses différents vols étaient soigneusement conservées par lui dans une cassette, enveloppées chacune dans un morceau de papier avec l'indication exacte de la date du vol. Comme il y avait eu effraction, la cour d'assises fut saisie. Le malheureux père eu beau recourir au talent d'un brillant avocat et à la science de deux célèbres médecins aliénistes; bien que ces derniers eussent prouvé qu'il y avait des fous parmi les ascendants de l'accusé, qu'il avait été atteint dans son enfance d'une fièvre typhoïde, qu'il avait un jour, sans motif sérieux, frappé un camarade d'un coup de couteau, et surtout que ses vols avaient été effectués dans des conditions qui leur donnaient une grande ressemblance avec ceux d'aliénés atteints d'une folie bien connue, la kleptomanie, le jury admit la culpabilité. Malgré ce verdict, je ne doutai pas un seul instant qu'il n'y eût là une erreur judiciaire, très excusable, du reste, et que mon élève ne fût tout simplement un kleptomane. Je ne sais pas ce qu'il est devenu.

Des enfants qui se trouvent dans des conditions analogues, ou dont la tare morbide est encore plus visible, sont parfois victimes d'une ignorance du même genre. « Ces enfants, dit Maudsley, ont la mauvaise chance d'être confiés, après avoir échoué dans les écoles ordinaires, à des individus qui demandent des élèves indomptables et qui prétendent posséder un spécifique infaillible pour les dresser et les instruire. Il y a quelques années, un de ces enfants fut tellement frappé par son maître, qu'il en mourut.... On trouva après la mort une quantité anormale de sérum dans les ventricules, et le médecin légiste émit l'opinion que c'était le résultat des mauvais traitements auxquels l'enfant avait été soumis, et que c'était la cause probable de la mort. En réalité, l'état morbide peut avoir été la cause de la stupidité de l'enfant, et sa mort peut avoir été occasionnée par une punition qui n'eût pas sérieusement affecté un enfant bien portant. Si nous réfléchissons à l'état du cerveau, il est clair que des mesures sévères ne peuvent produire aucun bon résultat, mais bien plutôt des effets fâcheux : la patience et l'amabilité, la douceur et les encouragements, un bon régime et des habitudes régulières, des exercices corporels convenables, le contrôle régulier d'une personne judicieuse sont les meilleurs moyens à employer. Avant tout, il est bon de ne pas vouloir donner à ces êtres mal organisés un degré de développement mental dont ils sont incapables [1]. »

Nous ne tomberons pas dans le travers de certains aliénistes qui, à force d'étudier les fous, ne voient plus partout que folie. Mais nous estimons qu'il est bon de s'initier à leurs études, parce qu'on peut y trouver des indications utiles, des lumières nouvelles, pour distinguer la vérité, qui, dans sa complexité infinie, se cache à l'ignorance, à l'instruction superficielle, et pour éviter de regrettables erreurs. Ainsi, grâce à ces études, l'éducateur verra parfois la marque d'une lésion grave du système nerveux, souvent héréditaire, chez des enfants que l'ancienne psychologie eût envisagés sous un autre jour, comme autrefois on accusait la possession diabolique d'accidents qui sont aujourd'hui du domaine de la pathologie nerveuse.

Malgré les progrès constants faits de nos jours par l'aliénation mentale, et qu'on attribue en grande partie soit à l'état de surexcitation cérébrale qui résulte d'une civilisation avancée, soit à l'alcoolisme, les enfants chez lesquels la folie se dissimule sous les apparences de graves défauts du caractère sont encore, nous l'espérons, la petite minorité. Mais il y a d'autres maladies du système nerveux qu'on appelle des névroses (épilepsie, hystérie, hypocondrie, etc.) et surtout un état morbide général, assez vague, auquel on a donné le nom de nervosisme, qui sont fort communs aujourd'hui, surtout dans les villes. Combien de fois entend-on dire qu'un enfant est nerveux, que ses parents sont nerveux, etc.! Or cet état physique agit beaucoup sur le moral. « L'agacement, dit Bouchut, et une extrême irritabilité traduits par le changement d'humeur et une disposition morale nouvelle s'observent chez tous les

---

1. *La Pathologie de l'esprit,* chap. VI.

malades. Ces phénomènes sont d'une mobilité excessive, et ils disparaissent un moment sous l'influence d'une diversion imprévue, pour revenir et disparaître encore. Les uns sont mécontents de ce qui les environne ; ils se plaignent de tout ; ils s'attristent ; ils boudent contre leur souffrance et ils voient tout en noir ; les autres, plus violents, s'emportent au moindre prétexte, et le bruit, la contradiction ou la contrariété déterminent chez eux de véritables accès de colère. On ne sait comment les satisfaire, car tout leur devient une occasion de manifester l'irritabilité de leur caractère, et ceux qui ne peuvent maitriser cette impulsion intérieure deviennent les gens les plus désagréables qu'il soit possible de rencontrer. Cette fâcheuse disposition de l'esprit se manifeste également par une grande sensibilité morale, par un extrême besoin d'affection et par une exaltation particulière du langage [1]. » Bien des traits de cette peinture pourraient se vérifier chez les enfants dont leurs parents ou leurs maîtres disent qu'ils sont difficiles. Or, si les nerfs en sont cause, sans qu'on le sache, et si l'on emploie, pour venir à bout de ces enfants, les moyens de rigueur, qui sont souvent, et dans certains cas, justement recommandés, à quelle erreur pédagogique ne s'expose-t-on pas, par suite de l'ignorance où l'on est d'un état maladif qui réclame presque toujours, au contraire, de la douceur et de la patience ! « Ils sont, lisons-nous dans un traité, sensibles aux encouragements, aux bonnes paroles, à l'intérêt affectueux qu'on leur témoigne. C'est bien là cette disposition du caractère qu'exprimait par ces paroles un médecin névropathe : Depuis que l'homme existe et qu'il souffre, le langage de la pitié a été une de ses meilleures assistances, et souvent il obtient plus d'adou-

----

1. *De l'état nerveux ou nervosisme*, chap. IV, sect. 2.

cissement à ses maux par un coup d'œil, par une pression de main, par une phrase, par une interjection charitable, que par tous les ingrédients que nous faisons bouillir, filtrer, concasser et moudre [1]. »

Je n'ai pas l'intention de passer en revue les diverses affections qui peuvent réagir sur le caractère des enfants. Il est d'observation vulgaire que l'état de leur corps, même lorsque la santé n'est pas sérieusement compromise, influence à chaque instant leur moral. Voici une scène à laquelle on assiste fréquemment : Un jeune enfant, à peine au sortir des langes, s'agite, pleure, crie sans motif visible ; le père, impatienté, se fâche et menace ; la mère recourt aux caresses ; mais menaces et caresses n'y font rien, et l'enfant continue à crier ; c'est qu'un malaise physique qu'on ne voit pas, et qu'il ne peut pas encore expliquer aux autres, le tourmente, l'empêche d'être calme, docile et affectueux.

Rousseau prétend même que dès les premiers jours on altère l'humeur des enfants par l'usage du maillot. « Une contrainte si cruelle pourrait-elle ne pas influer sur leur humeur ainsi que sur leur tempérament ? Leur premier sentiment est un sentiment de douleur et de peine : ils ne trouvent qu'obstacles à tous les mouvements dont ils ont besoin : plus malheureux qu'un criminel aux fers, ils font de vains efforts, ils s'irritent, ils crient. Leurs premières voix, dites-vous, sont des pleurs. Je le crois bien : vous les contrariez dès leur naissance ; les premiers dons qu'ils reçoivent de vous sont des chaînes : les premiers traitements qu'ils éprouvent sont des tourments [2]. »

Il y a dans l'*Émile* des pages excellentes sur la disposition des jeunes enfants à l'emportement, au dépit, à

1. Axenfeld et Huchard, *Traité des névroses*, liv. III, sect. 3
2. *Émile*, liv. I.

la colère, qui n'est pas un véritable défaut de leur caractère dont on doive chercher à les corriger par la rigueur, mais qui demande au contraire des ménagements extrêmes, parce qu'elle résulte de leur santé. Un bon moyen de faire naître en eux des passions violentes, ce serait justement de les traiter avec une rigueur maladroite. « Je n'oublierai jamais, dit Rousseau, d'avoir vu un de ces incommodes pleureurs ainsi frappé par sa nourrice. Il se tut sur-le-champ : je le crus intimidé. Je me disais : Ce sera une âme servile dont on n'obtiendra rien que par la rigueur. Je me trompais : le malheureux suffoquait de colère, il avait perdu la respiration; je le vis devenir violet. Un moment après vinrent les cris aigus; tous les signes du ressentiment, de la fureur, du désespoir de cet âge, étaient dans ses accents. Je craignis qu'il n'expirât dans cette agitation [1]. »

Aussi Rousseau recommande-t-il d'éloigner des enfants avec le plus grand soin les personnes qui les agacent, les irritent, les impatientent et qui « leur sont cent fois plus dangereuses, plus funestes que les injures de l'air et des saisons ».

Quand l'âge est venu de les envoyer en classe, il faut que le maître ait reçu de son instruction pédagogique quelques idées exactes touchant l'influence du physique sur le moral, et qu'il connaisse les relations étroites qu'il y a sur certains points entre l'hygiène de l'école et le maniement du caractère des élèves. Je suis convaincu qu'un grand nombre des difficultés qui se présentent dans la discipline des collèges tiennent à ce qu'on y néglige des règles d'hygiène importantes. Par exemple, dans certains établissements, le temps consacré au repos est trop court, et, dans la plupart, les élèves doivent manger en silence. Or on sait que la mas-

____

1. *Émile,* liv. I.

lication lente et une certaine animation pendant les repas sont de bonnes conditions pour une digestion rapide, et que, d'autre part, la lenteur de la digestion dispose mal l'esprit; aussi ne faut-il pas s'étonner si certains élèves sont lourds et endormis, ou remuants et agités, pendant la partie de la journée où ils se trouvent sous cette mauvaise influence.

Une température trop chaude ou trop froide dans la classe, un air épais et vicié, influent aussi sur la discipline. La claustration, l'insuffisance des exercices corporels, le manque de grand air agissent à la longue sur les caractères, produisent en eux un sourd malaise qui peut s'aggraver et se traduire par des fautes sérieuses, des tendances à l'insubordination. Je connais un proviseur qui, sentant, à certains symptômes, l'imminence d'une révolte, la conjura par une promenade extraordinaire.

Qui n'a éprouvé, même dans la maturité de l'âge, l'influence salutaire des fortes marches sur la fatigue de l'esprit, sur la tendance aux idées tristes, sur la dépression de l'intelligence et de la volonté? Un grand savant anglais, qui est en même temps un grand ascensionniste, dit, en parlant des Alpes : « C'est au milieu d'elles que, chaque année, je viens renouveler mon bail avec la vie et rétablir l'équilibre entre l'esprit et le corps, équilibre que l'excitation purement intellectuelle de Londres est surtout propre à détruire [1]. » Le docteur Lortet s'exprime ainsi en présentant au public le livre auquel je viens d'emprunter ces lignes : « C'est là une de ces œuvres à part qui caractérise cette race anglo-saxonne jeune et forte, rude même encore quelquefois, qui aime et qui comprend la nature. Au milieu des Alpes et de leurs scènes grandioses, ces hommes énergiques viennent retremper leur corps, leur esprit et leur

____

1. Tyndall, *Dans les montagnes*, trad. Lortet, préface.

cœur en luttant contre les difficultés du monde matériel
et en triomphant des émotions qu'on éprouve à chaque
pas dans ces régions sauvages, quelquefois terribles. C'est
là que la jeunesse anglaise s'envole chaque année, qu'elle
trouve ce courage froid et indomptable qui la distingue,
cette patience à toute épreuve, cette volonté de fer qui
sait surmonter tous les obstacles; là tous viennent se
débarrasser de ce virus des grandes villes, qui, au moral
comme au physique, tue les populations de nos cités où
la vie dévorante ne permet plus à l'âme et au corps de
s'équilibrer dans une harmonie commune. »

Notre système d'éducation privée et publique en France
ne mérite-t-il pas, à ce point de vue, de graves reproches?
En particulier, dans les classes aisées, on traite les
enfants comme de purs corps lorsqu'on les entoure de
toutes les recherches d'un bien-être animal qui risque
d'affaiblir pour toujours leur énergie, et on les traite
comme de purs esprits lorsqu'on les pousse à l'étude
avec une ardeur impatiente, en vue du succès, de la
position qu'il s'agit de conquérir, et avec une négligence
excessive des exercices physiques. La mère, aux heures
de loisir, habille sottement ses jeunes enfants en grande
toilette pour leur faire faire une petite promenade dans
un jardin public, où ils sont censés prendre l'air, et elle
les garde auprès d'elle en leur recommandant bien de
ne pas se salir, de ne pas s'échauffer. Mollement élevés
dans leurs premières années, ils iront ensuite au collège;
pour y satisfaire aux exigences de programmes qui vont
sans cesse en s'élargissant, et dont un éminent universitaire a dit « qu'il n'est pas une réforme qui n'ait eu pour
objet de les restreindre et pour effet de les étendre [1] »,
ils verront la plus grande partie de leur temps réclamée
par le travail intellectuel, et les exercices du corps, qui

1. Gréard, *l'Esprit de discipline dans l'éducation.*

sont précisément les plus nécessaires à cette époque de la vie, relégués à un rang inférieur.

S'ils sont internes, ils passeront leurs récréations entre les murs d'une cour, trop souvent à se promener comme des hommes; leurs promenades du jeudi et du dimanche se feront pendant deux heures, le long d'une route, dans un rayon d'une lieue à peine, avec des haltes pour se reposer d'un pareil déploiement de forces! Assurément la santé générale ne paraîtra pas en souffrir; des statistiques très sincères montreront qu'elle est meilleure dans nos internats qu'au dehors. Mais ce qu'une statistique ne relève pas, c'est l'affaiblissement de la force physique et de l'énergie virile, dont on peut avec raison rendre responsables en partie l'insuffisance de l'éducation du corps et la prédominance excessive de la culture intellectuelle. « Ce n'est pas une âme, dit Montaigne, ce n'est pas un corps qu'on dresse; et, comme dict Platon, il ne fault pas dresser l'un sans l'autre, mais les conduire également, comme une couple de chevaulx attelez à mesme timon [1]. » Si le corps souffre par la faute de l'âme, il ne tarde pas à se venger sur elle. Ainsi que l'a fait remarquer un médecin, il ne faut jamais mettre les nerfs contre soi.

Du reste, le mal dont nous nous plaignons n'affecte pas seulement l'éducation française. Nous lisons dans un rapport adressé en 1882 par une commission de médecins au gouverneur impérial d'Alsace-Lorraine : « Des plaintes générales s'élèvent dans les assemblées de médecins aussi bien que dans les parlements de l'Empire et des États confédérés. Des associations se forment pour protéger la jeunesse menacée [2] », etc.

---

1. *Essais*, liv. I, chap. xxv.
2. *Rapport sur les écoles publiques supérieures d'Alsace-Lorraine*, trad. Roth.

Le docteur russe Sikorski signale ce qu'il appelle « des déviations dans l'évolution névro-psychique », produites par le manque d'équilibre dans le développement physique et intellectuel. « La déviation la plus nuisible, dit-il, consiste dans le développement prématuré ou trop rapide des facultés intellectuelles, qui sont alors en disproportion avec la faible croissance du corps. Il m'est arrivé d'observer de pareils désaccords chez des enfants de tous les âges. Ils amènent avec eux la faiblesse, l'anémie, et ils gâtent le caractère, en le rendant irritable. Les premiers-nés de parents intelligents sont ordinairement l'objet de soins attentifs, ce qui naturellement est très utile à l'enfant, mais risque d'amener un développement trop précipité. C'est ce que produit nécessairement l'influence constante des adultes, qui, poussés par l'affection et l'intérêt qu'excite en eux un enfant bien doué, ne l'abandonnent jamais à lui-même, et contribuent, par leur conversation surtout, à éveiller en lui une foule d'idées nouvelles qui, sans cela, n'auraient pas surgi de si bonne heure. Dans ces conditions, l'attention et le travail intellectuel de l'enfant sont excités outre mesure. Plus tard ces conditions rendent l'enfant extraordinairement intelligent, impressionnable, et développent en même temps l'irritabilité de son caractère [1]. »

Il est piquant, par contraste, de remonter en imagination le cours des âges, et de se transporter chez ce peuple grec qui nous valait bien, sinon par la science, du moins par l'intelligence et l'esprit. La profonde conviction où il était qu'un développement équilibré du corps et de l'âme est nécessaire pour la santé des deux, et que l'âme est la première à souffrir de la négligence qu'elle apporte au soin bien compris du corps, lui faisait

----

1. *Le développement psychique de l'enfant*, 3, *Revue philosophique* de mai 1885.

donner dans l'éducation des enfants, et même dans les habitudes des adultes, une large place à la gymnastique; il dissertait et écrivait moins que nous sur l'hygiène; mais, grâce à un heureux instinct, il la pratiquait mieux. Je ne saurais trop recommander, à ce sujet, la lecture d'un dialogue intitulé « Anacharsis ou les gymnases », dans lequel Lucien s'est plu à retracer, en un tableau plein de vivacité, l'éducation que recevait autrefois la jeunesse grecque avant la décadence des institutions et des mœurs. Le Scythe Anacharsis se promène avec Solon dans un gymnase d'Athènes, et ce qu'il y voit faire le remplit d'étonnement. Devant lui les jeunes gens ont commencé par quitter leurs vêtements, et se frotter d'huile avec le plus grand calme; puis ils se sont dirigés vers un espace couvert de boue, et là, dans un accès de fureur bizarre, ils se sont rués les uns sur les autres. Celui-ci tient son adversaire étroitement embrassé et cherche à le plier comme une tige d'osier; celui-là l'enlève par les jambes, le jette à terre, se précipite sur lui, le pousse dans la boue, lui presse le ventre avec ses genoux et lui applique le coude sur la gorge. D'autres se battent à coups de poing et à coups de pied. D'autres enfin, quoique solitaires, ne paraissent pas moins insensés; ils s'agitent avec violence, sautent comme s'ils couraient, tout en restant à la même place, et lancent des coups de pied en l'air. Tout cela se passe sous les yeux d'un magistrat en robe de pourpre qui, au lieu de mettre fin à ces actes de démence, les considère avec une attention mêlée de plaisir. Solon explique alors au Scythe la raison d'être de ces exercices en apparence si bizarres; il montre les excellents effets d'une éducation intelligente du corps par la gymnastique, non seulement pour le corps lui-même, mais aussi et surtout pour l'âme, qui lui doit la vigueur, la fermeté et le courage. « Nos jeunes gens, dit-il, colorés et brunis par le soleil, ont un air mâle et plein de vie qui annonce l'ardeur et le courage, fruits d'une santé florissante; aucun d'eux n'est ridé ni maigre; aucun n'est chargé d'embonpoint; ils ont toutes les proportions d'un corps bien dessiné; le superflu, l'excès des chairs s'est fondu par les sueurs; le reste est demeuré sans mélange d'aucune humeur vicieuse. Ce que le vanneur fait au blé, nos exercices le font au corps des jeunes gens : ils jettent au vent la paille et les barbes dont ils séparent le froment pur qu'ils gardent en dépôt [1]. » Comme je le faisais remarquer dans une étude consacrée à l'intéressant opuscule de Lucien, cet éloge convaincu des exercices du corps, cette démonstration de leur utilité au point de vue de la morale et du patriotisme, sont particulièrement propres à nous faire réfléchir. Plus instruits que les jeunes Grecs, nos enfants ne répondent pas malheureusement au portrait que Lucien a tracé d'une jeunesse au sang riche, élégante et robuste. Nous avons beaucoup trop d'adolescents « dont le teint est pâle et qui sont élevés à l'ombre », suivant les expressions de l'auteur. Une réaction vigoureuse contre des habitudes de mollesse et de langueur est seule capable de leur donner du sang, des muscles et, par suite, certaines vertus morales qui n'habitent pas d'ordinaire dans des corps énervés.

Nos voisins d'outre-Manche semblent avoir sur ce point de meilleures habitudes que les nôtres dans leurs grandes institutions d'enseignement secondaire, si j'en juge d'après ce qu'on lit dans le remarquable rapport présenté en 1867 par MM. Demogeot et Montucci sur l'enseignement secondaire en Angleterre et en Écosse. A Eton, à Rugby, à Harrow, qui correspondent, avec des différences considérables cependant, à nos grands lycées, « une part essentielle de l'éducation, la plus importante

1. *Anacharsis*, édition Tauchnitz, p. 279 et 280.

aux yeux des élèves, et peut-être même à ceux des
maîtres », ce sont les exercices athlétiques, paume,
ballon, canotage, course, « et surtout le roi des jeux,
le noble et savant cricket ». Les jeux viennent au premier
rang, d'après la remarque d'un maître d'Eton, les livres
au second. A Harrow, le cricket occupe quinze heures
par semaine; à Eton, il en exige vingt-sept; à Winchester,
on consacre au cricket au moins trois heures par jour.
Qu'il y ait là quelque excès, nous nous résignons à en
convenir, pour ne pas trop choquer nos habitudes françaises. Avec un pareil régime il serait peut-être difficile
de se préparer au baccalauréat et à l'École Polytechnique,
ce rêve de toutes les familles en France. Mais écoutons
ce que disent Demogeot et Montucci sur le résultat final :
« Grâce à son éducation physique, soutenue par une
forte et simple nourriture, la jeunesse anglaise se développe avec une énergie triomphante. C'est plaisir de
voir ces beaux et jeunes corps, si grands et si bien faits,
toutes les forces de l'homme avec la taille frêle encore
de l'adolescent, ces muscles si pleins et si souples, ces
couleurs de santé si fraîches, ces poses à la fois si
modestes et si fières. On lit d'un regard sur ces jeunes
figures viriles l'habitude de braver la fatigue et le danger, le courage simple et noble qui existe naturellement
et sans orgueil, parce qu'il n'a pas seulement conscience
de lui-même.... Et quelle habileté de la part des maîtres
d'avoir su opposer la nature à la nature, et placer cette
salutaire dépense de force physique au moment où ils
en devaient craindre la dangereuse surabondance ! Aussi
tous s'accordent-ils à voir dans les jeux athlétiques une
sauvegarde puissante, un auxiliaire indispensable de la
morale [1]. » C'est là une des profondes convictions de la

---

1. *De l'enseignement secondaire en Angleterre et en Ecosse.*
1re partie, 1re section, chap. IV.

pédagogie anglaise. On la retrouve dans l'un des meilleurs livres dont la lecture puisse être recommandée aux jeunes gens et à leurs maîtres, *l'Éducation de soi-même*, par John Stuart Blackie. Au commencement de la partie consacrée à l'éducation physique, se lit cet aphorisme : « Le premier devoir de l'élève est de veiller à la parfaite santé de ses muscles et de son sang ».

Puisse une pareille conviction pénétrer aussi dans notre pédagogie française, et surtout y produire des effets pratiques! Il importe peu de proclamer les plus beaux principes, si l'on s'en tient là. « S'il ne s'agit que de poser les principes, dit Jules Simon en parlant de l'éducation physique, c'est un chœur général d'applaudissements; si vous parlez de passer à l'application, tout le monde secoue les épaules et retourne à ses affaires. Ce n'est pas la philosophie, c'est la routine qui est notre maîtresse [1]. »

Il est absolument nécessaire que les parents et les maîtres de l'enfance soient avertis, par des connaissances sérieuses en hygiène et en pédagogie, que le caractère des enfants a des rapports étroits avec leur constitution physique; que bien des traits de l'un s'expliquent par des particularités de l'autre; que, dans beaucoup de cas, pour modifier le caractère, il faudrait d'abord modifier l'état de santé; qu'il est maladroit, injuste, parfois même cruel de s'en prendre au moral de l'enfant lorsque son physique seul est coupable, et d'agir par des réprimandes ou des punitions lorsqu'il conviendrait d'appliquer un traitement médical ou simplement des règles hygiéniques; que soigner le corps de l'enfant, c'est aussi soigner son âme; qu'il faut faire au corps, dans l'éducation, une large part; que déve-

---

1. *La Réforme de l'enseignement secondaire*, 2ᵉ partie, Introduction.

lopper l'âme, surtout dans ses facultés intellectuelles,
aux dépens du corps, est une grave imprudence qui
retombera sur elle plus tard, peut-être très lourdement ;
qu'au contraire l'éducation virile du corps a sur le
caractère la plus heureuse influence. Tout cela n'attaque
en rien les croyances les plus spiritualistes, et se concilie
fort bien avec elles. Le corps, « cette guenille », comme
disent les femmes savantes dans Molière, réclame une
attention intelligente. Mais, je l'ai remarqué, ceux qui
le négligent le plus lorsqu'il s'agit de lui accorder les
soins virils d'une gymnastique appropriée, sont parfois
ceux qui le choient jusqu'à l'énerver par tous les raffinements du bien-être. La gymnastique sérieuse demande
de l'énergie et du courage. Quoiqu'elle s'applique au
corps, elle est essentiellement une œuvre de l'âme.
« L'esprit, dit Blackie, est la force motrice. »

NOTE

EXTRAIT DES COMPTES RENDUS

DE L'ACADÉMIE DES SCIENCES MORALES ET POLITIQUES

(Séance du 16 janvier 1886)

*Le surmenage intellectuel et les habitudes sédentaires dans
les écoles.* — Au nom de l'hygiène, M. Gustave Lagneau vient
protester contre les usages en vigueur dans nos écoles et
les funestes conséquences qui en résultent pour produire
l'abâtardissement de la race et la propagation des maladies
constitutionnelles et héréditaires.

Déjà MM. Thiers, Carnot, de Laprade, Duruy, Jules Simon,
Gréard ont insisté sur la nécessité de limiter le travail intellectuel des écoliers. En dépit de ces remontrances, auxquelles
on aurait dû déférer, car elles venaient d'hommes dont
l'expérience était consommée et la clairvoyance non suspecte,
il semble qu'on n'ait eu d'autre souci que d'augmenter le
fardeau déjà trop lourd des jeunes étudiants : les program-

10

mes se sont étendus; les représentants de toutes les connaissances ont rivalisé d'ardeur pour introduire leurs études dans l'enseignement et donner à cet enseignement la sanction des examens. Le catalogue des questions auxquelles doit pouvoir répondre l'infortuné qui brigue les diplômes des baccalauréats constitue une effrayante encyclopédie où la chimie, l'algèbre, la physique, la géométrie, l'histoire universelle, le latin, le grec, l'allemand, l'anglais, la rhétorique et la philosophie se donnent la main.

C'est absurde et, de plus, extrêmement dangereux.

S'appuyant sur de nombreuses statistiques portant sur plus de 40 000 élèves et empruntées à vingt observateurs de tous pays, parmi lesquels il suffira de citer MM. Wave, Cohn, Durr, Key, Giraud-Teulon, Javal, Maurice Perrin, Motais, M. Lagneau démontre que les effets du mauvais éclairage des salles et de l'encombrement des dortoirs, des attitudes vicieuses, des habitudes sédentaires, de l'immobilité prolongée, sont la myopie, la scoliose, les déviations de la colonne vertébrale, les maux d'estomac, la carie dentaire, enfin la tuberculose.

Le surmenage intellectuel détermine des céphalalgies rebelles, des épistaxis réitérées, la fatigue mentale un véritable épuisement cérébral.

M. Lagneau conclut en demandant qu'on modifie les plans d'enseignement et les programmes d'examen en vue d'alléger le fardeau trop lourd à porter qu'on impose à des enfants et à des jeunes gens; il demande surtout que les heures enlevées au travail intellectuel soient données à des exercices militaires en plein air, à des promenades instructives, à la gymnastique, etc.; il réclame enfin, pour les jeunes gens plus âgés, un supplément d'espace, de liberté et d'exercices physiques.

CHAPITRE VI

L'influence de l'intelligence sur le caractère. — L'ignorance et
le mal. — Le progrès de la moralité est-il en rapport avec
celui de la civilisation et en particulier de l'instruction? —
La criminalité n'est pas le criterium de la moralité. — L'enseignement moral.— Objections de Herbert Spencer.—Influence
des lettres, des arts et des sciences sur le caractère. — Paradoxe de J.-J. Rousseau. — Dangers de la mauvaise littérature.

« Du foyer des sentiments tendres et généreux, dit
Mme Necker de Saussure, il rayonne sur l'intelligence
je ne sais quelle vie, quelle douce chaleur dont elle est
intimement pénétrée.... Une aridité, un froid mortel,
accompagnent les plus beaux discours des êtres égoïstes,
secs, remplis d'eux-mêmes [1]. » Si tel est le pouvoir de
la sensibilité sur l'intelligence, celle-ci, de son côté, a
sur les sentiments, sur la volonté, sur le caractère en
un mot, une influence qu'il convient d'étudier avec
attention.

Nous avons déjà cité la remarque de Dugald Stewart
sur les rapports de l'imagination et de la sympathie.
« Beaucoup d'hommes, dit Marion, en la commentant,
ne manquent de bonté que parce qu'ils manquent
d'imagination. Ils s'apitoieraient sur les maux des

---

1. *L'Éducation progressive*, liv. IV, chap. III.

autres, s'ils se les représentaient assez vivement. Tout homme est plus sensible aux souffrances plus voisines de lui; on est ému malgré soi de celles dont on est témoin. Un accident qui arrive dans notre quartier, dans notre maison, nous bouleverse; mais il faut plus d'imagination pour prendre à cœur les catastrophes lointaines; il en faut beaucoup pour travailler avec suite à adoucir les misères ou à réparer les injustices dans une autre partie du monde [1]. »

Nous n'attachons pas plus d'importance qu'il ne convient à cette sensibilité cosmopolite, et nous nous soucions assez peu que les enfants prennent part à des souscriptions destinées à soulager les maux des Espagnols, des Américains ou des Chinois. Mais il nous paraît fort désirable qu'on leur fasse connaitre et même observer de bonne heure, dans la mesure de leurs moyens, la société au milieu de laquelle ils vivent, au point de vue des maux que produit le paupérisme, afin que cette connaissance intellectuelle éveille en eux le sentiment moral d'une compassion active. On peut attribuer à l'égoïsme, à la dureté du cœur une indifférence à l'égard des misères humaines qui n'est parfois que le résultat de l'ignorance. Un enfant qui vit dans le bien-être ne soupçonne pas naturellement que beaucoup de ses semblables souffrent du froid, de la faim, des privations de toute sorte. Pour échauffer son cœur, il faut d'abord éclairer son esprit.

Nous venons de parler des inconvénients de l'ignorance à un point de vue bien restreint. Donnons à la question plus d'ampleur. D'abord, est-il vrai, comme l'affirme Platon, que la vertu soit identique à la science, le vice à l'ignorance, que les hommes se portent au mal par ignorance du bien, et que, s'ils voyaient leur vrai

1. *De la solidarité morale*, p. 61.

bien, qui n'est autre que le bien en soi, ils le rechercheraient naturellement avec l'ardeur qu'ils mettent à en suivre les apparences trompeuses? Cette question philosophique est tout à fait du domaine de la pédagogie, puisque la théorie de Platon, si on la fait descendre des hauteurs de la métaphysique dans les régions plus humbles de la sociologie, est fort en honneur chez la plupart de nos pédagogues aussi bien que de nos politiques contemporains, aux yeux desquels l'instruction est l'instrument le plus sûr et le plus rapide de la moralisation universelle. On répète volontiers un mot dont je ne connais pas l'auteur, mais qui exprime bien l'opinion dont il s'agit dans ce qu'elle a de plus affirmatif : « Pour toute école qui s'ouvre, une prison se ferme ».

Cette opinion repose à la fois sur des faits certains et sur des hypothèses discutables. Il est constaté que, dans ce qu'on peut appeler le monde du crime, parmi ces vagabonds, ces voleurs et ces assassins de profession qui récidivent toujours après une première faute, l'ignorance est générale. Il est constaté aussi que chez les peuplades sauvages qui sont placées au plus bas degré de l'espèce humaine, et qui pratiquent sans aucun remords les actions les plus criminelles, mensonge, vol, meurtre, l'ignorance est absolue. On peut dire de ces malheureux, avec le procureur général Renouard : « L'ignorant complet est un être neutre, aux actes duquel, œuvres d'un instinct sans règle et sans guide, manque la responsabilité. Il est juste de lui beaucoup pardonner, car il ne sait ce qu'il fait; mais il est un fléau pour la société, que sa brutalité menace. C'est un impérieux devoir de travailler à introduire quelques rayons de lumière dans ce chaos inintelligent [1]. » Nul doute que le progrès de la civilisation, qui est insépa-

1. *De l'impartialité.* Paris, 1874, p. 24.

rable de celui de l'instruction, ne nous ait amenés d'un état primitif semblable à celui-là, où dominaient la ruse et la violence animales, à l'état de douceur et de paix relatives où nous vivons aujourd'hui.

L'hypothèse commence lorsqu'on prétend que la civilisation nous amènera sûrement, dans l'avenir, à des états de moralité de plus en plus parfaits, grâce au progrès constant de ce qu'on appelle les lumières. Il y a des faits qui sont de nature à nous inspirer quelques doutes à ce sujet. Je lis dans un travail où l'on commente les données de la statistique criminelle : « Un peuple en train de se civiliser présente un accroissement proportionnel de la criminalité astucieuse ou voluptueuse et une diminution relative de la criminalité violente.... La contagion civilisatrice fait diminuer dans son nouveau séjour la criminalité cruelle, qui auparavant y sévissait, et elle y fait augmenter la criminalité perfide ou lascive, qui naguère était inférieure à la première [1]. » La Corse, pays peu instruit, comparée à la France, donne un chiffre considérable d'homicides et un chiffre très faible de vols, ce qui confirme la remarque précédente. En Prusse, le progrès de la civilisation n'a même pas diminué la criminalité violente, puisque l'homicide y est en voie d'accroissement notable. En France, les régions des grandes villes, foyers de civilisation et de lumière, présentent sur les cartes annexées à la statistique criminelle de 1880 des teintes sombres, non seulement pour les attentats contre les personnes, mais aussi pour ceux qui sont commis contre les propriétés.

La criminalité n'est qu'un des éléments du problème qui nous occupe, car il n'est nullement permis de dire

____

1. Tarde, *Problèmes de criminalité*, 2, *Revue philosophique* de janvier 1886.

qu'elle est un sûr criterium de la moralité. Il y a une foule d'actes contraires à la morale que la loi ne connait point, contre lesquels elle reste impuissante, et qui ne sont pas relevés par la statistique. Une vie très immorale, pleine d'égoïsme, d'avarice, de cupidité, de débauches, peut se dérouler au grand jour, sans que la justice humaine intervienne, et sans que ceux qui se livrent à tous ces vices cessent d'être sans reproche à ses yeux, puisqu'il est impossible de leur constituer un casier. L'instruction est même fort utile à certaines gens pour faire le mal sans violer la loi.

La question principale serait de savoir si le nombre des actes immoraux qui ne sont pas du ressort de la justice diminue par l'effet de l'instruction, et si l'amélioration morale avance parallèlement avec la culture intellectuelle. Il est extrêmement difficile, sinon impossible, de répondre par un jugement sur la moralité générale qui s'appuie assez solidement sur un nombre suffisant de faits bien établis pour ne pas être discuté. Chacun ne peut guère qu'interroger là-dessus son expérience en même temps que l'histoire, et donner son opinion personnelle, toujours sujette à contestation. Pour moi, je pense assez volontiers que nous sommes moins violents, moins rudes qu'autrefois, que nous valons mieux moralement que les sauvages, qui représentent encore aujourd'hui, à quelques égards, l'état primitif de l'humanité, mais qu'à partir d'un certain degré de civilisation, relativement assez inférieur, où l'humanité se dégage de la brutalité bestiale, il reste dans l'âme humaine un fonds de mauvais instincts sur lesquels l'instruction proprement dite n'a guère de prise que pour modifier la manière dont ils se satisfont, sans les détruire le moins du monde. Celui qui, par d'habiles calculs, amène sciemment la ruine d'autrui pour édifier sa fortune, ne vaut pas mieux, moralement, que celui qui tue pour voler; c'est le même instinct, avec des manifestations différentes. La concurrence commerciale est une forme, adoucie en apparence, de la concurrence vitale; mais il y a bien des cas où cette douceur apparente cache une cruauté féroce. Un juge des consciences qui lirait au fond de toutes, et qui apprécierait leurs déterminations d'après les principes d'une haute et pure morale, trouverait-il qu'elles valent mieux aujourd'hui qu'autrefois, chez les peuples très civilisés que chez ceux qui passent encore pour grossiers, chez les hommes instruits que chez les ignorants? Nous n'osons répondre par l'affirmative.

Est-ce sans raison que au progrès de la civilisation on attribue des lumières, du bien-être, la disparition graduelle des formes religieuse et guerrière de l'enthousiasme, qui se concilient parfaitement avec la rudesse et la violence des mœurs, mais qui n'en sont pas moins très nobles au point de vue moral, parce qu'elles déterminent le sacrifice des biens les plus chers, de la vie même, à un sentiment désintéressé ou à des espérances ultraterrestres? Quoi de plus absurde, aux yeux de la raison positive, que de se faire tuer pour une croyance théologique, pour un chef militaire? Et que d'atrocités l'enthousiasme religieux ou guerrier n'a-t-il pas fait commettre! Si on peut le remplacer par un autre qui résiste à la critique et qui produise les mêmes actes d'énergie et de dévouement, rien de mieux. Sinon, la disparition de tout enthousiasme, de toute foi n'amènera-t-elle point une dépression morale dont les progrès du bien-être, de la sécurité et même de la science ne seront pas capables de consoler les âmes un peu hautes? Quoi de plus immoral, en somme, malgré la paix matérielle et la culture scientifique, qu'une humanité sans énergie désintéressée et sans idéal?

Herbert Spencer soumet à une critique très vive l'opinion dominante, absurde selon lui, qui a une confiance si grande dans les effets moralisateurs de la culture intellectuelle. D'abord il y a toute une série de connaissances qui n'influent en rien sur le caractère. « Quel rapport, dit Spencer, peut-il y avoir entre apprendre que certains groupes de signes représentent certains mots, et acquérir un sentiment plus élevé du devoir? Comment la connaissance de la table de multiplication, ou la pratique des additions et des divisions, peuvent-elles développer les sentiments de sympathie au point de réprimer la tendance à nuire au prochain? Comment les dictées d'orthographe et l'analyse grammaticale peuvent-elles développer le sentiment de la justice? Pourquoi enfin des accumulations de renseignements géographiques, amassées avec persévérance, accroîtraient-elles le respect de la vérité [1]? »

Cet argument était facile à trouver. En voici un autre plus profond, et qui contient, à notre avis, une grande part de justesse. On prétend que la connaissance de la conséquence des actes, donnée par l'instruction, est de nature à influer puissamment sur la conduite, et par là sur le caractère. L'ignorant, que rien n'éclaire, cherche aveuglément à satisfaire ses instincts; faites pénétrer dans sa cervelle quelques notions claires sur les conséquences les plus certaines de ses actes, il commence à réfléchir, à réprimer le premier mouvement, qui est souvent le mauvais; il exerce sur lui-même le pouvoir inhibitoire de la volonté; c'est le début d'un travail d'amélioration du moral par l'intelligence, travail qui produira des effets de plus en plus grands, à mesure que l'instruction se développera et fera connaître les conséquences lointaines et complexes des actions. Or, d'après la remarque de Herbert Spencer, les idées, en tant que

1. *Introduction à la science sociale,* chap. xv.

conceptions de l'intelligence pure, n'ont sur la conduite qu'une très faible influence, et les vrais mobiles de l'action sont les sentiments qui accompagnent les idées ou qu'elles excitent. « L'ivrogne a beau savoir qu'après la débauche d'aujourd'hui viendra le mal de tête de demain, le sentiment de cette vérité ne l'arrête pas, à moins que son imagination ne lui représente distinctement la punition qui l'attend, à moins qu'il ne surgisse dans sa conscience une idée nette de la souffrance qu'il faudra endurer, à moins que quelque chose n'excite assez fortement en lui un sentiment opposé à son désir de boire. Il en est de même de l'imprévoyance en général. Si l'on se représente clairement les maux à venir et que l'on ressente par l'imagination les souffrances dont on est menacé, la disposition à se livrer sans retenue aux jouissances du moment est réprimée; mais, en l'absence de cette conscience des maux futurs constituée par les idées vagues ou distinctes de douleurs, il n'y a pas résistance efficace au désir passager. On a beau reconnaître que l'insouciance amène la misère, on ne tient aucun compte de cette vérité. La connaissance pure n'affecte pas la conduite; la conduite n'est affectée que lorsque la connaissance passe de la forme intellectuelle, dans laquelle l'idée de misère n'est guère que verbale, à une forme dans laquelle ce terme de la proposition devient une représentation vivante de la misère, un sentiment douloureux [1]. » Je me rappelle à ce sujet une conférence que je fis à un public d'ouvriers sur l'assurance en cas de décès. Je leur démontrai assez clairement, je crois, le mécanisme de cette assurance, les facilités qui leur étaient offertes pour en profiter, les bons effets qu'elle aurait pour eux et pour leurs familles. Cependant le résultat pratique fut à peu

1. *Introduction à la science sociale*, chap. xv.

près nul; bien que je me fusse mis à leur disposition pour toutes les démarches nécessaires, aucun d'eux ne s'assura. C'est qu'au lieu de porter presque tout mon effort sur une démonstration, et de m'adresser à leur intelligence, j'aurais dû tâcher de remuer leurs sentiments; une peinture pathétique, effrayante, de la misère qui attend l'ouvrier imprévoyant aurait produit plus d'effet que mes raisonnements et mes chiffres.

Le don d'agir ainsi sur les cœurs par le pathétique est plus rare que celui d'éclairer les esprits par l'enseignement précis et méthodique des faits et par le raisonnement exact. De plus, il y a là une sorte de cercle vicieux. Pour exciter par l'éducation un bon sentiment dans une âme, il faut que ce sentiment y existe déjà et qu'il y ait même une certaine force; sinon, l'éducation est impuissante; les plus beaux discours ne feront pas naître la charité dans un cœur sec, la délicatesse dans une âme grossière. Les époques où l'on parle le plus éloquemment sur le devoir, la vertu, le patriotisme, ne sont pas celles où on les pratique le mieux.

D'après Herbert Spencer, l'enseignement moral n'est guère qu'une illusion, et les espérances qu'on fonde sur lui sont chimériques. Elles partent du principe que l'action d'accepter par l'intelligence certains préceptes de morale produit l'obéissance à ces préceptes. L'expérience de la vie montre chaque jour qu'il n'en est rien. Un poëte latin a dit, bien avant Spencer :

> Video meliora proboque;
> Deteriora sequor.

Le philosophe anglais estime que l'enseignement religieux, quoiqu'il soit donné depuis de longs siècles dans des conditions meilleures, au point de vue de l'efficacité sur la conduite, que l'enseignement moral, n'a produit que des résultats assez faibles. « Les commandements et les défenses formulés par un prêtre en surplis devant un auditoire dont l'esprit était préparé par le chant et les orgues, ont été méconnus; voyons si, répétés machinalement sur une mélopée traînante et monotone, devant un maître d'étude râpé, au milieu du bourdonnement des leçons et du cliquetis des ardoises, ils seront mieux obéis. Voilà, à ce qu'il semble, des propositions qui ne promettent guère; elles procèdent de l'idée qu'un précepte moral produira d'autant plus d'effet qu'il sera reçu sans accompagnement d'émotion, ou de celle que son efficacité sera proportionnée au nombre de fois qu'il aura été répété. Ces idées sont toutes deux en contradiction directe avec les résultats de l'analyse psychologique et de l'expérience journalière. L'influence qu'on peut exercer en adressant à l'intelligence des vérités morales est certainement bien plus grande dans un milieu qui éveille des émotions du même ordre, comme le fait un service religieux. Par contre, il n'est pas de plus sûr moyen d'empêcher ces vérités morales de faire une impression profonde que de les associer à des choses prosaïques et vulgaires, au spectacle que présente une réunion d'enfants, aux bruits et aux odeurs qui s'en élèvent. Et il n'est pas moins certain que les préceptes qu'on entend fréquemment sans y prêter grande attention perdent, par la répétition, le peu d'influence qu'ils pouvaient avoir [1]. »

Laissons de côté les détails accessoires de cette critique, bien qu'ils soient importants et que la question des circonstances, en particulier des conditions esthétiques dans lesquelles l'enseignement moral est donné, ne soit nullement à dédaigner. Le grand danger qu'on peut signaler avec Herbert Spencer, c'est que l'enseigne-

—————

1. *Introduction à la science sociale*, chap. XV.

ment moral ne prenne un caractère purement intellectuel, et que l'on se croie quitte, à l'égard de l'enfant, avec
des expositions plus ou moins dogmatiques, enrichies
d'exemples, des raisonnements, des tirades éloquentes
et des lectures. Tout cela n'a aucune valeur s'il n'arrive
dans une âme bien disposée, tout cela n'est qu'un
adjuvant. Une harangue militaire ne donne pas du
courage aux soldats; elle n'excite que ceux qui brûlaient
de se battre et qui, à la rigueur, auraient pu se passer
d'être harangués; quant aux poltrons, s'ils finissent par
marcher, c'est grâce à un entraînement qui n'a aucun
rapport avec l'éloquence du général.

Lorsque l'intelligence seule dispute au sentiment une
détermination de la volonté, elle est vaincue d'avance.
Elle est même tellement subordonnée au sentiment, que
celui-ci peut presque toujours compter sur sa compli-
cité, sur son empressement à lui fournir des excuses,
des raisons, des théories de complaisance; grâce à elle,
l'égoïsme, la dureté, la faiblesse, la paresse, les défauts
et les vices de toute sorte se justifient ingénieusement.
Que de systèmes politiques et économiques très bien dé-
duits et appuyés sur des raisonnements et sur des faits
ne doivent l'existence qu'à des sentiments plus ou moins
avouables! Mais, si le sentiment exige volontiers en sa
faveur la collaboration de l'intelligence, il est sourd à
sa voix lorsqu'elle lui est contraire. Les meilleures
raisons n'arrêteront pas un homme que la passion
emporte. Celui qui souffre dans un état social où il ne
trouve point le bien-être qu'il désire, que ce soit sa
faute ou non, pourra se laisser séduire par de fausses
doctrines qui flatteront son mécontentement et ses rancunes; les plus claires et les plus irréfutables démonstra-
tions de la science économique ne l'effleureront même
pas; qu'il devienne subitement intéressé au maintien
d'un état social qui le révoltait tout à l'heure, sa com-

plaisante intelligence saura bien vite lui en démontrer la justice.

Toutefois, de ce que l'enseignement moral est nécessairement stérile s'il ne s'adresse qu'à l'intelligence, et de ce que l'intelligence ne joue, à cet égard, qu'un rôle secondaire dans l'éducation, on ne doit pas en conclure que ce rôle est nul. Ne nous contentons pas de parler aux hommes de leur devoir; mais ne tombons pas dans le paradoxe, et ne soutenons pas qu'il est inutile de leur en parler. C'est déjà leur rendre un grand service que de le leur faire connaître. Cicéron pense très sagement là-dessus dans les lignes suivantes de son traité *Des devoirs* : « Comme ni les médecins, ni les généraux, ni les orateurs, tout instruits qu'ils sont dans les préceptes de l'art, n'obtiennent jamais de grands succès sans la pratique et l'usage, de même les préceptes des devoirs, que nous donnons nous-mêmes, ne suffisent pas; une chose aussi importante demande encore de l'usage et de l'exercice [1]. »

La question générale des rapports de la culture intellectuelle avec la moralité est donc fort complexe; il faut se garder, en ces matières, de prononcer un jugement absolu. Examinons-la encore, en nous plaçant au point de vue plus modeste de l'expérience pédagogique. Un groupe d'enfants étant donné, demandons-nous si les plus intelligents, ceux qui ont le mieux profité de l'instruction, sont aussi les meilleurs sous le rapport du caractère, et, pour chacun des enfants en particulier, si l'amélioration de son caractère a été en rapport avec les progrès de son instruction. Il y a tant de cas différents, et même contradictoires, qu'il semble impossible d'établir la moindre loi.

Voici deux enfants d'humble famille qui se font remar-

----

1. *Des devoirs*, liv. I, chap. XVIII.

quer par leur intelligence et leur travail, et qui s'élève-
ront certainement à une condition supérieure à celle
dans laquelle ils sont nés : l'un reste simple, modeste et
affectueux; l'autre devient orgueilleux, dédaigneux et
dur. L'instruction a laissé l'un comme elle l'a trouvé;
peut-être même a-t-elle donné à ses bons sentiments plus
de délicatesse. On dira qu'elle a gâté l'autre; ce ne serait
pas entièrement exact; mais elle a favorisé l'éclosion
de mauvais sentiments qui étaient en germe et qui, sans
elle, ne se seraient peut-être pas autant développés.
Voici un autre enfant qui fait ses études avec profit;
toutes les belles leçons de morale qui abondent dans
les chefs-d'œuvre des grandes littératures lui sont pro-
diguées; il semble se les assimiler; il les répète avec
élégance et chaleur. Quelques années après, point de
fautes de conduite qu'il ne commette, point de mauvaises passions auxquelles il ne s'abandonne. Tels de ses
camarades qu'il effaçait par son éclat, et qui étaient mis
parmi les enfants bornés, sont les meilleurs des hommes.

J.-J. Rousseau nous raconte, au début de ses *Confessions*, que Plutarque était la lecture favorite de son enfance. « De ces intéressantes lectures, dit-il, se forma
cet esprit libre et républicain, ce caractère indomptable
et fier, impatient de joug et de servitude, qui m'a tourmenté tout le temps de ma vie. Sans cesse occupé de
Rome et d'Athènes, vivant, pour ainsi dire, avec leurs
grands hommes..., je me croyais Grec ou Romain; je
devenais le personnage dont je lisais la vie : le récit des
traits de constance et d'intrépidité qui m'avaient frappé
me rendait les yeux étincelants et la voix forte. Un jour
que je racontais à table l'histoire de Scévola, on fut
effrayé de me voir avancer et tenir la main sur un
réchaud pour représenter son action [1]. » Nous savons

1. *Les Confessions*, 1re partie, liv.

malheureusement, par ses aveux mêmes, bien qu'ils soient arrangés, que Rousseau oublia en maintes occasions l'exemple des héros de Plutarque ; nous savons aussi que des éléments fort divers entraient dans ce qu'il appelle l'indomptable fierté de son âme. Peut-être ne convient-il pas de trop compter sur l'influence des premières lectures pour former le moral de l'enfant. Nous ne contesterons pas cependant qu'elles n'aient leur utilité, non point pour éveiller des sentiment absents, mais pour entretenir et fortifier ceux qui existent déjà.

Maudsley pense que l'étude des sciences physiques agit heureusement sur le caractère. « La nature morale, dit-il, éprouve l'influence bienfaisante de l'application aux études scientifiques. C'est une tâche dans laquelle il n'est qu'un moyen de réussir, et ce moyen c'est l'obéissance. Pour pénétrer les secrets de la nature et se rendre maître de ses lois, la patience, l'humilité et la véracité sont les qualités essentielles. Et par véracité, ici, je veux dire non seulement l'expression sincère des opinions qu'on s'est formées, mais aussi la sincérité dans la poursuite de la vérité, un entier affranchissement des inclinations individuelles, une absolue sincérité dans les motifs aussi bien que dans l'expression du jugement. On dira, sans doute, que la formation d'un caractère implique autre chose qu'un accroissement de savoir par la méthode inductive ou un accroissement de puissance intellectuelle résultant de cette première acquisition. Ce n'est pas ce qu'il s'agit de discuter en ce moment ; présentement, mon but est simplement de démontrer que la méthode scientifique réclame et, par conséquent, fortifie certaines qualités de la nature morale[1]. »

Pour apprécier cette opinion de Maudsley, il y a des distinctions à faire : le savant qui étudie la nature avec

____

1. *Le Crime et la Folie*, chap. IX.

une entière bonne foi pour découvrir de nouvelles lois
ou de nouveaux faits ne doit pas être confondu avec
l'écolier qui étudie les sciences physiques. Évidemment
le premier, pour arriver à la vérité et pour mériter la
confiance, ne peut se départir un instant des habitudes
de sincérité qui s'imposent à la recherche scientifique; mais l'autre, par le fait même qu'il s'appro-
prie les résultats de cette recherche, ne contracte pas
nécessairement les habitudes de sincérité qu'elle implique. De même, il a fallu d'admirables vertus au
célèbre voyageur Livingstone pour faire ses découvertes en Afrique; mais il n'en faut aucune pour lire
le récit de ses voyages. Si cette lecture suscite quelque
nouveau Livingstone, elle ne sera, comme on dit en
philosophie, qu'une cause occasionnelle, et ne servira
qu'à manifester une vocation qui était en puissance;
car des milliers d'autres lecteurs de Livingstone ne
songeront pas à quitter le coin de leur feu. De plus,
l'expérience de la vie montre que le savant lui-même
peut fort bien, en dehors de ses études spéciales, ne
pas montrer les qualités qui lui sont nécessaires pour y
réussir; tel qui est très sincère comme chimiste ou
entomologiste sera rusé, intrigant et hypocrite dans la
vie ordinaire.

On dit que l'étude des lettres, des arts et des sciences
en général donne à l'âme une certaine hauteur qui
l'élève au-dessus d'une foule de misères et de bassesses
où le vulgaire se consume. Lucrèce a exprimé cette
idée en termes magnifiques, pour ce qui regarde la
philosophie et la science. « Rien n'est plus agréable,
dit-il, que d'occuper les citadelles élevées par la science,
asile inexpugnable des sages, d'où l'on peut voir sous
ses pieds les autres hommes errant à l'aventure [1] », etc.

1. *De natura rerum*, liv. II, trad. Crouslé.

Dans le *Songe de Scipion*, la contemplation des sphères célestes inspire à Cicéron de très belles paroles touchant les vanités de la terre. Que d'amplifications on a faites sur l'influence moralisatrice des arts, sur ce culte de la beauté qui fait prendre en dégoût toutes les laideurs, sur le beau qui est la splendeur du vrai, la parure du bien, etc.

Or une étude assez superficielle de l'histoire nous montre que les beaux-arts, les belles-lettres et les sciences peuvent prendre un très grand essor au milieu d'une société *immorale*, et que les vices les plus divers peuvent élire domicile dans une âme avec le génie du poète, de l'artiste, ou avec le goût pur et délicat du dilettante. Qu'on lise, par exemple, la vie si curieuse de Benvenuto Cellini écrite par lui-même, et l'on verra jusqu'à quel point un sentiment artistique puissant et exquis se concilie chez le même homme avec toutes sortes de vices et de petitesses. Ici encore il est, croyons-nous, plus juste de dire que le fonds primitif de l'âme, le caractère, résiste à l'influence de la culture, esthétique ou scientifique, lorsqu'elle lui est contraire, mais qu'il en profite lorsqu'elle s'exerce dans le même sens que ses inclinations naturelles. Ainsi l'âme d'un Benvenuto Cellini gardera sa violence, sa ridicule vanité, ses ruses, tous ses vices, lorsque l'art exaltera encore l'âme naturellement sublime d'un Michel-Ange. Le président de Brosses écrivait un jour à Voltaire : « Malgré vos faiblesses, vous resterez toujours un très grand homme... dans vos écrits. Je voudrais seulement que vous missiez dans votre cœur le demi-quart de la morale et de la philosophie qu'ils contiennent.... En vérité, je gémis pour l'humanité de voir un si grand génie avec un cœur si petit, sans cesse travaillé par des misères de jalousie ou de lésine [1]. »

―――――

1. Cité par Sainte-Beuve, *Causeries du lundi*, t. VII.

Si l'on doit, pour rester dans la vérité, se mettre en garde contre les préjugés optimistes qui accordent à la culture intellectuelle une influence trop bienfaisante sur le développement du caractère, il ne faut pas accueillir non plus le paradoxe qui lui attribue la dépravation de l'homme. J.-J. Rousseau, on le sait, l'a développé avec complaisance. « L'élévation et l'abaissement journalier des eaux de l'Océan, dit-il dans son discours sur les sciences et les arts, n'ont pas été plus régulièrement assujettis au cours de l'astre qui nous éclaire durant la nuit que le sort des mœurs et de la probité au progrès des sciences et des arts. On a vu la vertu s'enfuir à mesure que leur lumière s'élevait à notre horizon, et le même phénomène s'est observé dans tous les temps et dans tous les lieux. » L'ignorance est donc la plus sûre protectrice des mœurs; l'inévitable exemple de Sparte se présente à l'esprit de notre auteur et lui fournit l'occasion d'une belle apostrophe : « O Sparte, opprobre éternel d'une vaine doctrine! tandis que les vices conduits par les beaux-arts s'introduisaient ensemble dans Athènes, tandis qu'un tyran y rassemblait avec tant de soin les ouvrages du prince, des poètes, tu chassais de tes murs les arts et les artistes, les sciences et les savants! »

Ce n'est pas qu'un tel paradoxe soit tout à fait dépourvu de vérité. Il est certain qu'on voit souvent dans l'histoire le progrès des lettres, des arts et des sciences coïncider avec l'apparition des vices propres aux sociétés dont la civilisation se raffine, et qui arrivent doucement à la décadence au milieu des jouissances du bien-être, du luxe et de l'esprit. Mais il ne faut pas s'en prendre surtout à ce progrès, qui n'est qu'un effet, ou qui, du moins, dans ses excès, n'est qu'un des facteurs de la décadence, mais non le principal.

Au sujet de l'opinion contraire, qui, s'appuyant sur

la statistique, fait de l'ignorance la cause du vice, Herbert Spencer présente les piquantes remarques qui suivent : « Il ne leur vient pas à l'esprit de se demander si d'autres statistiques, établies d'après le même système, ne prouveraient pas d'une façon tout aussi concluante que le crime est causé par l'absence d'ablutions et de linge propre, ou par la mauvaise ventilation des logements, ou par le défaut de chambres à coucher séparées. Entrez dans une prison quelconque et demandez combien de prisonniers avaient l'habitude de se baigner le matin ; vous trouverez que la criminalité va habituellement de pair avec la saleté de la peau. Faites le compte de ceux qui possédaient un costume de rechange ; la comparaison des chiffres vous montrera qu'une bien faible proportion de criminels ont habituellement de quoi changer [1] », etc.

Le vice et le crime ne doivent être attribués, en réalité, à aucun de ces motifs, et il ne faut pas plus compter d'une manière exclusive sur l'ouverture des écoles pour les faire disparaître que sur l'établissement de bains à bon marché, de logements populaires établis suivant les règles de l'hygiène, ou sur des distributions de chemises. La vraie cause est une infériorité originelle de nature, d'où résulte un genre de vie inférieur. L'ignorance, suivant l'expression d'Herbert Spencer, n'est qu'un « concomitant ». De même, le progrès des lettres, des arts et des sciences n'est qu'un concomitant dans un état de civilisation qui, à force de se raffiner, tend à la décadence. Voilà au juste, selon nous, ce qu'il y a de vrai dans le paradoxe de Rousseau, qui n'est pas, du reste, original, et que l'on trouve chez bien des auteurs avant lui.

Comme tous les paradoxes qui ne sont pas entière-

---

1. *Introduction à la science sociale*, chap. **xv.**

ment faux, il peut attirer notre attention sur une question importante et nous faire réfléchir utilement.

En ce qui regarde les sciences, nous ne croyons pas qu'elles puissent avoir une action dangereuse sur le caractère, si elles ne détruisent pas, en aboutissant au matérialisme et au déterminisme universel, ce fonds de croyances religieuses et morales dont le maintien nous paraît nécessaire pour que la plupart des hommes ne finissent point par s'émanciper de tout devoir et s'abandonner sans scrupule à tous les vices qui ne craignent rien des lois.

Quant aux arts et surtout aux lettres, il y a réellement lieu de concevoir des inquiétudes. Par son action sur les mœurs générales, et en particulier sur celles de la jeunesse, la mauvaise littérature peut faire beaucoup plus de mal que la bonne ne peut, à notre avis, faire de bien. A cet égard, la poésie, le théâtre et le roman contemporains ne sont pas à l'abri de tout reproche. Nous ne croyons pas trop à l'efficacité des tragédies de Corneille pour faire des héros; nous pensons qu'on peut vibrer aux accents de la plus noble musique, concevoir un instant sous son influence des sentiments très virils, pour rentrer immédiatement après dans sa pusillanimité habituelle. En revanche, il y a des lectures et des spectacles d'où l'on sort déprimé, moins bon, moins généreux, plus accessible aux tentations dangereuses; si leur effet se renouvelle, cela peut amener à la longue de tristes résultats.

Il ne faut pas seulement signaler à la défiance des éducateurs les livres et les spectacles plus ou moins grossiers ou obscènes; contre ceux-là on pourrait croire que tout le monde est en garde, si l'on ne constatait parfois la négligence des familles, qui laissent parvenir jusqu'aux enfants les pires lectures, et leur complaisance à les conduire au théâtre pour y voir des pièces dont ils sont les spectateurs aussi éveillés qu'attristants pour le moraliste.

Mais il y a d'autres productions littéraires où s'expriment le désenchantement, le scepticisme moral, l'expérience amère de la vie; celles-là ne valent rien pour la jeunesse, car elle risque d'y perdre ses charmantes et fécondes illusions, son ardeur et sa foi dans le bien. Après Werther il y eut, on le sait, une sorte de contagion du suicide. Le mal n'était pas profond, il était légèrement ridicule, et il guérit vite. Avec ses impitoyables analyses et son parti pris de ne voir dans la vie réelle que la laideur, l'ignominie et la corruption, la littérature dite réaliste ou naturaliste est capable, croyons-nous, de faire dans les cœurs plus de ravages. Je ne crains rien pour les âmes fortes et viriles; elle excitera peut-être leur curiosité, peut-être leur dégoût; mais elle ne les atteindra point. Je crains davantage pour les âmes médiocres ou faibles. On dit bien que la littérature est l'image de la société au milieu de laquelle elle se produit, et que, si cette société souffre d'un mal profond, la mauvaise littérature n'en est que le symptôme. Il faut, croyons-nous, lui reconnaître une action plus puissante. Les héros d'une littérature sont faits à l'image des hommes du temps, mais il arrive aussi que les hommes du temps façonnent leur caractère sur celui de leurs héros favoris. Quand même ils n'iraient pas aussi loin, l'inspiration générale d'une littérature énervante et déprimante peut se faire sentir dans les mœurs, surtout au moment de la jeunesse, où elles se forment.

Il y a dans la *République* de Platon un jugement sévère des poètes au point de vue pédagogique. Ils montrent les dieux sous un jour défavorable, avec leurs violences, leurs caprices et même leur libertinage. Les fables relatives aux enfers amollissent les cœurs et ne sont propres qu'à entretenir la crainte de la mort. Les œuvres dramatiques présentent des personnages vulgaires, grotesques et honteux; il est à craindre que le spectateur ne se laisse aller à l'imitation. « Or l'imitation, lorsqu'on en contracte l'habitude dès la jeunesse, passe dans les mœurs, se change en nature et fait prendre l'attitude, le ton et le caractère de ses modèles [1]. » Plutarque et saint Basile ont étudié aussi cette question de l'influence de la lecture sur les mœurs. On trouve de bonnes observations dans le petit traité de Plutarque « sur la manière de lire les poètes ». Le sage de Chéronée sait très bien que les œuvres poétiques ne sont pas exemptes de dangers. Cependant il ne croit pas qu'il faille les écarter de parti pris, même lorsqu'elles ne sont point irréprochables au point de vue de la morale. « Enduirons-nous, dit-il, d'une cire impénétrable les oreilles des jeunes gens, comme Ulysse fit aux Ithaciens?... Ou plutôt ne vaut-il pas mieux prémunir leur raison et l'enchaîner par de sages conseils? Dirigés ainsi et surveillés, ils ne céderont pas à cette voix séduisante qui les perdrait. »

Comme Plutarque, nous pensons qu'il ne faut pas être, sur ce point, trop pudibond et trop timide, et dissimuler entièrement à la jeunesse les laideurs de la réalité. L'éducation qui consisterait, comme je l'ai dit ailleurs, « à les retenir dans une sorte d'atmosphère spéciale et factice où ils ne respireront qu'un air pur, dans un milieu fermé où ils ne verront que des exemples honnêtes », cette éducation n'est guère possible; elle n'est même ni virile ni sûre et offre de réels dangers. Mais la connaissance de la réalité doit aussi avoir des limites pour l'enfant, peut-être même pour l'homme fait, lorsque certaines nécessités ne l'exigent pas tout entière. Déterminer ces limites, et considérer comme

1. *République*, édition Tauchnitz, p. 87.

dangereux tout ce qui les dépasse est un point important de la pédagogie et de la morale.

En ce qui regarde la culture de l'intelligence et ses rapports avec le développement du caractère, tenons-nous dans un juste milieu entre un obscurantisme qui serait intolérable et que, du reste, nos mœurs ne comportent plus, et un libéralisme excessif, qui permettrait à l'enfant de tout voir et de tout lire, sous le prétexte que la vérité doit passer avant le reste. Il y a dans ce monde autre chose que la vérité, ou, pour mieux dire, que la vérité telle qu'elle est connue par la pure intelligence. Il est des choses essentielles, délicates et saintes, qu'on ne doit pas compromettre par un amour exclusif de la vérité entendue dans un sens trop étroit, amour qui peut devenir grossier et funeste quand il méconnait certaines réserves.

L'éducateur sage fait la part de l'esprit et celle du cœur. Il tâche de diriger l'un et l'autre; mais il n'a pas dans l'esprit une confiance sans limites; il n'est pas l'adorateur fanatique de l'intelligence et de la science.

CHAPITRE VII

Importance du rôle du caractère dans la vie des individus. —
Ce rôle est méconnu dans la pratique de l'éducation, et celui
de l'intelligence est exagéré. — Différence de point de vue
chez les anciens et chez les modernes. — L'effort moral;
l'énergie du caractère. — La vertu consiste dans cette énergie
mise au service du bien. — Le rôle du caractère dans la vie
des nations. — Les nations en décadence. — Le caractère et la
vertu dans les sociétés démocratiques.

Dans un des nombreux passages du *De natura rerum*
où s'exprime en admirables vers le sentiment mélancolique et pessimiste du poète, Lucrèce décrit ainsi la
naissance de l'enfant : « Semblable au nautonier jeté
sur le rivage par la fureur des ondes, voyez-le nu, à
terre, sans langage, dénué de tout ce que la vie réclame,
au moment où la nature, le chassant avec effort du sein
de sa mère, l'expose à la lumière du jour! Il remplit
l'espace de vagissements lamentables, et c'est justice : il
lui reste tant de maux à traverser dans le cours de la
vie [1] ! »

Nous trouvons des idées analogues dans une conférence faite par l'Américain Horace Mann sur l'importance de l'éducation dans une République. « S'il était

1. *De natura rerum*, liv. V, 222-227, trad. Crouslé.

donné, dit-il, à un homme intelligent et sensible de voir
pour la première fois un doux enfant reposant dans son
berceau ou sur le sein de sa mère, et si on lui disait :
Cet enfant est constitué de telle sorte que chacun des
membres, des organes de son être peut devenir le rendez-vous des souffrances, des tortures les plus atroces;
sa structure interne est telle, que chacun des nerfs, chacune des fibres que sa peau recouvre est destinée à pal-
piter par le fait d'une douleur propre; dans la série
indéfinie des malheurs, des désastres, des hontes de
l'humanité, peut-être n'est-il pas de misère qui doive lui
être épargnée; dans le Code civil de la société, dans le
Code divin, plus compréhensif encore et qui s'applique
spontanément, il n'est pas un crime auquel son cœur
ne doive se résoudre à un moment donné et que sa
main ne doive accomplir; dans la cohorte des passions
tragiques, crainte, envie, jalousie, haine, remords, désespoir, il n'en est pas un qui ne doive déchirer son âme
et déterminer une catastrophe spéciale; si le sensible
spectateur que j'ai supposé voyait cette armée de fléaux
se presser au-dessous, autour, au-dessus de leur faible
et inconsciente victime, épiant en quelque sorte le moment de se ruer sur elle et d'en faire leur proie, ne
serait-il pas excusable de former le vœu que cette âme
à peine éclose pût être rendue à la paix du néant? »

La naissance d'un enfant ne doit pas inspirer des
réflexions aussi lugubres; mais elle est toujours un événement sérieux, propre à susciter en nous des pensées
qui ne sont exemptes ni de gravité, ni même d'inquiétude. Il y a là un inconnu, toute la vie à venir de ce
nouveau-né; elle va se dérouler dans des conditions qui,
en grande partie, ne dépendent pas de nous; l'enfant
apporte des instincts, des passions en germe, des facultés,
qu'il tient soit des ascendants dont il hérite, soit de
cette force mystérieuse dont il émane, et que les uns

appellent la nature, que d'autres appellent le Créateur.
Ces différents pouvoirs qui existent en lui se développe-
ront; ils seront, avec les circonstances extérieures et
avec l'éducation, les facteurs de sa destinée. Est-il bien,
ou médiocrement, ou mal doué? Question inquiétante, à
laquelle nul n'ose répondre à ce moment, si ce n'est ses
parents, qui caressent de touchantes illusions dès le
principe et qui fondent les plus belles espérances sur
un être chez lequel l'intelligence et le sentiment ne se
manifestent encore par aucun signe. Peut-être est-il né
pour une brillante destinée; peut-être une vie douce et
calme l'attend-elle; peut-être, si l'on pouvait voir en
lui les éléments moraux qui y sont en germe, aurait-on
le droit de lui prédire une existence agitée et misérable.

Le bon Perrault nous raconte que l'on donna pour
marraine à la Belle au Bois dormant « toutes les fées
que l'on put trouver dans le pays (il s'en trouva sept),
afin que, chacune d'elles lui faisant un don, comme c'était
la coutume des fées en ce temps-là, la princesse eût, par
ce moyen, toutes les perfections imaginables». Si ce beau
temps durait encore et si les fées entouraient le berceau
de nos enfants, quels dons leur demanderions-nous? Il
est facile de dire à l'avance quelles seraient les prières
des parents légers; quant aux sages, à ceux qui connaissent bien la vie, nous croyons que d'abord leur embarras serait grand et qu'ils ne se décideraient point
sans d'assez longues réflexions. Horace écrit dans une
épître à Tibulle : «Que peut souhaiter de plus une nourrice à son cher nourrisson que d'être sage, de bien
exprimer ce qu'il pense, d'avoir la faveur, la réputation,
la santé, une vie délicate et suffisamment d'argent [1]? »
Il y aurait beaucoup à dire sur cet idéal du poète. En
réalité, dans une telle question est impliquée toute la

---

1. Epître 4, livre Ier, trad. Leconte de Lisle.

question de la morale. Mais, quelque idéal que nous nous formions de la vie, nous ne nous tromperons pas en affirmant qu'elle dépend en majeure partie du caractère que chacun y apporte, et que la vie d'un homme, comme celle d'un peuple, est surtout ce que la font ses sentiments, ses passions, sa volonté.

Prenez dans la période actuelle de votre vie une suite de journées qui vous ont laissé des souvenirs assez vifs; considérez la série des actions qui les ont remplies, et recherchez-en les causes; vous verrez que la plupart de celles qui dépendaient de vous ont été déterminées par votre caractère, par l'ensemble des énergies, instincts, sentiments, volonté, qui le constituent. Analysez toute votre vie passée, et vous arriverez au même résultat. En dehors de l'influence exercée sur elle par les circonstances et par les hommes, vous constaterez que ce qui lui a donné sa physionomie propre, que ce qui a dirigé votre conduite, ce sont les énergies plus ou moins visibles de votre caractère. L'influence même des circonstances et des hommes s'exerce, non pas sur un objet indifférent en soi, mais sur un être moral qui, suivant son caractère, est modifié par elle, la subit ou réagit contre elle en divers sens. La vie de tout homme pourrait être expliquée, en dernière analyse, par un petit nombre de sentiments principaux qui inspirent ses actes, et la variété infinie des existences humaines tient à la variété infinie des caractères, composés, comme nous l'avons dit, d'éléments qui diffèrent en chaque individu par le nombre et par la puissance.

Pourquoi tel enfant, très bien doué sous le rapport du physique, de l'intelligence et même des qualités morales, ne donnera-t-il point plus tard tout ce qu'on se promettait de lui? pourquoi sa vie avortera-t-elle en quelque sorte? C'est qu'un défaut du caractère a été pour lui une cause de faiblesse, souvent cachée à ses yeux. « On passe ainsi, dit Dupanloup, de longues années avec des défauts que tout le monde aperçoit, dont tout le monde souffre, qui ont produit en mille occasions des fruits d'amertume, et l'on ne s'en doute même pas. C'est de la sorte qu'on trouve des personnes parvenues à l'âge de quarante, cinquante ans et au delà, sans jamais avoir eu le moindre soupçon d'un défaut qui a fait le malheur de leur vie. Un ami courageux ose-t-il enfin, un jour, dans une circonstance favorable, leur révéler le mal : Vous croyez? lui disent-elles tout étonnées. — Oui. Examinez-vous à ce point de vue, et vous verrez qu'il y a là de quoi expliquer telle imprudence, tel malheur, peut-être tous vos chagrins et toutes vos fautes [1]. » Ce ne sont pas seulement les graves imprudences et les grandes fautes qui gâtent une vie; les petites fautes quotidiennes, résultant de l'action constante d'un défaut, ont à la longue, en s'accumulant, une action aussi funeste. De petits efforts quotidiens, produits par une énergie vigilante, qui s'exerce sans éclat, mais aussi sans défaillance, finissent au contraire par mener au succès.

Ce rôle prépondérant du caractère, que chacun, en y réfléchissant bien, pourrait vérifier dans sa vie, semble pourtant être méconnu. A entendre le langage des familles, à suivre les préoccupations des éducateurs, on croirait que l'intelligence tient de beaucoup la première place. Lorsque des parents me disaient de leur fils : « Il est très intelligent, il a beaucoup de facilités pour apprendre, mais il est insouciant et paresseux », que de fois me suis-je aperçu, à leur sourire plein d'indulgence, que la satisfaction vaniteuse qui leur était causée par les « facilités » plus ou moins réelles de l'enfant était à peine troublée par son insouciance et sa paresse! Il y a

1. *L'Enfant*, chap. VIII.

plus : on éprouve un réel orgueil à dire que les résultats obtenus par un enfant lui coûtent peu d'efforts,
qu'il réussit en se jouant, et l'on parle avec une compassion dédaigneuse des camarades qui, moins bien
doués sous le rapport de l'esprit, ont le travail difficile.

Dans la plupart des établissements où l'on élève la
jeunesse, presque tout l'effort porte sur l'intelligence,
presque tout le temps de la journée est consacré aux
exercices de l'esprit, qui sont, au fond, la grande préoccupation des maitres. Les prospectus, les discours officiels disent peut-être le contraire ; ils reconnaissent, ils
proclament l'importance de l'éducation morale ; mais,
bien qu'on soit, à cet égard, très sincère, on laisse
s'établir, par la force du préjugé, le désaccord entre les
discours et les actes. Les enfants auxquels on réserve
les récompenses brillantes et flatteuses, ce sont ceux qui
réussissent dans les concours de l'intelligence. Ce succès,
il est vrai, est dû souvent aux qualités morales d'application, d'énergie et de suite dans le travail ; mais il n'est
pas nécessairement en rapport avec elles, et ce ne sont
pas elles que l'on admire, mais bien ce don brillant et
séduisant de l'intelligence.

La question des programmes d'enseignement parait
capitale ; il semble que de ce qu'on enseignera dans
les collèges dépende, tant on y attache d'importance,
l'avenir des jeunes gens et celui même de leur pays.
Mais la question de l'éducation morale, pour laquelle
il est beaucoup moins facile de rédiger des programmes, est reléguée au second plan. On discutera longuement, par exemple, pour savoir s'il convient de
remplacer les langues mortes par les langues vivantes,
d'enseigner les sciences naturelles dans les classes inférieures, de donner à la géographie une large place.
Mais on s'occupe moins de rechercher les moyens de
développer chez les enfants des qualités comme la

fermeté, la modération, la dignité, le respect, le courage, l'initiative; on s'en remet, pour cela, aux excellentes leçons de morale qu'ils trouveront dans les auteurs et aux exhortations que de temps en temps on leur adresse avec éloquence. Cependant leur vie individuelle dépendra plus de ce qu'ils seront par le cœur, par le caractère, que des connaissances qu'ils auront accumulées dans leur esprit. Tel brillant lauréat, la tête « bien pleine », comme dit Montaigne, attendra sa sortie du collège pour commettre toutes sortes de sottises, qu'on lui eût peut-être évitées par une éducation morale plus intime et plus profonde.

Les exigences encyclopédiques de notre éducation intellectuelle réclament un emploi du temps si ingénieux à la fois et si rigoureux que, pour éviter toute perte d'instants dans la journée, on règle aux enfants leur besogne dans les plus petits détails, en diminuant autant que possible la part du travail libre, de la fantaisie, du loisir. On se met ainsi en garde contre la paresse, et on le fait dans l'intérêt même des enfants, auxquels on évite les punitions qu'ils ne manqueraient pas d'encourir par d'innombrables manquements, si on les laissait davantage à eux-mêmes. Le souci constant des acquisitions intellectuelles que l'on juge nécessaires domine ici encore.

De l'emploi du temps à l'étude et en classe, le besoin de réglementation s'étend à toute la vie scolaire. « A dix-huit ans, dit Michel Bréal, le lycéen n'a pas plus la libre direction de sa personne, de son temps, de ses facultés, de son avoir, qu'à dix : la responsabilité n'existe pas pour lui, le collège s'étant fait son tuteur pour toute chose. Il ne faut donc pas s'étonner si nos enfants, une fois sortis du collège, ressemblent à des chevaux échappés, se butant à toutes les bornes, commettant toutes les sottises.... Bien des parents et des maîtres accusent la dépravation des temps, qui devraient avant tout s'accuser eux-mêmes, puisqu'ils ont mieux aimé enchaîner la liberté de leur fils ou de leur élève que de la diriger, et puisqu'ils l'ont laissé arriver à l'âge d'homme sans lui donner une occasion d'exercer son initiative et sa force de résistance [1]. » Affirmez que ces deux éléments du caractère, l'initiative et la force de résistance, ont la plus grande importance dans la conduite de la vie, personne ne vous contredira. On ne reconnaîtra peut-être pas aussi facilement qu'ils importent bien plus encore que les qualités brillantes et les acquisitions de l'intelligence. Mais, quant à les cultiver avec suite et méthode, en vue de l'action pratique, quant à diriger dans ce but les occupations de l'école, combien d'éducateurs y songent !

Où sont nos programmes pour l'éducation des habitudes morales et de la volonté? Croit-on qu'il suffise d'imposer une règle uniforme de discipline tout extérieure à des caractères différents, et de réprimer les manquements à cette règle par des punitions, par des réprimandes, des semonces paternelles? Dans ces conditions, la régularité de la conduite ne prouve rien pour l'avenir en faveur des enfants les mieux notés; l'obéissance à la discipline peut dissimuler de très graves défauts, qui se manifesteront plus tard, lorsque les jeunes gens seront devenus leurs maîtres. On affirme bien haut la nécessité d'une forte éducation morale; puis, sauf l'institution d'une discipline qui n'impose qu'une régularité d'apparence, on porte tout son effort sur la culture de l'esprit.

L'explication et même, jusqu'à un certain point, l'excuse de cette erreur de pédagogie qui, en pratique,

---

1. *Quelques mots sur l'instruction publique en France*, p. 308 et 309.

met au premier rang ce qui ne devrait être qu'au second,
se trouvent peut-être dans le développement indéfini
que prend le savoir humain, dans l'extension sans cesse
croissante de nos connaissances, à laquelle ne correspond
nullement l'extension de nos facultés morales. Des qualités comme le courage, l'énergie, la bonté sont exactement les mêmes aujourd'hui qu'il y a des milliers
d'années. Mais, dans l'antiquité, la science était très
bornée; il était alors plus facile d'embrasser le cercle
des plus hautes connaissances qu'il ne l'est aujourd'hui
d'en apprendre les simples éléments. On avait du temps
de reste pour l'éducation morale, et l'instruction proprement dite semble n'avoir tenu qu'une place assez
restreinte dans les préoccupations des pédagogues.
Aujourd'hui elle a tant d'exigences qu'elle nuit à l'éducation morale et qu'elle réclame une grande partie du
temps et des efforts qu'il faudrait consacrer à cette dernière. Notre supériorité sur les anciens est plus manifeste
dans la science que dans la vertu; il est naturel que
nous soyons surtout fiers de notre science et qu'elle
passe pour nous avant le reste.

Si l'on veut constater, à cet égard, la différence de
point de vue entre les anciens et les modernes, on n'a
qu'à lire, après certains traités modernes, celui de Bain,
par exemple, sur la *Science de l'éducation*, où la question
des études tient une si large place, des ouvrages comme
la *Cyropédie* et la *République de Sparte*, où l'Athénien
Xénophon a exprimé ses idées pédagogiques. Il n'y est
pas dit un mot sur l'instruction des enfants. Xénophon
nous raconte, dans son roman sur l'éducation de Cyrus,
que les enfants et les adolescents forment deux classes.
Dans la classe des enfants, l'éducation comprend la pratique de la justice, l'exercice de l'arc et du javelot, l'enseignement de la tempérance par l'exemple des vieillards
et par un régime austère de nourriture qui n'admet que

le pain et le cresson. La classe des adolescents s'exerce à l'arc, au javelot, à la chasse, qui est un apprentissage du métier de la guerre, à la poursuite des malfaiteurs et, en général, aux actions qui demandent de la vigueur et de la célérité [1]. Dans la *République de Sparte* est exposé le système d'éducation institué par Lycurgue. Les enfants, confiés à un pédonome, qui marche toujours avec des acolytes armés de verges, ne portent pas de chaussures et n'ont qu'un habit pour toute l'année; leurs repas sont extrêmement sobres; lorsqu'ils passent dans la classe des adolescents, la contrainte est encore plus rigoureuse; leur plus important exercice, ce sont les combats de vertu, que Xénophon explique assez longuement [2].

La *République* de Platon ne considère dans l'instruction, sauf en ce qui concerne les futurs magistrats de la cité, que la poésie, la musique et la danse. Aristote, qui expose sa méthode pédagogique dans les septième et huitième livres de la *Politique*, interdit d'appliquer les enfants jusqu'à l'âge de cinq ans à aucune sorte d'instruction; c'est à peine s'il parle d'instruction jusqu'à l'adolescence; et ce qu'il en dit à partir de cet âge est fort bref, excepté pour la musique; mais, en revanche, l'*Éthique à Nicomaque* et la *Politique* contiennent un grand nombre d'observations sérieuses et profondes sur l'éducation du caractère.

Il ne nous est plus permis de traiter aussi sommairement une question qui a pris, par le progrès des sciences, une importance extrême, et la pédagogie moderne doit mettre l'instruction au rang qui lui est dû. Mais ce rang n'est pas le premier, parce que l'intelligence n'est pas la première de nos facultés et qu'elle est, dans la con-

<hr>

1. Voir la *Cyropédie*, liv. I, chap. II.
2. Voir *République de Sparte*, chap. II, III et IV.

duite de la vie, subordonnée aux facultés motrices de l'âme et productrices de l'action, à la sensibilité et à la volonté.

Nous lisons dans la conclusion d'une histoire de la philosophie les lignes suivantes, que nous citerons parce qu'elles exposent ce que l'auteur appelle un « spiritualisme concret » auquel il nous semble bon de rattacher notre pédagogie : « La science moderne a ramené l'idée de matière à celle de force, et déjà Leibniz a dit excellemment : Point de substance sans effort. Or faire effort, c'est vouloir. Si l'effort est l'essence de la matière, c'est donc la volonté qui est le fond, la substance et la cause génératrice de la matière. D'autre part, l'effort est aussi la source de la perception, car il n'y a ni perception sans attention, ni attention sans effort. C'est de la volonté que procède la perception, et non *vice versa*. C'est donc, en définitive, la volonté qui est l'unité supérieure et la cause première de ce que nous appelons la matière et de ce que nous nommons l'esprit.... La volonté est au fond de tout (Ravaisson), elle n'est pas seulement l'essence de l'âme humaine (Duns Scot, Maine de Biran, Bartholmess), le phénomène premier de la vie psychique (W. Wundt), mais le phénomène universel (Schopenhauer), le fond et la substance de l'être (Secrétan), le seul principe absolu (Schelling). A ce principe, comme dit Aristote, sont suspendus le ciel et toute la nature [1]. »

L'effort suppose la résistance. Nos instincts, nos inclinations tendent à différents buts; pour y arriver, il nous faut souvent lutter contre la résistance que nous opposent le monde extérieur ou nos semblables, et aussi contre la résistance que nous nous opposons à nousmêmes. Car d'abord on doit distinguer parmi les in-

---

1. Weber, *Histoire de la philosophie européenne*, conclusion.

stincts qui existent en nous ceux qui nous poussent à
agir et qu'on pourrait appeler les instincts d'action, et
ceux au contraire qui tendent au repos et qu'on pourrait appeler les instincts d'inertie. L'effort pour agir est
nécessité non seulement par la résistance que nous opposent le monde extérieur et nos semblables, mais aussi
par celle qu'opposent nos propres instincts d'inertie.
Remarquons ensuite que rarement nos instincts d'action
sont en harmonie et tendent au même but; il y a lutte
entre eux, non seulement entre les instincts égoïstes et
les instincts altruistes, mais même entre plusieurs de
ceux qui appartiennent soit au groupe de l'égoïsme, soit
au groupe de l'altruisme. Dans l'âme de l'Harpagon de
Molière, riche bourgeois à qui sa situation impose un
assez grand train de maison, la vanité est en lutte contre
l'avarice. Analysez les mouvements qui agitent certaines
personnes pour aboutir à un acte de charité : il a fallu
qu'elles sortissent de leur inertie pour s'occuper d'affaires
qui ne s'imposaient pas à elles, que la compassion pour
la misère triomphât de leur avarice et aussi de cette
tendance que nous avons à tout réserver pour les objets
de nos affections intimes et familiales. Ainsi dans l'âme
humaine, comme dans le monde des êtres organisés,
règne en permanence l'état de guerre; la vie de l'âme,
à sa plus haute expression, est, comme on l'a dit, un
« combat spirituel », qui semble finir à chaque instant,
puisque à chaque instant, en prenant une détermination,
nous faisons cesser la lutte des instincts aux prises, mais
qui recommence sans cesse.

Nous avons conscience de l'effort plus ou moins grand
qui a précédé la détermination, et du mérite moral qui
est en rapport avec lui. Le bien spontané, à moins qu'il
ne résulte de l'habitude de la vertu péniblement con-
tractée, n'est pas plus méritoire que le mal spontané,
commis par suite de ce que la médecine appelle une

impulsion irrésistible, n'est coupable, à moins que l'impulsion ne résulte d'une série d'actes antérieurs dans lesquels la responsabilité de celui qui la subit est engagée. Pour qu'il y ait mérite ou démérite, il faut qu'il y ait délibération, c'est-à-dire lutte intérieure, victoire du bien récompensant l'effort, ou victoire du mal punissant la défaillance.

On le sent, c'est là ce qui fait la grandeur et l'intérêt de la vie, beaucoup plus encore que la pensée pure, dont Pascal, dans un morceau bien connu, fait le plus noble privilège de l'homme. « Toute notre dignité, dit-il, consiste en la pensée. C'est de là qu'il faut nous relever, non de l'espace et de la durée, que nous ne saurions remplir. Travaillons donc à bien penser : voilà le principe de la morale. » Notre plus haute dignité consiste dans la volonté libre, dans l'effort moral, et Pascal le savait bien, puisque, dans l'admirable passage où il compare les trois ordres de grandeur, il met celle de l'esprit si fort au-dessous de celle de la charité. « Tous les corps, le firmament, les étoiles, la terre et ses royaumes ne valent pas le moindre des esprits; car il connaît tout cela, et soi; et les corps, rien. Tous les corps ensemble, et tous les esprits ensemble, et toutes leurs productions, ne valent pas le moindre mouvement de charité; cela est d'un ordre infiniment plus élevé [1]. » Peut-être ce mot de charité est-il trop théologique pour nous. La charité rentre elle-même dans le devoir, qui est notre idéal et notre véritable fin.

Nous avons opposé plusieurs fois déjà la loi de la concurrence vitale à la loi du devoir, l'ordre de la nature et celui de la morale. Nous avons dit que, dans le combat pour la vie, le triomphe appartenait à des instincts de violence et de ruse réprouvés par la morale, et que l'hon-

____
1. *Pensées*, édit. Havet, art. 17.

nêteté, la bonté, la délicatesse exquise du cœur pouvaient être une cause de dangereuse faiblesse. Cependant il est un point sur lequel les deux ordres semblent concorder : dans tous les deux, ce qui est nécessaire avant tout, c'est l'énergie, l'aptitude à l'effort. La nature ainsi que la morale condamnent les faibles, ceux qui ne trouvent pas et ne développent pas dans leur caractère l'énergie et la constance nécessaires pour une action difficile et incessante, ceux chez qui les instincts d'action ne parviennent pas à triompher des instincts d'inertie. Pour réussir dans la vie, n'eût-on en vue que l'intérêt personnel, il faut se donner beaucoup de mouvement et beaucoup de mal.

Ne nous arrêtons pas aux exceptions qui semblent contredire la règle. Nous verrons qu'en général la mollesse, la paresse, la négligence, l'imprévoyance, l'étourderie, la légèreté sont sévèrement punies par la force des choses, et que le succès presque toujours s'explique par les qualités contraires, l'activité, l'application, l'attention. Nous verrons que ceux qui sont arrivés à la puissance et à la gloire étaient doués d'une volonté éminemment énergique et patiente, qui peut exister dans une âme avec des vices très blâmables, mais qui la relève et qui l'aurait portée à la véritable grandeur si elle eût été mise au service de la vertu. César n'était peut-être pas plus intelligent que son contemporain Atticus, mais celui-ci n'a été qu'un épicûrien distingué, tandis que César a conquis l'empire. Ses vices étaient sans mesure ; mais il est facile de relever dans le portrait que Suétone trace de lui un ensemble de qualités morales auxquelles il a dû sa grandeur et qu'il avait à un degré éminent, résistance à la fatigue, rapidité, prudence, hardiesse, courage, fermeté. Lisez le portrait de Catilina par Salluste, et vous trouverez au premier rang, parmi les qualités qui firent de lui le chef d'une redoutable conjuration contre la république romaine, la résistance incroyable de son corps à la faim, au froid, au sommeil, l'audace de son âme.

Tels sont les dons qu'il faut surtout souhaiter à l'enfant et s'attacher à développer en lui, si on désire l'armer pour la victoire dans le combat de la vie, sans méconnaître cependant l'importance de certains dons de l'esprit, comme la justesse, la pénétration, la finesse. S'il y joint l'honnêteté et la bonté, ses succès seront légitimes, il sera grand dans l'ordre naturel et dans l'ordre moral.

Cette loi qui donne la prépondérance au rôle du caractère dans la vie individuelle s'étend à la vie des nations. L'admirable chapitre du *Discours sur l'histoire universelle* où Bossuet parle des Romains montre très bien qu'il faut attribuer la puissance de ce peuple à son caractère national. « De tous les peuples du monde, dit Bossuet, le plus réglé dans ses conseils, le plus avisé, le plus laborieux et enfin le plus patient a été le peuple romain.... Tite-Live a raison de dire qu'il n'y eut jamais de peuple où la frugalité, où la pauvreté aient été plus longtemps en honneur », etc.

De nos jours surtout, où la facilité et la rapidité des communications internationales contribuent de plus en plus à mettre en commun, chez les peuples civilisés, les ressources de l'industrie et de la science, ce qui paraît devoir assurer le succès, dans la concurrence vitale qui existe entre les nations comme entre les individus, ce sont les qualités morales bien plutôt que les qualités intellectuelles, et particulièrement l'énergie, l'esprit d'initiative, la vigilance, la résistance à l'amollissement causé par les progrès du bien-être et du luxe. L'industrie d'un pays battra par la concurrence celle d'un autre où les patrons seront moins hardis, moins attentifs, plus indolents, où les ouvriers seront moins sobres, moins résistants aux privations, moins laborieux.

Quant à la guerre, qui sera longtemps encore le principal arbitre de la destinée des nations, il est certain que les armées qui l'emporteront par leur valeur morale y réussiront le mieux ; et cette valeur morale résulte de qualités nombreuses et diverses, parmi lesquelles le courage, il est vrai, et le sentiment de la discipline, vertus essentiellement militaires, tiennent le premier rang, mais dont beaucoup d'autres sont les mêmes que celles qui donnent le succès dans les travaux de la paix. A la fin d'un livre remarquable qui a pour titre *la Nation armée*, un écrivain militaire allemand fait bien ressortir le rôle que joue à la guerre ce qu'il appelle « les forces morales » ; les conseils qu'il adresse à ses compatriotes ne valent pas seulement pour eux. « La souveraine sagesse politique, dit-il, sera longtemps encore pour nous de travailler sans relâche à perfectionner notre organisation militaire nationale. L'augmentation des forces morales, dont tout dépend à la guerre, devra marcher de pair avec ce perfectionnement. L'augmentation, disons-nous, et non simplement le maintien ; car les forces morales sont sans cesse en mouvement, elles n'ont pas d'arrêt, et, si elles ne tendent pas à monter, c'est qu'elles tombent et faiblissent.... On devra sans cesse, par l'exemple qu'on donne, par la parole, par les écrits, faire en sorte que l'amour passionné de la patrie, la résolution de ne pas fuir les plus dures épreuves, le renoncement et la résignation sereine vis-à-vis des plus grands sacrifices, que tous ces sentiments grandissent sans cesse dans nos cœurs et dans ceux de nos enfants [1]. »

La question des causes de la décadence d'un peuple est souvent complexe et obscure, parce que ces causes sont multiples et qu'il est difficile soit de les discerner,

1. Von der Goltz, *la Nation armée*, trad. Jæglé, conclusion.

soit de marquer exactement l'action de chacune d'elles.
Mais l'une des plus certaines dans la plupart des cas est
la décadence des mœurs, et, en particulier, la diminution de l'énergie, de la capacité pour l'effort d'action
ou de résistance. D'autres causes, qui semblent purement matérielles, la dépopulation par exemple, ont des
rapports étroits avec la morale; si la dépopulation se
produit dans un pays, n'est-ce point souvent parce que
ce pays a perdu le courage et la confiance avec lesquels
on assume les charges d'une nombreuse famille, parce
qu'on y est devenu incapable des privations et des sacrifices qu'elle exige? La désertion des campagnes, l'af-
fluence vers les villes, avec le développement des vices
que les grandes agglomérations entretiennent et développent, ne sont pas dues uniquement à des causes économiques; l'industrie moderne force bien les travailleurs à
se grouper autour des usines, dans les faubourgs des
grandes villes; mais ils y sont attirés aussi par l'espérance
d'une vie plus facile et par les jouissances grossières qui
se multiplient autour d'eux.

Si l'on adopte la célèbre théorie de Montesquieu, le
caractère est loin de perdre son rôle prépondérant dans
les sociétés démocratiques. L'auteur de l'*Esprit des lois*,
on le sait, considère la vertu comme ressort principal
d'un État populaire [1]. Nous lisons dans le livre quatrième de cet ouvrage, où il s'occupe des lois de l'éducation par rapport au principe du gouvernement : « C'est
dans le gouvernement républicain que l'on a besoin de
la toute-puissance de l'éducation. La crainte des gouver-
nements despotiques naît d'elle-même parmi les menaces
et les châtiments; l'homme des monarchies est favorisé
par les passions et les favorise à son tour; mais la vertu
politique est un renoncement à soi-même qui est tou-

---

1. Voir *Esprit des lois*, liv. III, chap. III.

jours une chose très pénible. On peut définir cette vertu l'amour des lois et de la patrie. Cet amour, demandant une préférence continuelle de l'intérêt public au sien propre, donne toutes les vertus particulières; elles ne sont que cette préférence [1]. » Remarque profonde, malgré son apparence de paradoxe! Car, parmi les nombreuses définitions que l'on peut donner de la vertu, celle-là n'est-elle pas une des meilleures qui la fait consister dans l'effort que demande le sacrifice des jouissances personnelles qui résultent de la satisfaction des instincts égoïstes, à un idéal supérieur, que cet idéal soit scientifique, patriotique, humanitaire ou religieux?

Un publiciste éminent, Tocqueville, au milieu du tableau vaste, nouveau et confus que présente la démocratie moderne, entrevoit quelques traits principaux qui se dessinent et qu'il indique. On sent qu'à ses yeux la vertu, considérée comme l'énergie morale au service du bien, n'est pas le trait dominant. « Les désirs, dit-il, et les jouissances se multiplient.... Les particuliers font de petites choses, et l'État d'immenses.... Les âmes ne sont pas énergiques.... Il se rencontre peu de grands dévouements, de vertus très hautes, très brillantes et très pures.... Presque tous les extrêmes s'adoucissent et s'émoussent; presque tous les points saillants s'effacent pour faire place à quelque chose de moyen.... Je promène mes regards sur cette foule innombrable composée d'êtres pareils, où rien ne s'élève ni ne s'abaisse. Le spectacle de cette uniformité universelle m'attriste et me glace [2]. »

Ce tableau mélancolique est tracé par un publiciste trop perspicace pour ne pas voir le progrès invincible de la démocratie et pour caresser des idées de réaction

---

1. *Esprit des lois*, liv. IV, chap. v.
2. *De la démocratie en Amérique*, 4e partie, chap. viii.

chimérique, mais trop attaché encore à l'ancienne société par ses origines et ses traditions pour être un juge favorable de la nouvelle. Il est intéressant d'entendre après lui un homme qui plonge, pour ainsi dire, en pleine démocratie, né d'ouvriers sous un gouvernement populaire, aux États-Unis, n'ayant reçu dans son enfance que l'instruction d'une misérable école, obligé de tresser de la paille pour acheter des livres, arrivé peu à peu par son travail personnel à une haute situation dans son pays, n'ayant par conséquent aucune raison pour regretter par tradition de famille ce que nous appelons chez nous l'« ancien régime » et pour en vouloir au nouveau, puisqu'il y a trouvé la récompense de son mérite : je veux parler d'Horace Mann, le réformateur des écoles d'Amérique. Eh bien, Horace Mann est peut-être moins indulgent, moins rassuré encore qu'Alexis de Tocqueville, lorsqu'il examine au point de vue moral la société qui l'entoure et lorsqu'il la juge sous le rapport du caractère. Il voit toutes les passions déchaînées qui trouvent dans les institutions des instruments et des stimulants, « la puissance du nombre excluant de plus en plus toute appréciation des puissances morales dans l'administration et le gouvernement », la poursuite de la richesse et des honneurs sans mesure et sans scrupule, entraînant des duperies sans nombre, des fraudes, des banqueroutes, des injures, des calomnies, une véritable curée de l'argent et des places, tout enfin livré, dans la République, au vote universel, mal éclairé, égaré par des idées fausses qui sont pires que la complète ignorance. Après avoir longuement tracé ce tableau, où les couleurs sombres ne sont point ménagées, il se demande avec la plus vive anxiété de quelles institutions assez puissantes, assez efficaces la démocratie dispose pour se protéger contre les dangers qui surgissent de son propre sein. Il passe successivement en revue l'armée, la justice, le gouvernement, la science, la religion, la presse, les moyens de rigueur, les moyens de douceur, et il les trouve tous sans force pour « faire prévaloir les idées de modération, de sacrifice, et assurer le triomphe de l'ordre et des lois ». Tous, excepté un cependant, l'éducation de l'enfance, dans laquelle il a une foi profonde. Mais, à ses yeux comme aux nôtres, l'éducation doit s'adresser surtout au caractère, parce que les énergies du caractère sont les grands mobiles des actions humaines et qu'il dépend de nous de les laisser tendre indifféremment au bien ou au mal, plutôt au mal, puisque le fond de l'homme est, comme nous l'avons vu, loin d'être bon, ou de les diriger vers le bien par une éducation vraiment efficace, qui pénètre dans l'intimité de l'âme et y agisse réellement sur les instincts, les passions, les habitudes, la volonté.

C'est maintenant de ce côté qu'il convient de diriger nos recherches. Nous avons étudié les différents pouvoirs de l'âme humaine, tels qu'ils se manifestent chez l'enfant, leurs rapports, leur influence réciproque. Bien convaincus que, dans cette âme que nous avons cherché à connaître, ce qui importe le plus pour la conduite de la vie, c'est le caractère, nous allons aborder la partie pratique de notre sujet.

CHAPITRE VIII

Les principaux collaborateurs dans l'œuvre de l'éducation.
Le père et la mère. Les grands parents. Les domestiques.

Parmi les œuvres qui comportent la collaboration de
plusieurs personnes, s'il en est une qui exige entente,
union des esprits et des cœurs, direction ferme et suivie,
c'est sans doute celle de l'éducation. Pourtant on n'y
constate trop souvent qu'incertitude, désaccord et incohérence.

Le père et la mère sont désignés par la nature pour
y travailler les premiers. Ils apportent en général la
même bonne volonté, mais il est rare qu'on trouve chez
eux une compétence égale et les mêmes vues concernant les moyens de former le corps, l'intelligence et le
caractère de leur enfant. Le manque d'entente se manifeste parfois dès le début de la vie du nouveau-né pour
les premiers soins que son corps réclame ; il s'accen-
tuera dans la suite, en maintes occasions, et les conséquences en seront plus ou moins sérieuses. Il y a au fond
si peu d'harmonie dans notre état social actuel, après
les révolutions qui l'ont agité et les grands changements
d'idées qui s'y sont produits, qu'un grave désaccord peut
éclater, pour une question religieuse, près du berceau
de l'enfant. Mais si à ce moment, et plus tard encore,

dans quelques circonstances, des concessions sont faites
à des usages respectables, l'absence d'une foi religieuse
commune aux deux époux peut entraîner chaque jour
des discussions pénibles.

Cette question capitale mise à part, que d'occasions
encore se présenteront où il y aura conflit entre l'un et
l'autre, l'un, par exemple, tenant pour la rigueur, l'autre
pour l'indulgence, l'un montrant dans son œuvre éducative de la réflexion et de la suite, l'autre de l'inattention et de la légèreté, tous deux ayant, à cause de la
différence de leur caractère et de leur esprit, une idée
différente de la vie, et, au lieu de s'appuyer réciproquement dans l'éducation d'un être qu'ils chérissent,
se contredisant dans le langage qu'ils lui adressent, la
direction qu'ils lui impriment, les exemples qu'ils lui
donnent.

Que ce soit là une imperfection, personne ne le con-
testera, aucune entreprise ne pouvant être menée à bien
par des moyens incohérents et contradictoires. Mais, à
moins qu'on ne s'y résigne, comme à d'autres faiblesses
humaines, et qu'on ne se dise qu'après tout il y aura un
résultat tel quel à cette éducation si ballottée, à quels
remèdes peut-on recourir ?

Aux unions bien assorties, principalement sous le
rapport de l'esprit et du cœur? Ce serait se faire une
illusion naïve que de croire qu'on diminuera dans cette
question, pourtant si grave, du mariage la part du
hasard, du sentiment mal éclairé, des calculs intéressés,
complètement étrangers à la morale et à la pédagogie.
Du reste, la ressemblance des parents sous le rapport
des qualités intellectuelles et morales n'est peut-être
pas à désirer en vue de leur future famille, car il arrive
que les éléments transmis par l'un s'opposent heureusement à ceux que transmet l'autre, et les corrigent.

Dira-t-on que, du père et de la mère, celui-là doit,

dans l'éducation des enfants, avoir l'autorité qui a le plus de sagesse, et que l'autre doit n'être que son collaborateur docile? Mais qui, à ce point de vue, décidera? et comment, une fois la décision rendue, assurer l'obéissance à la règle?

Le droit romain, en conférant la toute-puissance au père dans la famille, proclamait ainsi l'infériorité morale de la mère. Notre Code civil en a conservé l'esprit lorsqu'il édicte, dans le chapitre des droits et des devoirs respectifs des époux, que la femme doit obéissance à son mari. Nul doute que le devoir de l'obéissance ne soit prescrit pour l'œuvre de l'éducation des enfants comme pour tout le reste [1]. Mais cette disposition de la loi a-t-elle la même puissance dans les mœurs que dans les institutions? En ce qui concerne particulièrement l'éducation des enfants, est-elle applicable, est-elle juste? Le père est-il toujours digne d'exercer l'autorité que la loi lui confère?

Je trouve dans une production de l'école positiviste, qui a pour titre *Principes d'éducation positive*, une longue étude de cette question, avec des conclusions peu favorables à la femme. Après des considérations historiques destinées à montrer que, depuis l'antiquité jusqu'à nous, et même malgré l'influence du christianisme, la femme n'a jamais été considérée comme l'égale de l'homme, on arrive aux faits. « Aucune œuvre réellement sérieuse, dit-on, en philosophie, en science, en industrie ou en esthétique, n'est encore sortie de leur cerveau à plis moins nombreux ou de leurs mains plus délicates. » Le cerveau féminin paraît être aussi, comme poids, inférieur à celui de l'homme; d'après certains relevés, la moyenne du poids du cerveau, à l'âge de trente à quarante ans dans la race blanche, serait de

1. Article 213.

1410 grammes pour les hommes et de 1262 pour les femmes[1]. Chez les femmes, « les conceptions abstraites, opérées par les facultés de synthèse et d'analyse, manquent de vigueur et de suite, et, tandis que la science chez l'homme se convertit en raison, elle se transforme en sentiment chez les femmes. On ne leur doit aucune invention dont le point de départ ait été puisé dans les éléments déjà importants de leur instruction actuelle; et, depuis l'époque où elles ont commencé à connaître le calcul, la cosmographie, un peu de physique et de mécanique et les applications de ces sciences dans les affaires de commerce et d'industrie, on ne les a vues coopérer à aucun perfectionnement de fabrication ou de métier. Sur 54 000 brevets d'invention, il n'y en a que 6 réclamés par des femmes, pour modes et confections[2]. » D'autre part, l'infériorité de ses forces matérielles et de son intelligence a pour conséquence chez la femme, d'après l'auteur, une certaine infériorité morale. « Les femmes sont condamnées, en raison de leur faiblesse, à remplacer tout ce qui leur manque par des efforts de séduction, de flatterie et de dissimulation.... L'égoïsme presse si étroitement la femme, qu'elle se laisse toucher par un crime commis pour elle plus que par une vertu qui la dédaigne[3] », etc.

Le dénigrement de la femme, qui s'exprime assez lourdement chez le médecin positiviste, prend une forme vive et piquante chez le pessimiste allemand Schopenhauer. Nous n'avons que l'embarras de choisir parmi ses nombreuses invectives. « La raison et l'intelligence de l'homme, dit-il, n'atteignent guère tout leur développement que vers la vingt-huitième année; chez la femme, au contraire, la maturité de l'esprit arrive à la

1. Topinard, *Anthropologie*, 1877, p. 122.
2. Docteur Bourdet, *Principes d'éducation positive*, chap. III.
3. Même ouvrage.

dix-huitième année. Aussi n'a-t-elle qu'une raison de dix-huit ans, bien strictement mesurée. C'est pour cela que les femmes restent toute leur vie de vrais enfants. Elles ne voient que ce qui est sous leurs yeux, s'attachent au présent, prenant l'apparence pour la réalité et préférant les niaiseries aux choses les plus importantes. Ce qui distingue l'homme de l'animal, c'est la raison; confiné dans le présent, il se reporte vers le passé et songe à l'avenir : de là sa prudence, ses soucis, ses appréhensions fréquentes. La raison débile de la femme ne participe ni à ces avantages ni à ces inconvénients; elle est affligée d'une myopie intellectuelle qui lui permet, par une sorte d'intuition, de voir d'une façon pénétrante les choses prochaines; mais son horizon est borné, ce qui est lointain lui échappe [1]. » Quant aux qualités morales, s'il leur accorde la pitié, l'humanité, la sympathie pour les malheureux, Schopenhauer trouve les femmes inférieures aux hommes en tout ce qui touche à l'équité, à la droiture et à la scrupuleuse probité. L'injustice est leur défaut capital, ainsi que la dissimulation, la fourberie instinctive et un invincible penchant au mensonge [2].

Il serait facile de réunir en quelques instants un ensemble imposant de textes sacrés et profanes où l'opinion pessimiste au sujet de la nature féminine s'exprimerait sous les formes les plus variées. Il serait facile aussi de leur opposer d'autres textes, non moins nombreux, qui les contrediraient.

Je citerai les lignes suivantes, parce qu'elles ont été écrites par une femme d'une rare distinction, mère excellente d'un fils qui a compté parmi les hommes éminents de notre époque, et aussi parce qu'on y trouve

1. *Pensées, maximes et fragments,* édit. Bourdeau, p. 120.
2. Même ouvrage, p. 121 et 122.

l'appréciation qui est peut-être la plus juste dans cet éternel débat sur la situation respective des deux sexes au point de vue de la valeur intellectuelle et morale. « Rarement, dit Mme de Rémusat, on nous a mises à notre véritable place; rarement on a songé à ne voir dans une femme qu'un être sensible, raisonnable et borné, la compagne de l'homme et l'ouvrage de Dieu. La femme est sur la terre la compagne de l'homme, mais cependant elle existe pour son propre compte; elle est inférieure, mais non subordonnée. Le souffle divin qui l'anime et qui, par son immortalité, l'appelle à la progression, la connaissance du mal, le sentiment du devoir, le besoin d'un avenir, tous ces dons accordés aux femmes aussi bien qu'aux hommes leur permettent de revendiquer une certaine égalité. Mais, pour toutes les choses de cette vie, l'homme a été doué d'une portion de force et dévoué à une sorte d'activité refusées à sa compagne. Tout indique que dans nos rapports avec ce monde notre destinée nous place sans appel au second rang. Une constitution physique plus délicate et plus fragile, un continuel besoin de secours matériel et de bien moral, nos qualités comme nos défauts, notre faiblesse comme notre force, tout indique que la solitude, qui n'est point bonne pour l'homme, serait mortelle pour la femme. Cette dépendance est un signe certain d'infériorité. Dans ce qui concerne les intérêts essentiels de la société, dès que nous prétendons donner le mouvement, tout dégénère. La suite et la profondeur nous manquent quand nous voulons nous appliquer à des questions générales. Douées d'une intelligence vive, nous entendons sur-le-champ, devinons mieux et voyons souvent aussi bien que les hommes. Mais, trop facilement émues pour devenir impartiales, trop mobiles pour nous appesantir, apercevoir nous va mieux qu'observer. L'attention prolongée nous fatigue; nous sommes enfin plus douées que patientes; la privation nous est plus supportable que l'attente d'une espérance retardée [1]. »

En résumé, d'après Mme de Rémusat, les femmes vaudraient mieux par la spontanéité de l'esprit et la vivacité du sentiment, les hommes par la réflexion, la volonté et la constance. Pourquoi ne pas faire concourir au même but, avec harmonie, des qualités si diverses, également précieuses?

Mais cette question de prééminence, particulièrement en ce qui concerne l'éducation de l'enfant, se décide entre le père et la mère, dans la vie réelle, lorsque la loi civile ne peut intervenir, autrement que par des discussions théoriques. En matière d'éducation comme en tout le reste, l'autorité appartient à celui des deux qui sait la prendre et qui, par la fermeté de son caractère, impose sa direction à l'autre. Si une telle autorité ne finit pas par s'établir, s'il y a, d'une part, deux caractères également fermes ou, ce qui revient au même à ce point de vue, également faibles, et, d'autre part, divergence ou absence d'idées touchant l'éducation, alors l'enfant est élevé d'une manière inégale, capricieuse, sans méthode et sans suite. Il assiste même assez souvent à des querelles dont il est l'objet, et il attend pour savoir qui, de son père ou de sa mère, l'emportera dans telle ou telle circonstance, auquel des deux il devra obéir, ce qui est, remarquons-le en passant, une bien mauvaise école d'obéissance et de discipline.

Dans le passage de son chapitre sur l'éducation morale où il expose son système de discipline par les réactions naturelles, Herbert Spencer parle d'une petite fille qui s'attirait chaque jour des réprimandes parce qu'elle n'était jamais prête pour la promenade quoti-

1. *Essai sur l'éducation des femmes*, p. 24.

dienne ; si on l'eût laissée à la maison, dit-il, et si elle eût été, une ou deux fois, privée ainsi de la promenade par sa faute, elle se fût bien vite corrigée [1]. Rien de mieux. Mais je suppose que le père soit partisan de ce système et qu'il ordonne qu'on parte avec les autres enfants sans attendre la petite retardataire ; si la mère se conforme à cet ordre, le résultat sera excellent ; si elle résiste, il sera très mauvais ; les enfants entendront une discussion plus ou moins aimable et verront mettre en échec la volonté de leur père ou de leur mère. Pour que ce système réussisse, une seule épreuve souvent ne suffit pas ; il faut une fermeté constante ; si l'un des deux époux en manque, si la mère, comme il arrive, finit par faiblir, la première épreuve devient inutile ; de là des récriminations et un mécontentement réciproque.

Des scènes analogues se passent à chaque instant dans les familles. En supposant qu'il y ait entre eux des divergences, les parents doivent, dit-on, les dissimuler aux enfants et s'expliquer en leur absence. La règle est fort bonne, mais elle suppose chez les parents une sagesse dont ils feraient bien d'user, si elle existait en eux, pour se mettre préalablement d'accord, ne se disputer jamais, prévoir toutes les circonstances délicates, et ne montrer à leurs enfants qu'une seule volonté en deux personnes.

La lutte entre deux sentiments dans la même âme reste en général silencieuse, et il est possible que personne ne s'en aperçoive. Mais la lutte entre les idées et les volontés du père et de la mère éclate au foyer domestique, et il est impossible qu'à un moment ou à un autre les enfants n'en soient pas les témoins de plus en plus attentifs avec l'âge. En peut-il être autrement dans nos demeures si étroites, où la place nous est si petitement mesurée et où les enfants sont sans cesse

____

1. *De l'éducation intellectuelle, morale et physique*, chap. III.

mêlés à notre vie? Les ressources de la plupart des familles ne leur permettent point de faire vivre les enfants à part; quand même elles le pourraient, elles ne le voudraient pas. Car nos habitudes modernes ne le comportent plus, sauf dans certaines classes. Le remède qui consiste à se priver d'eux en les internant dans les pensionnats est encore pire que le mal.

La différence d'attributions entre les deux époux tend à donner la prépondérance à la mère pour l'éducation de l'enfant, surtout dans les premières années, pendant lesquelles il est gardé à la maison, car il se trouve bien plus constamment en contact avec sa mère qu'avec son père. Xénophon, en un charmant passage de son *Économique*, définit le rôle de l'un et de l'autre dans la famille; je ne crois pas qu'en somme, malgré les différences profondes qu'il y a entre notre état social et celui de la Grèce au vi⁰ siècle avant J.-C., les remarques de l'écrivain attique aient cessé d'être vraies. Il distingue les occupations du dehors et celles de la maison. « Or, dit-il, comme ces doubles occupations de l'intérieur et de l'extérieur demandent de l'activité et du soin, la divinité a d'avance approprié, selon moi, la nature de la femme pour les soins et les travaux de l'intérieur, et celle de l'homme pour les travaux et les soins du dehors. Froid, chaleur, voyages, guerre, le corps de l'homme et son âme ont été mis en état de tout supporter, et la divinité pour cela l'a chargé des travaux du dehors; quant à la femme, en lui donnant une plus faible complexion, la divinité me semble avoir voulu la restreindre aux travaux de l'intérieur. C'est pour une raison semblable que, la femme ayant la mission de nourrir ses enfants nouveau-nés, la divinité lui a donné bien plus qu'à l'homme le besoin d'aimer ces petits êtres. »

La première éducation appartient donc principalement à la mère, par la volonté de la nature. C'est elle qui soigne le corps du nouveau-né, qui préside à l'éveil de ses sens, de son esprit, de son cœur, qui lui enseigne la langue qu'on appelle si justement maternelle, ainsi que les principes de la morale. « On sait, dit le P. Girard, qu'un ancien a si vivement saisi cette éminente prérogative, qu'il aurait volontiers ôté la dénomination de patrie à notre pays natal pour l'échanger dans sa langue contre celle de matrie[1]. » La mère apporte alors à sa tâche un dévouement extrême, dont le père serait peut-être incapable; mais il est bien des cas où ce dévouement a besoin d'être éclairé et dirigé, parce qu'il s'exerce dans les conditions défavorables où la mère est placée par l'insuffisance de son savoir.

Sous ce rapport, Herbert Spencer fait subir à l'éducation de la femme une critique aussi vive qu'à celle de l'autre sexe. « On n'a jamais appelé sa pensée sur les graves responsabilités de la maternité; on ne lui a guère donné cette solide culture intellectuelle qui eût pu la préparer à porter ces responsabilités. Voyez-la donc maintenant aux prises avec un caractère qui se développe et dont le développement lui est confié? Voyez son ignorance profonde des phénomènes auxquels elle a affaire, et comme elle intervient aveuglément dans des faits auxquels on ne saurait toucher d'une main sûre, possédât-on la science la plus haute! Elle ne sait rien de la nature des émotions, de l'ordre qui préside à leur évolution, du point précis où elles cessent d'être salutaires pour devenir nuisibles.... Ne connaissant pas l'organisme qu'elle a devant elle, elle ne connaît pas davantage l'influence que peut exercer sur cet organisme tel ou tel traitement. Quoi de plus inévitable que les résultats

1. *De l'enseignement régulier de la langue maternelle*, liv. I, chap. I.

désastreux dont nous sommes journellement témoins!
Ignorant, comme elle les ignore, les phénomènes men-
taux, leurs causes et leurs effets, son intervention est
souvent plus nuisible que ne l'eût été son abstention
absolue.... Dépourvue de toute lumière théorique, incapable de se guider elle-même par l'observation des
faits de développement qui s'accomplissent chez son
enfant, la jeune mère suit l'impulsion du moment d'une
manière légère et funeste [1]. »

Sans doute il y a bien du vrai dans ces remarques.
Nous ne croyons pas, pour les raisons que nous avons
déjà données au sujet de l'enseignement de la pédagogie dans les écoles primaires et secondaires de garçons, qu'il convienne d'introduire cet enseignement
dans les écoles de jeunes filles. Mais il se placerait assez
bien, à notre avis, dans cette période de la vie des
femmes qui s'écoule entre la sortie des écoles et le
mariage. La maternité les trouverait moins novices en
ce qui concerne la connaissance du caractère de l'enfant et des moyens d'agir utilement sur son évolution.
Nous ne voyons pas non plus pourquoi on ne leur donnerait pas, dès le temps de l'école, des notions de
physiologie, d'hygiène, et surtout pourquoi l'on n'exci-
terait pas en elles le désir de pénétrer davantage ensuite
dans le domaine de ces sciences, qui ont des rapports
étroits avec la science de l'éducation. Comme le dit
Spencer, nombreux sont les exemples des résultats
déplorables produits par une erreur d'éducation physique ou morale dont l'enfant a été victime au début de
la vie; toute une existence peut se traîner maladive
pour une faute commise dans l'alimentation du premier
âge.

Mais la situation n'est peut-être pas aussi inquié-

_____

1. *De l'éducation intellectuelle, morale et physique*, chap. I.

tante que le prétend le philosophe anglais. La mère a des conseillers tout désignés dans les personnes instruites qu'elle peut appeler à son aide, dans le médecin, et surtout dans son mari, lorsque le mariage n'a pas uni deux êtres également ignorants de ce qu'il leur importerait le plus de savoir. On exagère aussi en la donnant comme incapable d'étudier son enfant, de se guider d'après les observations qu'elle aura faites, de suivre autre chose que l'impulsion du moment, sans réflexion et sans méthode. Enfin il y a ce que la science positive ne saurait donner, ce qu'elle traitera peut-être légèrement et avec dédain, l'instinct de la femme et de la mère, qui ne mérite pas une confiance absolue et qui ne saurait remplacer tout le reste, mais qui doit compter cependant et pour beaucoup, parce qu'il donne des lumières et des inspirations qu'on ne trouverait point dans le savoir le plus méthodique. « On dirait, écrit le P. Girard, qu'elle agit par un instinct supérieur qui tient à la maternité, et qu'elle n'est, dans cette belle fonction, qu'un instrument docile en d'autres mains.... Elle se sent elle-même pleine de souvenirs, elle observe, raisonne, invente et ne doute pas que tout ce qu'elle trouve en elle-même ne se trouve aussi dans son enfant, comme la rose dans son bouton, et qu'avec le temps tout se montrera.... Elle croit bien faire, cette première institutrice, et elle s'inquiète peu si des raisonneurs et des savants ne trouvent en ce qu'elle fait que désordre et déraison [1]. »

Dans l'un des chefs-d'œuvre du célèbre romancier russe Tolstoï [2] un passage m'a vivement frappé ; la pénétration singulière de cet écrivain à la fois réaliste

1. *De l'enseignement régulier de la langue maternelle*, liv. I, chap. 1
2. *Anna Karénine.*

et mystique lui a fait voir dans la femme ce qui échappe au pur philosophe : l'un des personnages est avec sa jeune femme et une vieille servante au lit de son frère mourant; il s'étonne de ne pas trouver, avec toute sa science puisée à l'Université et dans les livres, avec sa maturité d'homme réfléchi, et même avec l'affection profonde qui l'attache à son frère, les soins délicats, les douces paroles qui rendent l'agonie moins cruelle et que trouvent tout naturellement ces deux femmes.

Voilà bien longtemps que l'on élève des enfants; si les mères, presque toujours plus ou moins ignorantes au point de vue de la science positive, n'eussent apporté à cette œuvre, comme le dit Herbert Spencer, que légèreté, incohérence et déraison, l'humanité, qui est loin d'être parfaite, vaudrait moins encore. Ceci n'est pas toutefois pour diminuer l'importance de l'instruction pédagogique.

Le rôle du père, d'abord un peu effacé, grandit à mesure que l'enfant avance en âge. Toutefois, si le père intervient dès lors plus souvent et d'une manière plus intime dans l'éducation de l'enfant; s'il doit même en avoir la direction générale, parce qu'il est plus capable de suivre un dessein, de prévoir les conséquences, moins sensible aux impressions du moment, peut-être convient-il qu'il ne se prodigue pas trop et qu'il sauvegarde avec tact son autorité paternelle, en évitant les deux extrêmes d'une familiarité sans prestige et d'une sévérité sans tendresse. Il n'est pas bon que les enfants tremblent devant leur père; rien ne glace comme le spectacle de ces familles où les enfants, craintifs, toujours sous le coup d'une parole dure ou d'un châtiment, répriment en silence les impulsions de leur âge et se conforment tristement à une règle qui s'impose par une sorte de terreur du chef de la famille.

Telle est la puissance d'une idée fausse, lorsqu'elle

est accompagnée de bonnes intentions, que certains pères sont capables de réprimer leurs élans naturels de tendresse pour affecter une rigueur sans détente qui leur semble nécessaire à l'égard des enfants. « Feu Monsieur le mareschal de Montluc, nous raconte Montaigne, ayant perdu son fils, qui mourut en l'isle de Madères, brave gentilhomme, à la vérité, et de grande espérance, me faisoit fort valoir, entre ses aultres regrets, le desplaisir et crèvecœur qu'il sentoit, de ne s'estre jamais communiqué à luy; et d'avoir perdu, sur cette humeur d'une gravité et grimace paternelle, la commodité de gouster et bien cognoistre son fils, et aussi de luy déclarer l'extrème amitié qu'il lui portoit, et le digne jugement qu'il faisoit de sa vertu. Et ce pauvre garson, disoit-il, n'a rien veu de moy qu'une contenance renfrongnée et pleine de mespris; et a emporté cette créance, que je n'ay sceu n'y l'aimer, ny l'estimer selon son mérite.... Je me suis contrainct et gehenné pour maintenir ce vain masque; et y ay perdu le plaisir de sa conversation, et sa volonté quant et quant, qu'il ne me peult avoir portée aultre que bien froide, n'ayant jamais receu de moy que rudesse, ny senty qu'une façon tyrannique [1]. »

Mais, de nos jours, ce n'est pas en général contre une telle rigueur qu'il faut mettre les pères en garde. Tout tendrait plutôt à l'autre excès, c'est-à-dire à une familiarité avec les enfants qui risque de compromettre pour le moins l'autorité du père, lorsque sa dignité elle-même n'en est pas atteinte. On admire un trait de la vie de Henri IV faisant chevaucher ses enfants sur son dos en présence de l'ambassadeur d'Espagne; il faut être bien sûr de soi pour servir ainsi, sans s'abaisser, à de pareils jeux. La tendance toute naturelle et humaine

1. *Essais*, liv. II, chap. viii.

au manque de respect, à la désobéissance, à l'indiscipline est telle, qu'on ne saurait veiller avec un soin assez attentif à ce qu'il y ait dans la famille au moins une personne devant laquelle les enfants ne se sentent pas entièrement à l'aise, et qui agisse sur eux non par la rudesse et la force, mais par le pouvoir de l'autorité personnelle, pouvoir instable, sans cesse menacé, qu'on ne maintient qu'avec beaucoup de vigilance à l'égard des autres et de soi.

Non seulement le père a le devoir de se faire respecter lui-même, afin de conserver dans le gouvernement de la famille l'autorité qui lui est indispensable, mais il doit aussi faire respecter la mère, pour qui l'affection tendre et indulgente qu'elle porte aux enfants est parfois une cause de faiblesse. Tacite, en parlant de ses beaux-parents, Agricola et sa femme, dit qu'ils vécurent dans un admirable accord et avec un amour mutuel qui les faisait se préférer sans cesse l'un à l'autre. Nul doute qu'un tel spectacle au foyer domestique n'ait sur les enfants, au point de vue de l'autorité du père et de la mère, une influence profonde, tandis que celui du désaccord et des querelles nuit à tous les deux et diminue singulièrement leur prestige. Marmontel, dans ses Mémoires, où l'on trouve tant de renseignements intéressants sur la vie sociale au XVIIIe siècle, parle en ces termes de son père, qui n'était qu'un petit tailleur limousin : « Mon père, un peu rigide, mais bon par excellence sous un air de rudesse et de sévérité, aimait sa femme avec idolâtrie.... Mon père avait pour elle autant de vénération que d'amour. » Aussi ne faut-il pas s'étonner si, parmi les nombreux enfants dont Marmontel était l'aîné, régnaient les sentiments d'amour et de respect à l'égard des parents, d'affection entre les frères et sœurs, qui, au milieu des traverses inévitables, font la force et la dignité des familles.

Dans celle dont Marmontel nous entretient avec un souvenir attendri, le même toit abritait, outre le père, la mère et les enfants, une tante, une grand'mère et trois grand'tantes. « C'était, dit-il, au milieu de ces femmes et d'un essaim d'enfants que mon père se trouvait seul : avec très peu de bien, tout cela subsistait. » Ce trait de mœurs était général autrefois dans la plupart des familles urbaines ou rurales; autour du chef, de sa femme et de ses enfants vivaient un certain nombre d'ascendants et de collatéraux. Peut-être ces habitudes sociales, à peu près disparues aujourd'hui, sont-elles regrettables au point de vue pédagogique. Car la vie commune entretenait dans toute la famille une communauté de traditions, de sentiments et de discipline morale qui ne pouvait, en beaucoup de cas, qu'exercer une bonne influence sur l'éducation des enfants.

Le père et la mère ne sont point, parmi les parents, les seuls éducateurs; l'enfant fréquente d'autres membres de la famille, qui habitent de différents côtés, souvent avec des idées et des habitudes bien différentes. Si cette fréquentation est rare, passagère, elle n'aura sur lui qu'une action assez faible; cependant il pourra être exposé à entendre un langage, à voir des exemples qui contrediront la discipline suivant laquelle il est élevé à la maison paternelle et qui, dans une certaine mesure, en souffrira.

Mais les grands parents en particulier ont, à l'égard de leurs petits-enfants, des droits qu'ils réclament, qu'il serait injuste et cruel de leur dénier. Il arrivera donc souvent que l'enfant passera de longues heures auprès d'eux, en l'absence de son père et de sa mère. Ce temps suffit pour qu'une action efficace soit exercée sur lui; alors l'œuvre éducative entreprise à la maison paternelle peut être secondée par les aïeuls; mais elle peut aussi être modifiée et compromise sur des points très importants. La pratique de la vie donne aux vieillards l'expérience; elle a développé en eux des qualités précieuses de prudence et de sagesse; mais l'âge amortit l'énergie et dispose à une indulgence envers les enfants qui va facilement jusqu'à la faiblesse, défaut qui n'est pas, chez les aïeuls, toujours exempt d'égoïsme, puisqu'il fait souvent subordonner les exigences d'une éducation ferme au désir du repos, à l'envie de s'attirer, par toutes sortes de concessions et de gâteries, l'affection intéressée des enfants.

Il n'est pas besoin de répéter les conseils qu'on trouve partout concernant les relations d'amitié et de camaraderie dans le jeune âge. Mais on ne saurait trop éveiller la sollicitude des parents sur les humbles collaborateurs qui vivent dans un grand nombre de familles en qualité de domestiques et qui, malgré l'infériorité de leur position sociale, sont capables d'avoir sur le caractère et sur les mœurs de l'enfant une grande influence, parfois des plus mauvaises. La part que prennent les domestiques dans l'éducation des enfants n'est pas, comme beaucoup trop de parents semblent le penser, une quantité négligeable; elle a, depuis longtemps, attiré l'attention des pédagogues. Platon et Plutarque ne dédaignent pas de donner des conseils sur le choix de la nourrice, et recommandent de veiller soigneusement à ses propos, qui pourraient, dès le début, emplir une jeune âme de sottise et de corruption. « Ce qui arrive aujourd'hui à beaucoup de pères, dit Plutarque, est bien ridicule. De leurs bons esclaves, ils désignent les uns comme cultivateurs, les autres comme matelots, d'autres comme marchands, intendants, économes. Mais, lorsqu'ils trouvent un esclave ivrogne, glouton, incapable de toute fonction utile, c'est à lui qu'ils confient leurs enfants [1]. »

1. *De l'éducation des enfants*, édit. Tauchnitz, p. 7.

Si nos mœurs ne donnent plus lieu à une semblable critique, il n'en est pas moins vrai que l'on constate souvent dans les familles une regrettable négligence touchant les rapports qui existent entre les enfants et les domestiques, ces témoins muets et envieux de notre vie intime, prompts à saisir nos ridicules et nos faiblesses, et toujours disposés à rechercher auprès des enfants, par de mauvais moyens, la familiarité qui leur est interdite auprès des maîtres. Locke a signalé le mal que les domestiques font aux enfants lorsqu'ils rendent inutiles par leurs flatteries les réprimandes des parents, dont ils diminuent ainsi l'autorité. « En voici, dit-il, un autre fort dangereux qui vient du même lieu, je veux parler des impressions que peuvent faire sur l'esprit des enfants les mauvais exemples qu'ils rencontrent dans la compagnie des domestiques. Il faut les empêcher, s'il est possible, d'avoir absolument aucun commerce avec eux ; car la contagion de ces exemples, également contraires à la politesse et à la vertu, gâte étrangement leur esprit toutes les fois qu'ils y sont exposés. Ils apprennent souvent d'un valet mal élevé ou débauché des discours, des manières indécentes et des vices qu'autrement ils auraient peut-être ignorés toute leur vie. Il est fort difficile de prévenir tout à fait cet inconvénient. Vous serez sans doute bien heureux si vous n'avez jamais des domestiques grossiers ou vicieux, et que vos enfants ne prennent jamais d'eux aucune mauvaise habitude. Mais on ne doit rien négliger pour parer ce coup [1]. »

On le voit, il y a plusieurs collaborateurs, assez différents les uns des autres, dans l'éducation que l'enfant reçoit au sein de la famille, avant de fréquenter les écoles. C'est une œuvre commune, où l'entente parfaite est rare, dont la direction est difficile et réclame beau-

---

1. *De l'éducation des enfants*, trad. Coste, section 6.

coup de réflexion et de vigilance. Heureuses les familles où un père apte à ce grand rôle par son caractère et par ses lumières sait la prendre d'une main assez ferme pour la mener à bien, malgré les tiraillements nombreux auxquels il faut s'attendre, et cependant assez doucement et avec assez de tact pour ne pas froisser par une volonté trop absolue les prétentions, à beaucoup d'égards légitimes, des autres proches parents, surtout de la mère.

Malheureusement beaucoup trop de pères, absorbés pendant tout le jour par ce qu'on appelle les affaires, se font de la famille l'idée d'une société intime et charmante où ils viennent se reposer des fatigues et des soucis que leur cause l'âpre lutte pour la vie ; lorsqu'ils s'aperçoivent que ces moments qu'ils croyaient consacrer au repos sont réclamés par de nouveaux efforts, que l'éducation donnée en dehors de leur action n'est point parfaite, qu'elle présente de sérieux défauts et de grandes lacunes, qu'elle demande leur intervention suivie et constante, effrayés par la perspective de la peine qu'il leur faudrait encore prendre, et croyant avoir assez fait pour les enfants par un travail professionnel destiné en grande partie à leur donner les moyens de vivre, ils se résignent, ils ferment les yeux, ils laissent faire. Ou, s'ils interviennent, c'est d'une manière intermittente, capricieuse, qui risque de soulever l'opposition de la mère et qui étonne les enfants. Nous ne saurions les blâmer bien sévèrement, car les forces de l'homme ont des limites.

Nous ne pouvons que souhaiter à ceux qui ne sont pas trop absorbés un sentiment de leur devoir paternel qui les anime à l'égal de ce Caton le Censeur, dont Plutarque nous raconte le dévouement à l'égard de son fils : « Il en prit un soin particulier dès le berceau, de sorte qu'il quittait toutes sortes d'affaires, excepté celles qui intéressaient le public, pour se rendre chez lui lorsque sa femme, qui allaitait elle-même cet enfant, devait le laver et le remuer. Et, quand il fut parvenu à l'âge de raison, et qu'il commença à être capable d'apprendre, Caton lui enseigna lui-même la grammaire, le droit et toutes sortes d'exercices nécessaires à un homme de guerre.... On dit outre cela qu'il composa des histoires et les écrivit de sa propre main en gros caractères, afin que son fils connût, avant d'entrer dans le monde, les grands hommes des siècles passés et leurs belles actions, pour se former sur ces grands modèles [1]. »

Le sentiment du devoir paternel a-t-il augmenté ou a-t-il baissé chez nous avec les progrès de la civilisation et de l'instruction générale? L'éducation de la famille est-elle mieux ou moins bien dirigée qu'autrefois? Cette question pourrait faire l'objet d'une longue et intéressante étude d'histoire pédagogique, dans laquelle nous ne voulons pas entrer. Nous dirons seulement que nous avons entendu chez les maîtres de la jeunesse des plaintes fort nombreuses et fort vives sur un excès d'indulgence qui se manifeste dans les familles à l'égard des enfants, et qui tend à dégénérer en une faiblesse extrême. « Qu'on accepte le fait ou qu'on y résiste, dit M. Gréard dans une de ses belles études pédagogiques, qu'on s'en applaudisse ou qu'on s'en effraye, le monde moral autour de nous se transforme. Serviteurs et maîtres, ouvriers et patrons, enfants et parents, gouvernés et gouvernants, ne sont plus attachés les uns aux autres par les mêmes liens qu'autrefois. Tous les rapports sociaux changent de caractère. L'autorité n'est plus le principe souverain qui les règle [2]. »

Que l'autorité paternelle ne soit plus rigide et d'as-

1. *Vie de Caton.*
2. *L'Esprit de discipline dans l'éducation.*

peet maussade comme autrefois chez le maréchal de Montluc, rien de mieux. Mais qu'elle s'affaisse et s'amoindrisse au point de disparaître, et que le père devienne pour ses fils un camarade sans dignité, comme il n'arrive que trop souvent, voilà une situation à laquelle il est difficile de se résigner. Ni la famille ni l'État ne peuvent, sans menacer ruine, ressembler à cette abbaye de Thélème à l'entrée de laquelle Rabelais met l'inscription : « Fais ce que veulx ». Le progrès consiste seulement à rendre l'autorité de plus en plus raisonnable et éclairée; mais elle sera toujours, croyons-nous, l'un des principes sur lesquels reposeront les sociétés humaines, grandes ou petites, et en particulier la famille, dans laquelle il ne convient point que le père abdique son principat.

CHAPITRE IX

L'éducation dans la famille et l'éducation en commun. — Quelques inconvénients de l'éducation dans la famille. — Avantages attribués à l'éducation en commun. — Faiblesse de la culture morale dans cette éducation. — Les maîtres.

Nous avons montré les divergences, les tiraillements qui peuvent se produire dans l'éducation de la famille, et la nécessité d'une direction éclairée, ferme et constante, qui revient au père, lorsqu'il est capable d'exercer sa prérogative. L'éducation familiale, pour ces motifs, a éveillé depuis longtemps la défiance de beaucoup de législateurs et philosophes ; certains d'entre eux, afin de prévenir les dangers qu'elle présente, n'ont vu rien de mieux à faire que de la supprimer.

Les lois de Lycurgue enlevaient les enfants à leur famille au sortir des langes. Platon va plus loin : il charge l'État du soin des enfants dès leur naissance ; on les réunit dans un bercail commun sous la direction de gouvernantes qui y conduisent elles-mêmes les mères pour l'allaitement, « en ayant bien soin qu'aucune d'elles ne puisse reconnaître sa progéniture » ; quant aux veilles et aux menus soins, on en charge ces mêmes gouvernantes et les nourrices supplémentaires qu'elles ont sous leurs ordres [1]. Après un tel début il va sans dire

1. *République*, édit. Tauchnitz, p. 168 et 169.

que la famille, depuis le premier âge jusqu'à la fin de l'adolescence, n'intervient pas un instant dans l'éducation de l'enfant, qui est entièrement confiée à des magistrats spéciaux. Platon a même, dans ses *Lois*, l'idée d'une sorte de ministère de l'éducation publique, et détermine la manière dont il faut choisir le titulaire de ce département, qu'il regarde, non sans raison, comme l'une des plus hautes charges de l'État. « Que celui sur qui tombe ce choix, et ceux qui le font, se persuadent qu'entre les grandes charges de l'État celle-là tient le premier rang.... Le législateur doit faire de l'institution des enfants le premier et le plus sérieux de ses soins. S'il veut s'acquitter convenablement de ce devoir, il commencera par jeter les yeux sur le citoyen le plus accompli en tout genre de vertu, pour le mettre à la tête de l'éducation de la jeunesse [1]. » Du reste, les lois doivent régler dans les plus petits détails la tâche de ce ministre et de ses subordonnés, comme elles règlent tout dans la vie publique et privée des citoyens. Platon éprouve, à l'égard de l'initiative privée et de la liberté, une défiance insurmontable. « Chacun se laissant entraîner par le chagrin, le plaisir ou toute autre passion, les mœurs des citoyens n'ont rien d'uniforme ni de ressemblant entre elles, ce qui est un grand mal pour l'État.... Si l'administration domestique n'est pas réglée comme il faut dans les cités, en vain compterait-on que les lois qui ont pour objet le bien commun puissent donner à l'État la stabilité qu'il attend d'elles [2]. » Que peut-il résulter de la variété infinie des éducations privées, sinon le manque d'harmonie et la division chez les citoyens qu'elles auront formés? On voit que ceux qui combattent la liberté de l'enseignement et qui affir-

---

1. *Lois*, édit. Tauchnitz, p. 181.
2. *Lois*, édit. Tauchnitz, p. 208.

ment le droit exclusif de l'État à instruire la jeunesse, ont un précieux auxiliaire dans le philosophe grec, dont ils ne font guère que reproduire les arguments sous une autre forme.

La tendance à remplacer la famille par l'État se trouve chez la plupart des utopistes qui ont songé à l'éducation dans leurs chimères. Qui a lu Platon connaît d'avance le fond de leurs théories. Nous n'y insisterons pas.

Mais il est intéressant de comparer, au point de vue de leur influence sur le caractère, l'éducation privée et l'éducation en commun. Nous n'aboutirons certainement pas à l'exclusion de l'une ou de l'autre. Elles ont toutes deux leurs avantages et leurs défauts. Dans notre état social actuel, presque tous sont appelés à passer successivement par l'une et par l'autre, ou à les recevoir toutes les deux en même temps.

Remarquons d'abord que l'éducation en commun, bien qu'elle soit soumise, en général, à des programmes et à des règlements qui prétendent lui imprimer une direction uniforme, ne présente nullement, dans la pratique, cette uniformité rêvée par les utopistes. Il faut bien faire appliquer les programmes et les règlements par des maîtres, qui sont des hommes et non des machines, qui diffèrent profondément entre eux par les sentiments et par les idées, et dont l'action, bien qu'officiellement déterminée à l'avance, s'exerce pourtant dans des sens assez divers, par l'effet de la spontanéité individuelle, qui tient au caractère et à l'esprit de chacun. Par exemple, la consigne de faire observer une discipline sévère peut être imposée à des maîtres dont les uns s'y conformeront très volontiers, parce qu'ils y seront portés par une sévérité naturelle, et dont les autres ne pourront se défendre de tempérer par une indulgence parfois excessive les rigueurs du règlement.

L'équité, l'impartialité sont recommandées à tous; mais il est plus facile d'en faire l'objet d'une prescription officielle que de les faire passer dans le caractère des maîtres disposés aux préférences et aux injustices.

Il est un ordre religieux célèbre dont tous les membres sont entre les mains de leurs chefs « *perinde ac cadaver* », suivant une expression bien connue, et doivent abdiquer toute individualité pour prendre l'esprit de la compagnie. Marmontel, dont nous avons déjà parlé, fut élève dans un de leurs collèges, et il nous trace le portrait de quelques-uns de ses régents : « Celui-ci avait dans son regard, dans le son de sa voix, dans sa physionomie, un caractère de bienveillance si naturel et sensible, que son premier abord annonçait un ami à l'inconnu qui lui parlait »; celui-là était « aussi sec, aussi aigre que l'autre était liant et doux »; un troisième était « injuste et violent »: un autre, quoique d'une trempe d'âme moins douce que celle du premier, avait le caractère ferme et franc; « l'impartialité, la droiture, l'inflexible équité qu'il portait dans sa classe, et une estime noble et tendre qu'il marquait à ses écoliers », lui avaient gagné leur respect et leur affection. Combien chacun de ces maîtres, malgré les efforts faits par la discipline de l'ordre pour identifier leurs âmes, devait donner d'impulsions différentes au caractère d'un même élève qui étudiait successivement sous eux.

Aujourd'hui les maîtres de nos établissements sont loin de présenter, en général, un esprit de corps aussi puissant que celui des jésuites; par devoir, ils se conforment à la règle; mais il y a bien des manières d'appliquer la même règle; et les mêmes institutions pédagogiques peuvent produire, pour cette raison, des effets assez divers. Donc l'éducation en commun est loin d'être aussi uniforme, aussi suivie, aussi harmonique qu'on pourrait le croire. Tout ce qui tend à augmenter la liberté des maîtres, à émanciper leur esprit à l'égard de l'autorité et des traditions, ne fait qu'augmenter les possibilités de discordance dans l'œuvre commune.

Mme Necker de Saussure conseille aux parents de garder auprès d'eux leurs fils jusqu'à l'âge de dix ou douze ans, si les circonstances le permettent. Elle constate que, chez beaucoup d'enfants, il se produit vers sept ou huit ans une crise d'indocilité que bien des parents n'ont pas le courage de traverser; mais ils devraient faire tous leurs efforts pour prolonger autant qu'ils le peuvent le séjour des enfants dans la famille. « Prolonger la vie de famille : que de choses dans ces simples mots! La prolonger jusqu'au temps où l'enfant en goûte avec vivacité les plaisirs et où il n'en connaît point d'autres; que de souvenirs, que d'affections, que d'images à la fois douces et favorables à la moralité ne se forment pas dans ces années que je réclame en faveur du toit paternel!... quel courage ne faut-il pas pour se séparer de fils encore inconnus auxquels on reste inconnu soi-même.... De quel bonheur, d'ailleurs, ne serait-ce pas priver son enfant! Quelle obscure nuit ne se répandrait pas pour lui sur tous les rapports de famille! Il n'y a plus vraiment de frères et de sœurs quand les traces du temps où l'on a partagé les mêmes plaisirs, les mêmes chagrins, s'enfoncent trop profondément dans les nuages de l'enfance. Et ces diverses particularités dont se compose l'idée de famille, ce qui en fait un certain tout et non pas un autre, ces traits qui la caractérisent à la manière d'un individu, le logis, la position de fortune, les relations d'amitié ou de voisinage, les plans pour l'avenir, toutes ces choses auxquelles on ne prend pas d'intérêt à sept ans, seraient à jamais ignorées d'un fils! Il ne viendrait du moins à les connaître qu'à l'âge où tout le cours de ses pensées serait déjà dirigé ailleurs [1] ! »

Cet excellent observateur du jeune âge remarque qu'il arrive cependant un moment où l'éducation de la famille semble ne plus convenir autant à l'enfant qui grandit. Il trouve trop uniforme le cours régulier des choses, et il s'en ennuie. Connaissant très bien la discipline qui lui est imposée, il sait jusqu'à quel point il peut l'enfreindre sans inconvénient, « du moins avec un inconvénient si léger, qu'en courir la chance n'est qu'un attrait de plus ». Il devient plus espiègle, il a une tendance à l'insubordination, au dénigrement, à la raillerie. L'autorité des parents, trop souvent capricieuse, a fini par s'user. « Tout languit, tout se relâche, tout va au jour le jour, et les abus s'introduisent en foule. L'arrêt par lequel un père envoie son fils au collège est le dernier acte d'un empire que la lassitude lui fait abdiquer [2]. »

L'éducation familiale trop prolongée présente d'autres inconvénients, dont plusieurs sont encore signalés par Mme Necker avec beaucoup de finesse. Au point de vue des études, l'absence d'émulation empêche l'enfant de faire, en vue du succès, des efforts aussi énergiques que dans les écoles; pourvu qu'il montre quelque application, on se déclare satisfait de sa volonté, et l'on n'ose le gronder, quand même le résultat serait pitoyable. Or, dans la vie réelle, ce qu'on apprécie, ce n'est point la bonne volonté, c'est le succès, qui, du reste, presque toujours récompense l'énergie de l'effort. La vie de famille ne tend pas, en général, à développer l'énergie de l'enfant. « Dans un paisible ménage il n'y a aucune énergie à déployer. Tous les faibles sont protégés, nul

<hr>

1. *L'Éducation progressive*, livre VII, chap. I.
2. *Idem*, chap. III.

n'a besoin de se défendre lui-même ou de défendre d'autres que lui : condition fort heureuse sans doute, mais où la force d'âme ne s'acquiert pas [1]. » Ajoutez qu'au logis, les hommes étant souvent dehors pour leurs affaires, l'enfant se trouve davantage dans la société des femmes; il passe avec elles des heures oisives, s'associe à leurs occupations, à leurs intérêts; il s'effémine. Ce n'est pas sans raison qu'on se moque de celui qui n'a jamais quitté les jupes de sa mère. Le monde au milieu duquel vit l'enfant qui ne quitte point sa famille est si restreint que, d'une part, l'expérience de la vie sociale ne peut lui venir dans la mesure où il convient qu'elle lui vienne, et que, d'autre part, son caractère et son intelligence risquent de n'être, par l'effet de l'imitation, qu'une copie trop fidèle de ses parents, de se laisser pénétrer trop intimement par leurs préjugés et par leurs défauts.

Tous les inconvénients signalés ci-dessus se font principalement sentir lorsque l'enfant arrive à ce qu'on appelle l'âge de raison, qu'il est impossible de fixer et même de définir d'une manière précise. Disons seulement que c'est l'âge où l'enfant commence à prendre plus nettement conscience de lui-même, à se sentir une personne capable d'autonomie, et aussi à exercer sur le monde qui l'entoure une observation plus large. Il convient alors de corriger, en l'envoyant à l'école, les inconvénients de l'éducation exclusivement familiale.

L'éducation en commun lui donnera l'idée d'une égalité qu'il n'a pas encore trouvée dans la famille. « Sous le toit paternel, dit Mme Necker de Saussure, il n'est sur un pied d'égalité avec personne; des différences d'âge ou de condition le séparent de tous les êtres avec qui il vit. On lui dit de céder aux petits

1. *L'Éducation progressive*, liv. VII, chap. III.

parce qu'ils sont petits, aux grands parce qu'il leur doit
de la déférence. Comment alors se ferait-il une idée
nette de la justice? Au collège il n'en est point ainsi :
là l'égalité est complète; là le jeune homme apprend à
connaître ses droits comme ceux des autres. Aucun de
ses camarades n'étant pour lui un objet de respect ou
de générosité particulière, il s'accoutume à résister aux
tentations comme aux menaces, quand il croit avoir
l'équité pour lui. » Il acquiert ainsi le courage moral, que
Mme Necker de Saussure définit bien « cette qualité si rare
et si précieuse qui consiste dans le pouvoir de résister
aux caresses, aux flatteries ou à la violence des autres[1] ».

Pour accommoder ces remarques au goût du jour, on
peut faire intervenir les théories de la science contem-
poraine et dire qu'au collège l'enfant commence à connaître la lutte pour l'existence, que les soins prolongés
de la famille lui avaient jusqu'alors dissimulée. Non
qu'il ait à peiner déjà pour se procurer les moyens de
vivre; ses parents y pourvoient encore. Mais il commence à sentir le rude contact de la vie, l'indifférence
des uns, l'hostilité sourde ou déclarée des autres;
l'envie, l'insulte, la raillerie, toutes sortes d'aiguillons
qui le pénètrent et le font sortir de la douce quiétude
dans laquelle il était resté jusque-là. Il ne s'agit pas
encore de lutter contre des hommes pour leur disputer
la considération, l'argent et le pouvoir; mais il faut
lutter avec des camarades pour leur disputer le succès
dans les études, avec des maîtres souvent impatients, parfois malveillants, avec une règle de discipline qui prétend
comprimer les impulsions irréfléchies de l'enfance et
qui représente assez bien ces conventions sociales, cette
force des choses contre lesquelles les étourdis, les imprudents, les enthousiastes se heurteront plus tard.

1. *L'Éducation progressive*, liv. VII, chap. III.

La justice du collège, dans les études, accorde le succès aux plus intelligents, et, en dehors des études, dans les rapports des collégiens entre eux, l'assure aux plus forts, aux plus adroits, à ceux qui ont, dès l'enfance, le don de s'attirer la sympathie et la considération des autres, sans que cette qualité du caractère, des plus précieuses pour la conduite de la vie, soit, tant s'en faut, toujours accompagnée d'une droiture et d'une bonté véritables. Une telle justice ressemble assez à celle de la société au milieu de laquelle les écoliers vivront quand ils seront devenus des hommes : le collège les y prépare et les endurcit contre les froissements ultérieurs.

Voilà, ce me semble, comment on doit entendre cette assertion, souvent répétée, que l'éducation en commun développe le sentiment de l'égalité et de la justice. Il ne s'agit que d'une sorte d'égalité et d'une sorte de justice. L'égalité absolue n'existe nulle part ; il n'y a pas deux êtres entièrement égaux par leurs qualités physiques, intellectuelles et morales. Les sociétés politiques qui proclament le plus haut le principe de l'égalité consacrent cependant l'inégalité en accordant aux plus capables des avantages qu'elles refusent à ceux qui le sont moins. Les avantages sociaux attachés à la naissance ne portent guère plus atteinte, pour le philosophe, au principe de l'égalité, que ceux qui sont attachés à l'intelligence, à la beauté, à la force, qualités naturelles, pour la possession primitive desquelles il ne faut que se donner, suivant un mot fameux, « la peine de naître ». Assurément la culture de l'intelligence native exige des efforts qui constituent le vrai mérite ; mais les mêmes efforts, et de bien plus grands, peuvent être faits par des individus peu doués, qui mériteraient davantage le succès, si l'on se plaçait au point de vue de la pure justice, et qui cependant ne l'obtiennent pas. Deux écoliers

de la même classe sont voisins d'étude; l'un travaille
héroïquement et n'arrive qu'à un résultat médiocre;
l'autre fait avec aisance des devoirs qui désespèrent son
voisin par leur difficulté; celui qui est intelligent remporte des succès; l'autre n'obtient, à mettre les choses
au mieux, qu'une froide estime, heureux quand il ne
s'attire pas les railleries des camarades et les reproches
du maître. Tel étourdi, poussé par un camarade qui se
dissimule habilement, commet une grosse sottise dont
il est sévèrement puni, tandis que le conseiller perfide
s'en tire sans aucun dommage, après avoir satisfait un
mauvais instinct, une rancune. Tel autre, pour quelque
ridicule innocent, est bafoué et doit souffrir en silence,
s'il n'est pas assez robuste pour imposer le respect en
faisant craindre les coups. Le collège, où de pareils
faits se voient souvent, est-il, autant qu'on le dit, une
école d'égalité et de justice?

On pourrait même constater, en allant au fond des
choses, que l'égalité, considérée au point de vue social,
n'existe guère, dans nos collèges, qu'en apparence,
qu'elle n'est pas en réalité dans les idées et dans les
cœurs. Sans doute, le collège réunit des enfants de
toutes conditions; ceux qui appartiennent à des familles
pauvres y entrent comme boursiers, et les boursiers ne
subissent pas les mépris dont l'*oppidan*, l'élève payant,
accable le *colleger* ou *tug*, le boursier, dans les collèges
d'Angleterre. « Nos boursiers, dit M. Gréard, connus
comme tels par tous ceux au milieu desquels ils vivent,
maîtres et camarades, ne sont ni moins bien traités que
les autres ni moins honorés. On serait même disposé
parfois à les considérer avec plus d'égards, par cela seul
que leur situation mérite plus d'intérêt [1]. » Tous vivent
sous le même régime, se tutoient, jouent ensemble, et

---

1. *L'Esprit de discipline dans l'éducation*, p. 30.

aucun d'eux ne reçoit des autres, à cause de la condition de sa famille, la moindre marque de déférence ni de respect. Celui qui manifesterait des prétentions à cet égard serait accablé sous les railleries et les mauvais procédés de ses camarades.

Comment se fait-il pourtant qu'après plusieurs années de cette vie égalitaire par laquelle passent presque tous les enfants, se retrouvent ensuite parmi eux, lorsqu'ils sont entrés dans la véritable vie sociale, des préjugés très visibles sur la supériorité que donnent la naissance, la fortune et certains autres avantages? Comment se fait-il qu'une hiérarchie très compliquée se maintienne encore dans les mœurs, en dépit des institutions? Un étranger, assez bon observateur, a écrit sur nous les lignes suivantes, qui ne sont point sans quelque vérité : « Le Français se vante de son goût pour l'égalité; aucune prétention n'est moins justifiée. Du bas en haut, cela est vrai, chacun se croit l'égal de celui qui est au-dessus; de haut en bas, il n'y a rien de pareil. Dans aucune contrée les classes ne sont plus nettement séparées, les préjugés sociaux plus enracinés. Aujourd'hui encore, dit Tocqueville, la jalousie et la haine entre les différentes classes survivent à leur existence juridique; il n'y a que la politesse réciproque et générale qui donne à l'observateur superficiel la fausse impression de l'égalité[1]. »

S'il en est réellement ainsi, comme nous le croyons, si l'influence de l'égalité au collège n'a pas été assez forte pour faire disparaître les préjugés anti-égalitaires chez ceux qui l'ont subie, n'est-il pas permis de croire que ces préjugés se maintenaient en eux, même alors, à l'état plus ou moins latent. « Ici, disait Rollin, les rangs sont réglés non par la naissance ou les richesses, mais

1. K. Hillebrand, *la France et les Français pendant la seconde moitié du* XIXe *siècle,* 1re partie, chap. 1.

par l'esprit ou le savoir. Le roturier se trouve de niveau avec le prince, et pour l'ordinaire le devance beaucoup[1]. » Mais, après la sortie du collège, l'un se retrouvait prince et l'autre roturier, parce qu'en réalité chacun, même au collège, avait gardé son rang. Les choses ont-elles complètement changé aujourd'hui? Il faut plaindre les lauréats des distributions de prix qui s'imaginent qu'ils seront les premiers dans la vie comme dans leurs compositions scolaires. « La fausse idée, dit Michel Bréal, que les hommes ont droit à être classés d'après leur valeur personnelle, comme si la société était la continuation du collège, leur prépare de nombreuses déceptions[2]. » S'ils étaient plus perspicaces, ce qu'ils pourraient voir dès le collège les mettrait en garde contre des espérances trop naïves.

Je ne me fais guère plus d'illusions touchant l'influence qu'on attribue à l'éducation en commun sur le caractère, pour ce qui regarde l'esprit de loyauté et de franchise, ainsi que le sentiment de la solidarité. « La feintise et la politique, dit M. Gréard, ne sont pas de cet âge, suivant la judicieuse remarque de Montaigne : l'escholier a de soi le cœur ouvert et droit. Celui qui se ferme, qui se retranche et dissimule, qui ne se montre pas, en un mot, tel qu'il est, celui-là est mal vu et durement qualifié : c'est dans ces sortes de sévérité qu'ils exercent les uns contre les autres que les enfants sont vraiment sans pitié. Le monde corrige plus tard ces âpretés de langage; mais, lorsque le fond de probité sur lequel cette loyauté repose a été bien établi par l'éducation publique, ce qu'elle a d'éminemment moral résiste et demeure[3]. » Les écoliers au collège ne res-

---

1. *Traité des études*, liv. VIII, 2ᵉ part., chap. i, art. 2.
2. *Quelques mots sur l'instruction publique en France*, p. 321.
3. *L'Esprit de discipline dans l'éducation*, p. 31.

sembleraient-ils point aux hommes réunis pour voir une pièce de théâtre? Ils applaudissent en masse la loyauté, la vertu, et honnissent le traître : une fois la toile baissée, chacun reprend son vrai caractère et n'est ni meilleur ni pire. Voyez au bout de quelques années ces condisciples qui semblaient si bons camarades, si ouverts, si disposés à la confiance et à l'assistance mutuelles. La vie réelle les a entraînés dans ses âpres luttes, où les instincts naturels d'égoïsme, de ruse et de violence se réveillent et se donnent carrière; il ne reste des sentiments d'autrefois que des « associations amicales » où l'on fraternise à certains anniversaires.

En donnant aux enfants l'habitude d'une vie réglée, moins exposée au laisser-aller que celle de la famille, l'éducation en commun présente pour eux un avantage qui ne paraît pas aussi sujet à discussion. « Mon père, dit le président de Mesmes, cité par Rollin, disait qu'en cette nourriture du collège il avait eu deux regards : l'un à la conversation de la jeunesse gaie et innocente ; l'autre à la discipline scolastique, pour nous faire oublier les mignardises de la maison, et comme pour nous dégorger en eau courante. Je trouve que ces dix-huit mois de collège me firent assez bien..... J'appris la vie frugale de la scolarité, et à régler mes heures. »

Toutefois, en regard de cet avantage, il convient de mettre l'inconvénient, déjà signalé par nous, d'un excès de régularité qui enlève à l'enfant toute liberté personnelle et le déshabitue de l'initiative lorsqu'il a une volonté faible, ou, s'il a un caractère énergique, provoque en lui un besoin de réagir, d'où résultent souvent des fautes graves contre la discipline au collège et des folies au dehors. « Soumis en tout, dit Rousseau, à une autorité toujours enseignante, le vôtre ne fait rien que sur parole : il n'ose manger quand il a faim, ni rire quand il est gai, ni pleurer quand il est triste, ni présenter une main pour l'autre, ni remuer le pied que comme on le lui prescrit ; bientôt il n'osera respirer que sur vos règles [1]. » Je voyais un jour sortir du lycée pour rentrer dans leurs familles les externes de la petite classe ; le maître chargé de les conduire les avait fait ranger en rang dans la rue, et, par des paroles brèves prononcées d'une voix rude, il leur ordonnait de se taire, de presser le pas, de le ralentir : je n'y aurais attaché aucune importance si je n'eusse vu là un signe de cette manie de la réglementation qui se retrouve partout dans nos établissements d'instruction publique, et qu'on défend en disant que l'on donne ainsi aux enfants des habitudes d'ordre et de discipline.

La véritable raison est, à mon avis, tout autre. Les règlements minutieux sont, je crois, nuisibles au caractère des enfants, chez lesquels ils diminuent, comme je l'ai dit, l'initiative, l'énergie du caractère, et développent, par réaction, une tendance à l'insubordination et au désordre lorsqu'ils échappent au regard de l'autorité qui ordinairement les surveille avec tant de sollicitude. Mais, en revanche, surtout dans ces grands établissements où les élèves sont agglomérés par centaines, ils facilitent beaucoup la tâche des maîtres et diminuent leur responsabilité. Pour empêcher un enfant de tomber et pour éviter les désagréments qui résulteraient de sa chute, il n'est rien de plus commode que de le tenir en lisière. Mais c'est là un point sur lequel nous aurons l'occasion de revenir plus tard.

Le plus grave reproche qu'on ait fait à l'éducation en commun, c'est qu'elle néglige la culture morale. « La considération vraiment importante, dit Mme Necker de

____
1. *Émile*, liv. II.

Saussure, c'est que l'éducation du cœur est comme nulle dans les collèges [1]. » Nous avons vu qu'il ne fallait pas admettre sans bien des réserves ce qu'on dit sur l'éducation indirecte que donnent au caractère des enfants les habitudes, les mœurs, les sentiments qui règnent dans les écoles ; nous avons vu que cette éducation ne développe peut-être pas autant qu'on l'affirme l'égalité, la justice, la franchise, la loyauté, la solidarité. Quant à l'action directe des maîtres sur le caractère des élèves, s'exerce-t-elle d'une manière vive et profonde, condition nécessaire pour qu'elle soit efficace? Il ne faut pas mettre, nous l'avons montré, une confiance trop grande dans l'enseignement moral, qu'il soit donné directement, sous forme de conseils, de préceptes et de leçons, ou à l'aide des beaux exemples, des développements éloquents qui abondent dans les auteurs classiques. Cet enseignement n'est certes pas stérile ; mais il court un grand danger, celui de devenir purement intellectuel, de ne pas pénétrer au fond des cœurs, de remplacer les bonnes actions par les belles paroles. Pourtant, procéder par voie d'enseignement général, d'une part, et, d'autre part, veiller à l'observation d'une règle uniforme, c'est à peu près tout ce que les maîtres peuvent faire. Le nombre des enfants qui leur sont confiés s'oppose à ce que chacun reçoive d'eux l'éducation individuelle qui serait nécessaire pour agir sérieusement sur son cœur.

Rousseau fait remarquer avec raison qu'il faut bien connaître ce qu'il appelle le « génie particulier » de l'enfant pour savoir quel régime moral lui convient. «Chaque esprit a sa forme propre selon laquelle il a besoin d'être gouverné ; et il importe au succès des soins qu'on prend qu'il soit gouverné par cette forme et non par

<hr>

1. *L'Éducation progressive*, liv. VII, chap. I.

une autre [1]. » La plupart du temps, cette connaissance intime de chaque enfant est impossible d'abord, et, fût-elle acquise, il serait également impossible d'établir un régime moral particulier pour chaque cas. On doit donc procéder par des moyens généraux; en y réfléchissant bien, on ne trouve guère que l'enseignement moral et les règles d'une discipline presque entièrement négative, qui contient surtout des prohibitions.

Mais, singulier résultat! en opposant un si grand nombre de défenses aux impulsions naturelles du jeune âge, la discipline fait naître dans le cœur des élèves à l'égard des maîtres des sentiments qui sont le contraire de la sympathie et de la confiance. Il faut qu'un enfant soit foncièrement bon pour ne pas en vouloir un instant à son père, et même à sa mère, lorsqu'il éprouve d'eux un refus, lorsque sa volonté doit s'annihiler devant la leur; mais les bienfaits qu'il reçoit d'eux sans cesse le ramènent à l'affection et à la reconnaissance. Ceux qu'il reçoit de ses maîtres sont moins visibles, plus mêlés d'exigences et de rigueurs. Dans maintes circonstances il les croit hostiles. Une telle situation, à laquelle s'appliquerait bien le vers de La Fontaine,

> Notre ennemi, c'est notre maître,

dispose assez peu l'enfant à ces effusions dans lesquelles il ouvre son cœur à ses parents; les maîtres reçoivent très rarement ses confidences; son âme reste pour eux fermée. Comment, dans de pareilles conditions, pourraient-ils entreprendre une sérieuse culture morale?

La discipline impose à tous les mêmes règles, les mêmes exigences, les mêmes défenses, les mêmes punitions; et il est fort difficile aux maîtres de l'approprier

1. *Émile*, liv. II.

aux caractères différents des enfants qu'ils dirigent, sans s'exposer au reproche de partialité et d'injustice. L'action qu'elle leur donne sur ces caractères manque ainsi de souplesse et peut aboutir à de médiocres résultats. Si l'on punit, par exemple, un enfant paresseux qui ne sait pas sa leçon, il n'est guère possible d'épargner son camarade qui, malgré tous ses efforts, n'a pu l'apprendre. J'avais un jour pour voisin, dans une composition en allemand où le succès devait décider pour moi du prix d'excellence, le plus mauvais élève de ma classe; il copia sur moi, et, comme nos deux devoirs étaient identiques, la règle nous fut appliquée, nous fûmes mis hors de composition l'un et l'autre; je protestai vivement auprès du proviseur, j'osai prononcer le mot d'injustice, et je n'y gagnai que d'être chassé de son cabinet, avec une verte semonce pour mon insolence. Peut-être avait-on raison d'agir ainsi pour le principe; mais ce n'était certes pas d'une bonne éducation morale. Michel Bréal l'a remarqué : « Les fautes ne sont pas jugées en elles-mêmes, mais d'après la nécessité de maintenir l'ordre, d'après le besoin de faire des exemples. La raison morale est dominée par la raison politique [1]. » Sans doute, la justice du collège connaît, elle aussi, les circonstances atténuantes, les circonstances aggravantes, la sévérité pour les récidivistes. Mais la bonne éducation réclamerait une discipline spéciale pour chaque enfant; ce qui est praticable dans la famille ne l'est plus du tout à l'école.

Nous avons précédemment, dans notre étude sur les rapports de l'intelligence et du caractère, donné l'une des raisons principales qui font la faiblesse de l'éducation morale dans les établissements où l'on élève la jeunesse; c'est la préoccupation excessive de la culture

1. *Quelques mots sur l'instruction publique en France*, p. 301.

intellectuelle, et la place démesurée qu'occupent les exercices de l'esprit dans la vie des écoliers, nous pouvons ajouter dans celle des maîtres. Ce que Locke dit des gouverneurs ou précepteurs me paraît fort sensé, et pourrait, je crois, être mis à profit par tous les maîtres. « La grande affaire d'un gouverneur, c'est de donner à son élève des manières polies, de lui faire prendre de bonnes habitudes, de lui inspirer des principes solides de vertu et de sagesse, de lui apprendre insensiblement à connaître les hommes, et de l'engager à aimer et à imiter ce qui est excellent et digne d'estime, mais avec ce degré de vigueur, d'activité et d'application dont il a besoin pour en venir heureusement à bout. Que s'il l'attache à quelques études particulières, ce n'est que pour mettre en œuvre les facultés de son esprit, l'accoutumer au travail, et lui donner quelque goût pour les choses qu'il doit ensuite apprendre plus exactement de lui-même.... Un gouverneur serait blâmable d'attacher trop longtemps l'esprit de son disciple à la plupart des sciences et de l'y engager trop avant. Il n'en est pas de même de la politesse, de la connaissance du monde, de la vertu, de l'application au travail et de l'amour de la réputation : ce ne sont des choses dont un jeune homme ne saurait être surchargé [1]. »

Cependant les garanties que nous exigeons en général de nos maîtres sont bien plutôt la sûreté et l'étendue des connaissances, l'aptitude à l'enseignement des sciences et des lettres, que l'aptitude à l'éducation morale. Peut-être n'en saurait-il être autrement. M. de Laprade, si peu favorable à notre système d'éducation publique, avoue qu'« on ne peut pas faire des classes de caractère, comme on fait des classes de latin, d'histoire et de

---

1. *De l'Éducation des enfants*, trad. Coste, section IX, chap. XCVII.

mathématiques [1] ». Il n'est pas facile non plus de faire
subir aux maîtres de la jeunesse des examens de caractère, et de constater par des épreuves officielles leur
capacité dans le maniement des âmes. Leur succès dans
les examens difficiles auxquels ils sont soumis prouve
leur intelligence et leur application au travail, mais
rien de plus. De ces succès et des résultats qu'ils obtiennent dans la pratique de l'enseignement dépend leur carrière. On s'occupe moins de savoir si les enfants sortent
de leurs classes l'âme meilleure et le cœur plus haut.
L'éclat des qualités de l'esprit nous rend même indul-
gents sur bien des choses; et, s'il est vrai, comme l'affirme Pascal, que « tous les esprits ensemble et toutes
leurs productions ne valent pas le moindre mouvement
de charité », on peut dire que cette manière de voir n'est
pas celle du monde. Même chez les maîtres de l'enfance,
on semble mettre la valeur de l'esprit au-dessus de celle
de l'âme, qui pourtant n'est pas toujours, tant s'en
faut, en rapport avec la première.

Le bon Rollin dit naïvement : « Parmi ceux qui se
chargent de l'éducation de la jeunesse, il y en a plusieurs que l'état serré de leurs affaires, ou même souvent une pauvreté entière, obligent d'entrer dans cette
profession, et ils ne doivent point en rougir.... Le
salaire qu'ils retirent de leurs peines est certainement
bien légitime et bien mérité. Je voudrais cependant que
ce ne fût point là le seul motif, ni même le motif dominant qui les y engageât; mais que la volonté de Dieu et
le désir de se sanctifier y eussent la principale et la
première part [2]. » Sans doute, ce sont là des considérations qui ne peuvent plus avoir aujourd'hui la même
force qu'autrefois pour déterminer l'une des plus nobles

---

1. *L'Éducation libérale*, 2ᵉ partie, chap. IV.
2. *Traité des études*, liv. VIII, 2ᵉ partie, chap. V.

vocations qui existent. Mais il serait fort désirable qu'avant de se destiner à l'instruction, comme on dit — et il vaudrait mieux dire à l'éducation — on se demandât si l'on a bien les qualités nécessaires pour connaître les enfants, les aimer, s'intéresser à leur vie morale, cultiver en eux non seulement l'intelligence, qui est peut-être secondaire, mais les dons du cœur, et les former à la vertu.

CHAPITRE X

La famille doit suppléer à l'insuffisance de la culture
morale dans l'éducation en commun. « L'éducation que
le père et la mère seuls peuvent donner, dit Victor de
Laprade, est tout à fait distincte de l'instruction; c'est
l'éducation morale proprement dite, celle du cœur et de
la volonté, du caractère, celle de la raison elle-même,
cette faculté supérieure à l'intelligence et de laquelle
dépend la valeur de l'esprit tout entier.... C'est dans
la famille que toutes ces qualités qui font le vrai mérite
et la dignité de l'homme s'acquièrent et s'accroissent le
plus sûrement. En dehors de la vie de famille et dans
le régime des collèges, elles n'ont que des risques à
courir [1]. »

Les parents seuls sont capables d'acquérir cette
connaissance intime des enfants qui est nécessaire
afin d'établir le régime spécial qui convient à chacun,

---

1. *L'Éducation libérale*, 2ᵉ partie, chap. I.

d'abord parce que les sujets d'étude sont pour eux en nombre très restreint, et ensuite parce qu'ils obtiennent des enfants une sympathie et une confiance que les maîtres n'auront presque jamais au même degré. Seuls ils sont capables d'appliquer ce régime, d'en suivre les effets, de le modifier au besoin, enfin de manier l'âme enfantine avec le tact et la souplesse que réclame une œuvre aussi délicate.

Malheureusement tous les enfants qui reçoivent l'éducation en commun ne rentrent pas chaque jour au logis pour jouir pendant une bonne partie de la journée des bienfaits de la vie de famille; un grand nombre, plus de la moitié, restent à demeure au collège en qualité d'internes. Il faudrait donc que l'on s'appliquât à remplacer pour eux, autant que possible, la famille dont ils sont éloignés. Mais nous ne saurions reconnaître que l'on y soit arrivé dans notre système national d'internat, et même, en nous appuyant sur des autorités très compétentes, nous regrettons de dire qu'on ne paraît pas y songer suffisamment.

L'internat, tel qu'il est pratiqué en France dans les établissements de l'État et dans beaucoup d'établissements libres, a été l'objet de critiques très sérieuses dans trois ouvrages pédagogiques remarquables, parus à la même époque, un peu après les désastres de 1870 : *Quelques mots sur l'instruction publique en France*, de Michel Bréal; *la Réforme de l'enseignement secondaire*, de Jules Simon, et *l'Éducation libérale*, de Victor de Laprade. Ces ouvrages ne sont point, tant s'en faut, passés inaperçus; les partisans du système qu'ils condamnent se sont tus ou n'ont fait que des réponses assez médiocres. Les idées contenues dans ces livres souffriraient peu, je crois, si elles étaient soumises à la discussion des pères de famille intelligents et réfléchis, ou des maîtres les plus distingués de la jeunesse

réunis en un de ces congrès pédagogiques assez fréquents chez certains peuples étrangers, mais à peu près
inconnus parmi nous. Les maux de l'internat qui y
sont signalés ne sont ignorés de personne. Cependant
la situation s'est peu modifiée. Les réformes profondes
qu'elle appelle sont difficiles à réaliser, parce qu'elles
exigeraient une transformation de nos mœurs scolaires
qui ne peut être obtenue qu'avec beaucoup de temps et
d'efforts.

Je m'attacherai ici au point principal. Voyons combien la vie de l'internat diffère de la vie de famille, et
place par conséquent l'enfant dans des conditions défavorables pour son éducation morale en empêchant le
bienfait d'une action particulière et intime sur le développement de son caractère, et cherchons quels sont les
moyens de la rapprocher de la vie de famille dans la
mesure du possible.

Les plus distingués des membres du personnel attaché
à nos grands établissements, c'est-à-dire les professeurs,
restent à peu près étrangers à la vie morale des élèves ;
ils viennent faire la classe, enseignent, apprécient surtout l'intelligence et l'application, et, s'ils sont observateurs, peuvent, d'après certains indices, se faire une idée
du caractère des enfants ; mais ils demeurent trop peu
de temps avec eux pour les pénétrer à fond et exercer
sur eux une action efficace. Quel est le professeur qui
peut se vanter d'avoir corrigé l'égoïsme, la sensualité,
l'orgueil, la fausseté d'un élève ? Cette besogne, tout à
fait distincte de l'enseignement du latin ou de la physique, incombe aux administrateurs de la maison et aux
maîtres d'étude.

« Que dire de nos proviseurs, lisons-nous dans Michel
Bréal, qui ne sont pas seulement responsables des
études, mais qui ont à veiller sur la vie matérielle et
intellectuelle d'une population égale souvent à celle

d'un gros village? Combien de moments par jour peuvent-ils consacrer à chacun de leurs élèves, après avoir terminé toute la besogne réglementaire, et en supposant que leurs forces ne fléchissent pas sous un tel fardeau? C'est un événement quand un élève est appelé chez le proviseur. Il apparaît d'ordinaire dans les études une fois par semaine pour la lecture du bulletin hebdomadaire, et il accompagne de quelques paroles les notes lues par le censeur [1]. » Celui-ci est également fort occupé; « ceux qui le voient vaquer à ses multiples et ingrates fonctions savent qu'il lui est difficile d'y ajouter celle d'éducateur. Ses rapports essentiels avec la jeunesse du lycée se bornent à confirmer les punitions données par le professeur et le maître d'étude, à priver de sortie le mauvais élève ou à le faire monter en prison, à distribuer des exemptions aux élèves méritants. Quelques paroles de blâme ou d'approbation, trop générales pour être bien efficaces, accompagnent d'ordinaire ces actes de justice ou de bienveillance [2]. »

Les maîtres d'étude seuls vivent presque continuellement avec les internes et se trouvent ainsi dans les conditions favorables pour les observer et pour agir sur eux. Mais nous savons bien quelles raisons les empêchent de mettre ces conditions à profit; il est inutile d'insister sur ce sujet délicat; personne ne se fait illusion touchant l'influence morale que les maîtres d'étude peuvent exercer autour d'eux; le mieux qu'on puisse souhaiter dans l'état actuel des choses, c'est qu'ils aient une tenue correcte, une vie régulière au dehors, laborieuse à l'intérieur de la maison; que, dans leurs rapports avec les élèves, ils montrent du tact; qu'ils évitent l'excès de rigueur qui les rend odieux aux

1. *Quelques mots sur l'instruction publique en France*, p. 296.
2. *Ibid.*, p. 297.

enfants, ou l'excès d'indulgence qui leur enlève toute autorité. Quant à compter sur eux pour remplacer la famille auprès des internes, nul n'y songe.

En réalité, cette famille absente, personne, dans nos grands internats, ne la remplace, et l'on ne saurait trop le regretter. Cependant l'internat est un mal nécessaire. Il est facile de dire aux familles : « Gardez vos enfants auprès de vous », mais, dans une foule de cas, cela équivaudrait à les priver de l'instruction qui leur est indispensable pour exercer la profession à laquelle ils se croient appelés ou que l'on désire pour eux. Un de nos contemporains dit que le baccalauréat est « la porte majestueuse et stupide qui donne accès aux fonctions publiques » ; il n'en est pas moins vrai qu'on doit passer par cette porte, qu'on ne prépare le baccalauréat qu'au collège, lorsque la famille n'est pas assez riche pour faire venir un précepteur, et que la nécessité d'étudier au collège force un grand nombre d'enfants à être internes.

Sans doute, il vaudrait mieux souvent qu'ils restassent à la maison, et que, sans se laisser aller à des visées ambitieuses, ils prissent le sage parti de continuer le métier de leur père ; cela ne nuirait ni à leur bonheur ni à la prospérité du pays. Combien d'observations attristantes j'ai recueillies à ce sujet dans le cours de ma carrière ! Mais, après avoir inutilement donné des conseils qui ne sont jamais suivis, que peut-on faire, sinon de rester spectateur impuissant du mouvement général qui emporte une société à de nouvelles et inquiétantes destinées ? Nos campagnes ne connaissent plus les nombreuses familles d'autrefois, qui vivaient, non sans un rude labeur, il est vrai, en cultivant leur patrimoine. Des paysans relativement aisés n'ont souvent qu'un fils, qu'ils destinent aux carrières dites libérales ; ils se condamnent ainsi à des sacrifices très lourds et, au point de vue social, stériles, sinon funestes : car on peut envisager dans l'avenir, quand ces parents imprudents seront morts, un foyer délaissé au village, des champs vendus au-dessous de leur valeur, et, à la suite d'un grand nombre de sottises du même genre, l'agriculture languissant faute de bras, de capitaux et d'intelligence : triste situation dont le recrutement de plus en plus assuré des fonctionnaires, des avocats, et l'augmentation du nombre de ceux qu'on pourrait appeler les parasites sociaux ne nous consolent que médiocrement !

Mais qu'y faire? Si l'État fermait ses internats, comme on le lui demande souvent, nos mœurs n'en seraient point modifiées; tout de suite l'initiative privée en ouvrirait d'autres, qui n'offriraient pas plus de garanties. De grands établissements libres se sont fondés et ont eu la vogue, sans avoir la moindre supériorité sur les lycées au point de vue de l'éducation morale des internes.

Il ne faut pas compter beaucoup sur le succès d'efforts qu'on pourrait faire pour développer un usage qui existe à peu près partout en Allemagne, et y remplace l'internat : je veux parler de l'admission des enfants éloignés de leur pays dans les familles de la ville où est placé le collège. « On s'enquiert, dit Michel Bréal, de quelque famille de bonne volonté, jouissant d'une réputation honorable, qui veuille donner à l'enfant le vivre et le couvert. Il y est reçu comme le camarade des enfants de la maison, et il y a sa place au foyer. Beaucoup de familles bourgeoises, rentiers modestes, petits employés, veuves ayant elles-mêmes des enfants à élever, trouvent dans un ou deux pensionnaires un utile supplément de revenu; non que la rémunération soit grande; quelquefois elle est étonnamment petite; mais une chambrette inoccupée peut servir au nouvel hôte de la maison; sa place à table n'augmente pas beaucoup la dépense.

L'affection qui ne tarde pas à naître fait oublier ce que le marché peut avoir de médiocre.... En général, on s'applique à trouver une famille du même niveau social que la maison paternelle.... Dans ce système d'éducation, la mère adoptive joue un rôle essentiel [1]. »

Cet usage, qui nous paraît si étranger aujourd'hui, était pourtant fort répandu dans notre pays avant la Révolution. Je ferai encore ici un emprunt aux curieux Mémoires de Marmontel, qui m'ont déjà servi deux fois; la petite bourgeoisie provinciale du xviii° siècle s'y retrouve toute vivante. « Je fus logé, dit-il, selon l'usage du collège, avec cinq autres écoliers, chez un honnête artisan de la ville; et mon père, assez triste de s'en aller sans moi, m'y laissa avec mon paquet et des vivres pour la semaine. Ces vivres consistaient en un gros pain de seigle, un petit fromage, un morceau de lard et deux ou trois livres de bœuf; ma mère y avait ajouté une douzaine de pommes. Voilà, pour le dire une fois, quelle était, toutes les semaines, la provision des écoliers les mieux nourris du collège. Notre bourgeoise nous faisait la cuisine; et pour sa peine, son feu, sa lampe, ses lits, son logement, et même les légumes de son petit jardin, qu'elle mettait au pot, nous lui donnions par tête vingt-cinq sous par mois; en sorte que, tout calculé, hormis mon vêtement, je pouvais coûter à mon père de quatre ou cinq louis par an. »

Les pages où l'auteur raconte la vie intime des écoliers dans les chambrées sont pleines d'intérêt; nous voudrions pouvoir les citer en entier. Mais ce qui précède suffit pour montrer que, si les écoliers retrouvaient un peu de la vie de famille dans les maisons où ils demeuraient, les braves gens qui les logeaient ne remplaçaient

1. *Quelques mots sur l'instruction publique en France*, p. 287, 283.

point le père et la mère pour leur éducation morale et n'avaient pas une autorité suffisante pour diriger leur conduite. Si cette conduite restait bonne, le mérite en revenait surtout aux écoliers eux-mêmes, aux mœurs générales du temps, au milieu sain et droit dans lequel ces enfants avaient grandi; cependant il convient de reconnaitre aussi l'influence bienfaisante d'une liberté assez grande, qui, tout en les exposant à quelques dangers, leur laissait l'entrain, la bonne humeur, l'initiative, le sentiment de la responsabilité, toutes choses que l'on ne connaît pas au même point dans les tristes murs d'un collège.

L'institution des *chambriers*, qui n'est pas, comme on le voit, propre à l'Allemagne, a presque entièrement disparu de chez nous, et nous croyons qu'il serait difficile de la faire renaître. Il ne faut attribuer sa disparition à aucun règlement officiel autre que les décrets impériaux de 1811, qui n'ont pu avoir un effet bien durable. Tout lycée qui reçoit des externes serait forcé de recevoir des chambriers, s'il plaisait aux parents de confier leurs enfants à des familles demeurant dans la ville où le lycée est situé, et surtout s'ils découvraient des familles présentant des garanties suffisantes et prêtes à se charger d'un tel office. En supposant qu'il s'en trouvât, l'effort qu'elles feraient pour s'imposer ce que presque toutes, en raison de nos habitudes privées, considéreraient comme une gêne, demanderait à être récompensé par des avantages pécuniaires qui entraîneraient pour les parents des chambriers des dépenses plus lourdes que celles de l'internat proprement dit.

Cependant l'État pourrait faire un essai sérieux du système dans les conditions suivantes, qui nous paraissent les plus favorables. Il faudrait choisir un petit lycée situé dans une ville de médiocre importance, où la vie est à bon marché, et où un certain nombre de

familles appartenant à la bourgeoisie honnête et digne,
mais peu aisée, seraient capables de se laisser tenter
par la perspective d'un léger bénéfice. Le proviseur qui
dirigerait le lycée, et qui serait disposé, condition
essentielle, à tout faire pour mener l'essai à bonne fin,
rechercherait lui-même ces familles et serait l'intermédiaire entre elles et les parents des élèves. On ne vise-
rait pas à transformer d'un seul coup tous les internes
en chambriers; on commencerait par les plus jeunes,
ceux qui entrent au lycée, qui n'ont pas encore pris les
habitudes de l'internat et qui retrouveraient un peu
dans leur famille d'adoption celle qu'ils viennent de
quitter. Car prendre, pour en faire des chambriers, des
collégiens déjà soumis pendant quelques années à la
discipline qu'on pourrait appeler « inhibitoire », et qui
comprime l'initiative et la volonté des enfants en même
temps qu'elle développe en eux des tendances à l'insubordination et aux légèretés de toutes sortes, ce serait
s'exposer à un échec presque certain. Si l'essai, ainsi
dirigé, réussissait une première année, on pourrait le
prolonger dans la même ville, puis l'étendre à d'autres.
Il y faudrait, on le voit, de la suite et de la constance.

Des précautions du même genre devraient être prises
si l'on voulait établir en France le système tutorial qui
est en vigueur dans les grands collèges anglais. Le beau
rapport de MM. Demogeot et Montucci nous donne sur
ce système de très intéressants détails. « Les écoles publiques, disent-ils, sont presque toutes placées loin des
grandes villes, à la campagne, dans un site agréable,
près d'un cours d'eau, au milieu de vertes pelouses,
de collines boisées et de larges horizons.... L'éducation
publique, telle que les Anglais la comprennent, ne
paraît pas compatible avec l'étroit casernement qu'impose le séjour d'une ville populeuse.... L'école anglaise
est un hameau dont les divers bâtiments, dispersés çà

et là, se groupent dans un désordre capricieux et pittoresque, autour de l'édifice qui contient les salles de classe.... Les élèves se rassemblent au bâtiment central à l'heure des classes. Après la leçon, chacun quitte l'école pour se rendre dans la maison où il réside, où il trouve le couvert, la table, l'étude, la direction intellectuelle et morale. C'est là le point essentiel de l'éducation anglaise, la clef de voûte de tout le système.... Les élèves que leurs familles envoient comme pensionnaires à une école publique sont confiés par elles à l'un des maîtres, dont la maison devient la leur. Il y a autour de chaque école plusieurs de ces pensions, autorisées par le principal, et dont le nombre est fixé d'après le chiffre total des élèves.... Le directeur de la pension est ordinairement, mais non pas toujours, tuteur, c'est-à-dire répétiteur, directeur intellectuel des élèves qui l'habitent. Les principaux, quand ils tiennent des pensions, sont trop occupés néanmoins pour faire répéter eux-mêmes leurs pensionnaires; les maîtres de mathématiques, de langues vivantes, les personnes étrangères au professorat, sont obligés de confier leurs pensionnaires à la direction d'un professeur classique de l'établissement, répétiteur externe, qui, sous le nom de tuteur, vient dans la maison à des heures déterminées pour faire l'appel, dire la prière, corriger les devoirs de la classe et diriger les travaux particuliers qui la complètent [1]. »

Cette distribution des élèves en petites pensions, dirigées toutes par des personnes respectables qui ont pour la plupart la double qualité de maître de pension et de tuteur, permet de témoigner aux élèves une certaine confiance et de leur laisser une certaine liberté que nos grands internats, dans lesquels les pensionnaires sont

_____

1. *De l'enseignement secondaire en Angleterre et en Écosse*, 1re partie, 1e section, chap. III.

agglomérés comme les soldats à la caserne, ne pourraient admettre. Les professeurs du collège, à la fois maîtres de pension et tuteurs, vivent avec leurs élèves dans une intimité qui leur permet d'être les remplaçants de leurs pères, *in loco parentis*, comme disent les statuts. « Je crois, dit le révérend Stephens Hawtrey (cité par Demogeot et Montucci comme un juge compétent et au courant des différents systèmes d'éducation adoptés en Europe), qu'on ne peut attacher trop de valeur à cette liaison et à l'influence qu'elle exerce, soit sur l'enfant, soit sur le tuteur. Celui-ci est en rapport d'amitié et en correspondance intime avec les parents de son élève; il est au fait de toutes les circonstances particulières dans lesquelles il se trouve. Le pupille ne l'ignore pas, et il s'attache bientôt à son tuteur avec un sentiment d'affection et de confiance. Quand le tuteur est dans la chambre de l'enfant, ou quand il le reçoit dans son cabinet, il sait alors déposer le rôle de maître et n'être plus qu'un ami. »

Malgré les différences profondes qui séparent les deux peuples, Anglais et Français, je ne vois rien, dans notre caractère et dans nos mœurs, qui s'oppose en principe à l'institution du système tutorial parmi nous; il y existe même, bien restreint, il est vrai; quelques professeurs de Paris ont auprès d'eux, comme pensionnaires, de jeunes gens qu'ils conduisent aux cours du lycée et auxquels ils donnent des soins particuliers. Mais ce régime, employé dans une grande capitale, ne peut produire, au point de vue moral, tous les résultats qu'on a le droit d'en attendre, et, de plus, il coûte assez cher aux parents. En Angleterre, quoique les grands collèges soient à la campagne, il nécessite, de la part des familles, des dépenses que nos ressources, en général beaucoup plus modestes, ne nous permettraient point de supporter. Un élève de Rugby, de Harrow, d'Eton coûte à ses parents pour son entretien au collège une somme annuelle qui n'est jamais inférieure à 2000 francs, et qui, surtout à Eton, peut dépasser 5000. Les frais de premier établissement pour un professeur maître de pension, avec les exigences de représentation et de confortable qui s'imposent à lui, sont très élevés.

Il faudrait donc, si l'on voulait faire en France un essai méthodique du système tutorial, l'accommoder à nos habitudes et à nos ressources. L'entreprise, dont l'État prendrait l'initiative, serait d'abord modeste. On commencerait par construire, aux environs d'une grande ville, où résident en nombre des familles intelligentes et riches, un petit bâtiment pour l'école proprement dite, et deux ou trois maisons de campagne pour loger dans chacune un professeur avec sa famille et une dizaine de pensionnaires; les professeurs seraient choisis parmi les maîtres qui présentent toutes les qualités nécessaires non seulement pour donner un bon enseignement, mais pour diriger le moral des élèves et tenir une maison; quant aux enfants, comme je l'ai dit précédemment à propos des chambriers, ils devraient être tout jeunes, sortir de leur famille, et n'avoir pas encore reçu l'éducation publique dans un internat. Un administrateur de confiance, sans être spécialement attaché à ce collège d'un nouveau genre, suivrait de près l'essai et serait le conseiller et le guide des professeurs, tout en leur laissant une large initiative. Si les premiers résultats étaient bons, le collège grandirait peu à peu, pour devenir avec le temps un établissement de plein exercice, qui servirait de modèle à d'autres. Il faut se défier, en général, des entreprises précipitées et trop vastes; les insuccès partiels, les tâtonnements y aboutissent à la confusion et au désarroi, tandis qu'ils peuvent aboutir au perfectionnement et au succès final lorsque le champ d'expérience est plus restreint.

16

Quoi qu'il en soit, le type actuel d'internat durera longtemps encore dans les maisons de l'État et dans les institutions libres. Mais on pourrait y apporter, en vue de la culture morale des enfants, des modifications utiles et supprimer de regrettables abus. « La situation, dit M. Gréard, appelle des remèdes énergiques. Le premier de tous, celui sans lequel tous les autres seraient inutiles et impuissants, c'est la diminution du nombre des élèves [1]. » Cet éminent pédagogue demande la limitation des cadres de tout établissement à 500 jeunes gens au plus. A notre avis, la question du nombre des élèves est intimement liée à d'autres. Si le proviseur et le censeur d'un lycée continuent à avoir seuls la charge de l'éducation morale des enfants avec la collaboration stérile de jeunes maîtres d'étude sans compétence et sans autorité, ce n'est pas à 500 qu'il faudrait réduire le nombre des élèves, mais à 50 ou 60, qui suffiraient largement à occuper l'esprit de deux éducateurs. A Eton, au contraire, il y a 800 élèves; mais qu'importe, si ces élèves sont répartis en un grand nombre de petites pensions dans chacune desquelles un tuteur spécial remplace le père de famille? Comme le disent fort bien MM. Demogeot et Montucci, « les inconvénients du nombre disparaissent devant les sages mesures de l'organisation ».

Sans doute il serait bon de restreindre dans nos lycées français le nombre des internes. Mais le plus important, à notre avis, serait de donner aux chefs de ces établissements, pour leur tâche d'éducateurs, qui est au-dessus de leurs forces, des auxiliaires sérieux. Les trouvera-t-on parmi les professeurs? Nos mœurs scolaires actuellement n'admettent pas cette combinaison ; comme nous l'avons dit, les professeurs viennent au lycée pour

---

1. *L'Esprit de discipline dans l'éducation*, p. 47.

faire la classe, donner des leçons particulières; quant
au reste, ils y sont à peu près étrangers; par exemple,
ils apprennent souvent avec surprise qu'un de leurs
bons élèves s'est rendu à l'intérieur coupable d'une faute
grave et a été frappé d'une punition exceptionnelle,
ou même exclu, sans qu'ils aient été consultés en quoi
que ce soit dans cette circonstance.

Serait-il impossible, lorsque l'autorité et l'expérience
acquises par l'âge les rendent dignes d'exercer les fonctions tutoriales, de les attacher par certains avantages
à des petits groupes d'internes en qualité de tuteurs, de
chercher à établir entre eux et ces élèves les relations
d'intimité et de confiance qui existent dans les grands
collèges anglais, de faire d'eux, à côté du proviseur et
du censeur, mais non pas tout à fait en dehors de
l'action de ces chefs, les représentants des familles.

Il y a lieu, quand on y réfléchit, d'être surpris et
affligé de voir exister ainsi entre les fonctionnaires de
l'administration des lycées et ceux de l'enseignement
une ligne de démarcation aussi tranchée. Dans notre
système actuel, les professeurs expérimentés auraient,
ce semble, plus de titres à se mêler des choses de l'éducation morale que les administrateurs, en général, n'en
ont à s'immiscer dans celles de l'enseignement. En
Allemagne, le directeur d'un gymnase est toujours
choisi parmi les professeurs les plus distingués, non
seulement en raison de ses capacités administratives,
mais surtout à cause de sa valeur comme savant, comme
maître et comme pédagogue. Il n'est pas, ainsi que cela
se voit souvent en France, inférieur par les titres universitaires à plusieurs de ses subordonnés; il est réellement, et à tous égards, suivant une expression souvent
citée, *primus inter pares*. Il ne se réserve pas avec un
soin jaloux l'examen de toutes les affaires qui intéressent la direction de la maison, mais il prend, en maintes

circonstances, l'avis des professeurs réunis en conseil. « Pour toutes les affaires importantes, dit Michel Bréal, le directeur doit assembler le conseil des professeurs et s'entretenir avec lui des déterminations à prendre. Ce n'est pas que les gymnases aient une constitution républicaine; mais il est toujours bon de prendre l'avis d'hommes expérimentés [1]. »

Dans ce noble rôle de tuteur des enfants il y aurait de quoi séduire les hommes de cœur et de dévouement, qui sont nombreux parmi nos universitaires. Peut-être ces mœurs nouvelles seraient-elles un peu longues à établir; mais, en ouvrant la voie d'une manière franche et libérale, et en faisant comprendre à certains opposants, qui n'ont pas pour mobile dans leur résistance les intérêts de la jeunesse, qu'on veut que tout soit fait pour que l'essai réussisse, on arriverait à des résultats dont les enfants, pour qui, en somme, existent les lycées, seraient les premiers à s'apercevoir et à se féliciter.

Beaucoup ont dans leur vie d'internes des moments de crise; tout le monde, proviseur, censeur, maîtres d'étude, semble se tourner contre eux; alors ils tombent dans un profond découragement, ou, ce qui arrive souvent, se cabrent et s'endurcissent. Si la famille est invoquée par eux, celle-ci, qui ne connaît rien de la situation que par les plaintes des administrateurs ou par les récriminations des enfants, approuve la sévérité des uns ou, par une regrettable faiblesse, la résistance des autres. Dans ce cas, le tuteur, mieux au courant, et qui aurait par ses bons soins gagné la sympathie de l'élève, serait un intermédiaire excellent, un conseiller écouté. Dans les jours de sortie, pendant lesquels nos collégiens disent ou font parfois tant de sottises, il serait le correspondant respecté, auprès duquel l'enfant trouverait la

---

1. *Excursions pédagogiques*, p. 47.

vie de famille, les avis salutaires, les remontrances affectueuses. Tout cela n'est pas de l'utopie; en le voulant
bien, on pourrait en faire une réalité.

L'institution des maîtres d'étude demande aussi une
réforme profonde. Tout le temps que la place ne vaudra
pas mieux qu'aujourd'hui, non seulement sous le rapport du traitement, mais surtout au point de vue de la
considération qui y est attachée et du service qu'elle
exige, on ne trouvera pas mieux pour l'occuper que de
jeunes débutants, souvent très dignes d'intérêt, mais
qui ne demandent qu'à la quitter le plus tôt possible et
qui ne présentent pas du tout les qualités nécessaires
pour exercer les belles fonctions d'éducateur, ou de
vieux maîtres qui, pour la plupart, n'ont pu, faute d'intelligence ou de travail, se faire une position plus brillante, qui ont blanchi dans la routine de l'internat, et
qui ne peuvent prétendre à l'autorité morale nécessaire
pour agir en bien sur les enfants.

Je voudrais que les fonctions de maître d'étude (le
nom devrait être changé) fussent aussi désirables que
celles de professeur, jouissent de la même considération
et des mêmes avantages, exigeassent par conséquent
les mêmes garanties et les mêmes titres. Pourquoi la
classe paraîtrait-elle moins pénible et plus digne d'estime que la surveillance des enfants pendant les études
et les promenades, exercée par un maître qui les entoure
d'une sollicitude à la fois affectueuse et ferme, et qui
intervient avec tact et autorité dans leurs travaux et
dans leur vie morale? Les professeurs surveillent bien
sans déroger des compositions et des concours; un professeur d'histoire naturelle conduit bien ses élèves dans
les herborisations et dans les excursions géologiques.

Nous oserons même demander pourquoi existerait
toujours cette distinction absolue entre les fonctions de
professeur enseignant et celles de maître surveillant,

pourquoi la tâche de la surveillance ne serait point répartie entre les nombreux professeurs d'un lycée, en l'allégeant toutefois du service au dortoir, ce qui serait indispensable, mais ne nuirait pas beaucoup à l'éducation des élèves? Au dortoir il ne s'agit que d'imposer une discipline rigoureuse; des sous-officiers bien choisis y suffiraient.

Mais il faudrait que la discipline de l'internat subît, elle aussi, de grandes modifications, si l'on confiait le soin de l'appliquer à de vrais maîtres, dignes de considération et de respect. Il faudrait qu'elle ne fût pas exclusivement inhibitoire, qu'elle ne pesât pas sans cesse comme un lourd fardeau sur la gaieté et sur l'activité du jeune âge, que le maître n'apparût pas uniquement aux enfants comme un surveillant désagréable, dispensateur des pensums et des consignes.

Je ne suis nullement un optimiste rempli d'illusions. Je sais que le mal existe à l'origine dans le cœur de l'enfant, et que celui-là s'exposerait à des déceptions cruelles qui n'aurait recours qu'à la liberté, aux moyens de douceur et de raison, pour lutter contre l'action incessante des mauvais instincts innés dans l'homme. Mais je crois aussi que la discipline de nos internats penche trop du côté de la prohibition, qu'elle ne seconde pas assez, qu'elle contrarie même le développement normal de l'activité juvénile, que, pour empêcher que le collège ne dégénère en une république bruyante et désordonnée, elle s'expose trop au reproche de le faire ressembler au couvent ou à la caserne, qu'elle n'a pas sur les cœurs cette action intime, délicate, profonde, qui seule peut être salutaire, et qu'elle n'obtient qu'une régularité d'apparence, dont l'insubordination et la révolte viennent varier parfois la lourde monotonie. « Comme s'il y avait trop d'énergie dans le monde, dit Jean-Paul, il n'y a de récompenses que pour l'abstention. Les châtiments ne manquent pas pour imprimer la crainte de mal faire : mais où est l'enseignement, où sont les récompenses pour l'initiative et le courage?... Pourtant un bras cassé guérit plus vite que la volonté brisée. Aucune force ne doit être atténuée dans l'homme ; il faut seulement augmenter la force opposée [1]. »

Je ne sais point si j'exagère, mais je dirai que j'ai toujours trouvé la jeunesse de nos internats, après quelques années de pension, plutôt ennuyée et sournoise que franche, vive et de bonne humeur. Ce n'est pas là cependant notre caractère national, tel qu'il se montre en pleine liberté. Conserve-t-on un souvenir riant et affectueux des années d'internat? Peut-on appliquer à nos écoliers français ce qui nous est dit de ceux des collèges d'Angleterre, comme Eton, Rugby, Harrow, « qu'ils conservent de l'école où ils ont passé leur enfance le souvenir le plus cher et le plus reconnaissant? Hommes faits, ils en parlent avec affection comme d'une patrie ; ils en restent les amis, les protecteurs.... Nous avons vu, dans les bibliothèques de plusieurs écoles, des collections d'objets précieux envoyées par d'anciens élèves du fond de l'Inde ou de la Chine, comme présents, comme souvenirs. Il y avait quelque chose de touchant dans ces gages d'affection venant de si loin et après tant d'années d'absence [2]. »

Si l'on voulait effectuer dans la discipline de l'internat les réformes qui nous paraissent nécessaires, malgré le vif désir avec lequel nous les souhaitons, nous sommes d'avis qu'il convient de procéder ici encore avec méthode et réserve, par voie d'essais suc-

----

1. Cité par Bréal, *Excursions pédagogiques*, p. 99.
2. Demogeot et Montucci, ouvrage cité, 1re partie, 1re section, chap. III

cessifs. Il ne s'agit pas d'accorder à nos lycées une charte d'affranchissement, ni d'opérer dans les mœurs scolaires une révolution semblable à celle qu'Edmond About a racontée avec tant de charme dans son *Roman d'un brave homme*. On risquerait de tout compromettre. Que les proviseurs qui n'ont pas dans le système actuel de discipline une foi entière et qui sont capables d'une initiative libérale examinent leurs règlements avec attention, et qu'ils aient le droit d'y introduire modestement les petites libertés qui leur paraîtront les moins dangereuses, d'en supprimer les prohibitions dont l'utilité est très discutable. Qu'ils tentent quelques essais avec le désir sincère de les voir réussir et la patience qui leur fera supporter, en vue du succès final, des désagréments inévitables. Ou je me trompe fort, ou ils s'apercevront bientôt qu'on peut, sans péril, marcher dans cette voie, non pas à l'étourdie, mais en se soutenant, au milieu des difficultés que l'on pourra rencontrer, par la conviction que l'on est dans le vrai, et en la faisant partager aux autres.

Il y a chez nous des éducateurs qui inclinent toujours à la répression, à la prohibition ; je connais un établissement où le jeu de paume, qui passionnait les élèves de la grande cour, fut défendu parce qu'ils avaient cassé quelques vitres : on aurait mieux fait de mettre un grillage en treillis aux fenêtres, et de les laisser animer par un jeu excellent la langueur habituelle de leurs récréations. Il y a d'autres éducateurs, plus rares, qui ressemblent à ce maître anglais auquel on demandait si ses élèves n'abusaient pas de leur liberté au détriment de leurs devoirs : « Il est vrai, répondit-il, que quelques-uns en abusent : nous aimons mieux cela que si tous ensemble n'apprenaient pas à en user [1] ».

---

1. Demogeot, etc., même chapitre.

Par des réformes comme celles que nous venons d'indiquer, en augmentant dans une juste mesure la liberté, l'activité des enfants, en leur faisant aimer le collège par tous les moyens honnêtes, en surveillant avec une sollicitude plus affectueuse et plus pénétrante le développement de leur caractère, en mettant auprès d'eux, au milieu d'eux, sous le nom de professeurs, régents, tuteurs, peu importe, des conseillers sympathiques et respectés, en faisant concourir sérieusement tous les fonctionnaires du collège à l'œuvre de l'éducation morale, plus nécessaire et plus difficile que celle de l'instruction, on atténuera beaucoup les graves défauts qui ont été vivement et justement reprochés à l'internat en France. Quelques lycées se distinguent par leurs succès dans les concours de l'intelligence ; des administrateurs sont notés comme prudents et habiles à faire venir dans les maisons qu'ils dirigent le flot des élèves. Nous souhaiterions qu'il pût y avoir entre nos lycées un concours permanent pour l'excellence de l'éducation donnée aux enfants ; qu'il n'y eût pas entre eux, sous ce rapport, une trop monotone ressemblance, et qu'on employât plus largement les forces vives qui existent chez les élèves et chez les maîtres. Tout notre effort doit tendre, non pas à développer chez les enfants des habitudes passives d'obéissance et de travail, mais à exciter leur énergie dans la lutte pour l'existence, relevée et ennoblie par l'idéal du devoir.

CHAPITRE XI

Nous allons étudier maintenant les moyens généraux dont les éducateurs, soit dans la famille, soit dans les écoles, disposent pour former le caractère de l'enfant. La pédagogie scolaire, sur certains points, diffère de la pédagogie familiale ; elle a ses règles particulières ; mais toutes deux présentent un grand nombre de traits communs, et les remarques qui s'adressent aux parents peuvent, la plupart du temps, être mises à profit par les maîtres.

L'enfant, dans les premiers temps de son existence, n'est guère entre nos mains qu'un être passif, qui dépend entièrement de nous et qui se laisse faire. Mais sa personnalité ne tarde pas à se manifester ; nous nous apercevons bientôt qu'il n'est pas, comme on le dit, une cire molle, prête à prendre toutes les formes, mais qu'il est un être actif, qu'il possède une énergie propre, qui résiste souvent à la nôtre, et que nous ne pouvons pas laisser se développer en pleine liberté, puisque l'enfant, encore ignorant de la vie, de ses véritables intérêts et de ses devoirs, est incapable de se diriger lui-même.

Parmi les moyens dont nous nous servons pour le diriger, figure au premier rang l'obéissance, qui fait plier la volonté naissante de l'enfant devant la nôtre, et qui le détermine soit à s'abstenir des actes qui lui sont défendus, soit à exécuter ceux qui lui sont ordonnés. L'acte défendu lui aurait été agréable, parce qu'il aurait servi à la satisfaction de l'un de ses instincts; l'acte ordonné, au contraire, lui est fréquemment désagréable, parce que ses instincts ne l'y portent point d'eux-mêmes et qu'il doit, pour l'exécuter, s'imposer un effort; l'obéissance implique donc pour lui un sacrifice consistant à renoncer à un plaisir espéré ou à se donner quelque peine.

Elle en implique aussi un autre, très sensible à l'orgueil inné dans tout homme et déjà vivace chez l'enfant, celui qui consiste à incliner sa volonté devant celle d'autrui. Un grand nombre d'actes de désobéissance ont pour cause la difficulté qu'éprouve l'enfant à subir ce que son orgueil considère comme une humiliation, plutôt que l'attrait du plaisir ou la crainte de l'effort. Ces petits êtres sont capables, en maintes circonstances, d'un entêtement extrême à résister lorsque l'ordre qui leur est donné semble cependant pour eux d'une exécution facile; c'est qu'il s'agit d'une chose bien autrement difficile que de se priver d'un petit plaisir ou d'imposer un petit effort à sa paresse naturelle : il s'agit d'abaisser un orgueil qui a jeté des racines profondes longtemps avant que l'enfant ait une conscience nette de sa personne : mais le sentiment personnel, quoique confus, est déjà puissant en lui.

Dans le *Ruy Blas* de Victor Hugo, lorsque don Salluste ordonne de ramasser un mouchoir et de fermer une fenêtre à l'homme qui n'est pour lui qu'un laquais, lorsqu'il est pour tous les autres le premier ministre de l'Espagne, assurément ce n'est pas l'acte de fermer une fenêtre, insignifiant en lui-même, qui torture le cœur de Ruy Blas, c'est l'humiliation de se trouver dans l'état dépendant d'un laquais avec une âme d'homme libre et d'ambitieux, sans la haute vertu stoïcienne ou sans l'humilité chrétienne qui lui feraient considérer sa bassesse avec indifférence, ou même avec joie. La dépendance forcée où l'on se trouve à l'égard d'un autre homme engendre naturellement des sentiments de révolte, d'envie et de haine, à moins qu'elle ne soit adoucie par d'autres sentiments, comme celui de la reconnaissance qui attache l'enfant à ses parents, ou celui du dévouement, d'autant plus profond qu'il est moins raisonné, des sujets envers le prince, dans certains États monarchiques.

J.-J. Rousseau, qui avait été laquais, n'admettait point la dépendance d'homme à homme : pour lui, le système social devrait être organisé de telle façon que nulle volonté particulière n'y pût être ordonnée. « Il y a, dit-il, deux sortes de dépendances : celle des choses, qui est de la nature ; celle des hommes, qui est de la société. La dépendance des choses, n'ayant aucune moralité, ne nuit point à la liberté et n'engendre point de vices ; la dépendance des hommes, étant désordonnée, les engendre tous, et c'est par elle que le maître et l'esclave se dépravent mutuellement. S'il y a quelque moyen de remédier à ce mal dans la société, c'est de substituer la loi à l'homme et d'armer les volontés générales d'une force réelle, supérieure à l'action de toute volonté particulière. Si les lois des nations pouvaient avoir, comme celles de la nature, une inflexibilité que jamais aucune force humaine ne pût vaincre, la dépendance des hommes deviendrait alors celle des choses ; on réunirait dans la république tous les avantages de l'état naturel à ceux de l'état civil : on joindrait à la liberté qui maintient l'homme exempt de vices, la moralité qui l'élève à la vertu [1]. »

Ces idées donnent lieu à bien des objections. Il est inexact d'abord que la dépendance des choses ne nuise point à la liberté, puisque les races énergiques qui la sentent peser sur elles font tout ce qu'elles peuvent pour s'en affranchir, et qu'elles ne se résignent à la subir que quand leurs efforts demeurent impuissants. Les découvertes de l'industrie humaine sont autant de conquêtes sur la nature, autant d'affranchissements à l'égard des choses. La dépendance des hommes, considérée d'une certaine façon, n'est elle-même que la dépendance des choses; car il faut attribuer en grande partie à la nature la faiblesse et la force qui font que les uns obéissent et que les autres commandent. Enfin cette force inflexible que Rousseau désire voir donner à la loi, expression de la volonté générale, ne pèserait-elle pas en certaines circonstances sur la liberté individuelle d'une manière tout à fait oppressive? C'est un dangereux sophiste que celui qui, sous prétexte de supprimer la dépendance des hommes, aboutit dans son *Contrat social* à l'organisation du despotisme démocratique le plus lourd et le plus intolérable!

Il applique sa théorie à l'éducation. « Maintenez l'enfant, dit-il, dans la seule dépendance des choses, vous aurez suivi l'ordre de la nature.... Qu'il ne sache ce que c'est qu'obéissance quand il agit, ni ce que c'est qu'empire quand on agit sur lui. Qu'il sente également sa liberté dans ses actions et dans les vôtres [2]. » Dans l'état social au milieu duquel il a vécu, l'imagination de Rousseau ne voyait partout que des maîtres et des valets; il se représentait sous les plus tristes couleurs

1. *Émile*, livre II.
2. *Ibid.*

l'insolence des uns, la bassesse des autres; confondant l'obéissance avec la servilité, il voulait que toute idée, toute habitude de subordination fût soigneusement écartée dès l'enfance, et que l'on préparât ainsi pour l'âge adulte des citoyens égaux et libres.

Suivant la remarque très sensée de Kant, « il ne faut pas essayer de donner à un enfant le caractère d'un citoyen, mais celui d'un enfant [1] ». Pour examiner la question de l'obéissance, on doit se placer surtout au point de vue de l'enfant, se demander s'il y a, dans les premières années, un meilleur moyen d'agir sur son caractère pour le modifier en bien, combattre les tendances mauvaises et lui donner de bonnes habitudes.

Le petit enfant ne peut guère connaître qu'un seul « impératif catégorique », une seule loi morale : c'est la volonté de ceux dont il dépend; ainsi que le dit l'épigraphe placée par Mme Necker de Saussure en tête du chapitre où elle traite de l'obéissance pendant le premier âge, le devoir de l'obéissance est le seul qu'il puisse comprendre. Il obéit à la volonté de ses parents comme il se conforme plus tard à la loi morale, en s'imposant un effort, une peine, un sacrifice. La volonté des parents, devant laquelle il doit s'incliner sans discussion, représente alors pour lui les principes de morale qui devront diriger sa vie dans l'avenir. On peut même dire que les parents, quand ils sont honnêtes, servent simplement d'intermédiaires entre l'enfant et la loi morale, dont il n'entend pas encore directement les prescriptions dans sa conscience. Lorsqu'ils lui défendent, par exemple, la gourmandise, le mensonge, le larcin, auxquels il est naturellement porté, lorsqu'ils lui ordonnent le respect de l'âge ou de la faiblesse, qu'il ne pratiquerait pas de lui-même, font-ils

1. *Traité de pédagogie*, édit. Thamin, p. 95.

autre chose que de parler à l'enfant le langage que sa conscience lui parlera plus tard? Les réprimandes, les châtiments, les éloges, les récompenses, le plaisir qu'il fait à ses parents, la peine qu'il leur cause, sont de véritables sanctions, les seules auxquelles il puisse être sensible.

Quant aux actions indifférentes au point de vue de la morale, c'est encore la volonté des parents qui remplace pour l'enfant l'expérience qui lui manque. On lui défend de toucher aux objets tranchants, de s'approcher trop près du feu, parce qu'il ne connaît pas encore le danger des coupures et des brûlures. Qu'est-ce qu'un homme honnête et expérimenté a de mieux à faire que d'obéir à sa propre raison, lorsqu'elle oppose aux impulsions de la sensibilité la règle du devoir et les conseils de l'expérience personnelle? La raison de l'enfant ne pouvant connaître encore cette règle et ces conseils, ses éducateurs les lui suggèrent avec le ton de l'autorité et sous la forme d'ordres. C'est un devoir que la nature leur impose, puisqu'elle ne fait pas naître l'enfant avec une raison adulte, et un droit qu'ils tiennent d'elle. « Qu'on ne croie pas, dit Mme Necker de Saussure, qu'un froid système puisse jamais à cet égard pénétrer au fond du cœur. Rousseau a beau vous avoir inquiété sur la légitimité de votre empire, aussitôt que votre enfant s'exposera, je ne dis pas à un danger réel, mais à un inconvénient léger, imaginaire peut-être; lorsque seulement il vous impatientera à un certain point, vous le prendrez dans vos bras, vous l'emporterez. Vos scrupules, vos résolutions, vos principes puisés dans *Émile* seront oubliés, et la nature sera la plus forte [1]. »

Si le droit des parents à imposer leur volonté à l'en-

1. *L'Éducation progressive*, liv. III, chap. II.

fant n'est pas contestable, il s'en faut que tous en usent bien et puissent se passer de conseils à ce sujet. Trop souvent, au contraire, l'exercice de l'autorité des parents est plein de maladresses, de caprices; l'effort de la pédagogie doit tendre à y mettre le plus possible de réflexion et de méthode.

Il faut d'abord faire tout ce qu'on peut pour que les défenses et les prescriptions aient comme résultat final, malgré les résistances de l'enfant, l'empêchement de l'acte défendu, ou l'exécution de celui qui est prescrit. Vous défendez, par exemple, à l'enfant de s'approcher du feu; s'il n'obéit pas immédiatement, vous l'en écartez vous-même, et vous le mettez dans l'impossibilité d'y retourner. Vous lui ordonnez de fermer la porte; s'il refuse, vous l'y contraignez en dépit de ses larmes et de ses convulsions. Que de fois, au contraire, voyons-nous gronder ou même punir un enfant pour sa déso-béissance, en lui laissant la satisfaction, très vive pour son petit orgueil, d'avoir fait ce qui lui était interdit, ou d'avoir échappé à l'acte qui lui était commandé! Cette règle implique la précaution de n'interdire à l'en-fant que ce qu'on peut empêcher, et de ne lui pres-crire en général que les actes auxquels on peut le contraindre.

Il faut mettre de la suite et de la constance dans les prohibitions ainsi que dans les ordres positifs. Vous ne voulez pas, en général, que votre enfant s'approche du feu; ne l'en laissez jamais approcher, et réitérez-lui votre défense cent fois, s'il est nécessaire. « Il est inu-tile, remarque justement Mme Necker de Saussure, d'espérer que le petit enfant croie d'abord vos défenses permanentes; il n'y voit que l'expression de votre vo-lonté du moment. Vous avez beau vouloir enchaîner son avenir, il n'entend rien à vos prétentions. « Il ne faut « jamais monter sur les chaises », est pour lui : « Je ne

«veux pas à présent que vous montiez sur cette chaise».
Aussi vous désobéira-t-il longtemps sans révolte réelle
en votre présence, et à plus forte raison loin de vos
yeux, car il ne craint que de vous déplaire. Mais lorsqu'il aura souvent associé l'idée de votre mécontentement à celle d'un certain acte, à la fin il s'abstiendra
de l'exécuter. Et s'il ne passe de vos mains que dans
celles d'une personne qui empêche les mêmes choses
par les mêmes moyens que vous, peu à peu il se sentira
sous l'empire d'une loi qui lui en interdira jusqu'à la
pensée [1]. » Le manque de suite, au contraire, empê-
chera vos efforts partiels d'aboutir, et compromettra
votre autorité aux yeux de l'enfant, qui saisira bien
vite ce qu'il y a de capricieux dans votre discipline.
Rien n'est plus mauvais que d'établir une défense pour
l'oublier ensuite et la rétablir après une négligence
plus ou moins longue.

Les ordres doivent toujours être donnés sérieusement, en évitant l'air ou le ton de la plaisanterie. Non
pas qu'il soit nécessaire de montrer constamment un
visage grave et de s'interdire de partager la joie de
ces petits êtres, qui a pour nous tant de charmes; il
faut seulement savoir, au besoin, y mettre fin, et faire
sentir aux enfants qu'en jouant avec eux on n'est pas
descendu au rang de camarade, qu'on reprend, quand
il ne s'agit plus de jouer ensemble, mais de commander
d'un côté, d'obéir de l'autre, l'attitude de l'autorité qui
exige la soumission. Les enfants connaissent bien cette
faiblesse de l'homme qui se laisse si facilement dés-
armer par le rire; ils remplacent au besoin la résistance ouverte par une malicieuse bouffonnerie; c'est à
nous de nous tenir sur nos gardes et, dans ces circonstances, de les décourager par notre froideur. Ils sont,

1. *L'Éducation progressive*, liv. III, chap. II.

17

déjà capables de sentir tout ce qu'il y a de piteux dans une plaisanterie manquée.

Mais ils connaissent d'autres moyens encore pour faire fléchir notre volonté, dont ils redoutent bien plus la constance que les caprices autoritaires séparés par des périodes de faiblesse et de gâterie. Ils nous montrent de la mauvaise humeur, de l'aversion; ils affectent de témoigner à d'autres la sympathie qu'ils nous retirent; en désespoir de cause, ils ont recours aux larmes, aux cris, à l'expression d'un désespoir navrant. Ces moyens ont trop souvent un plein succès; pour ramener la joie sur le visage de l'enfant, reconquérir son affection, calmer sa douleur, les parents mollissent, et, dans cette lutte du faible contre le fort, où le faible déploie instinctivement toutes sortes de ruses pour éluder l'obéissance, c'est lui qui finit par l'emporter. Il aurait fallu, au contraire, en gardant une attitude indifférente et froide, lui faire voir qu'on n'est pas sa dupe et que tout échouera devant une ferme volonté d'être obéi. « Reprenez tranquillement vos occupations, dit Mme Necker de Saussure, et soyez certain que bientôt les larmes cesseront ou changeront de nature; bientôt elles seront un léger appel à votre pitié, et le moindre regard déterminera le coupable à venir se jeter dans vos bras. Alors il y aura un moment d'effusion, une réconciliation tendre et cordiale. L'enfant dira qu'il est fâché, mot plus aisément obtenu et plus sincèrement prononcé qu'une triste demande de pardon. Vous voulez l'expression d'un tendre regret, celle d'un retour réel à la sagesse; vous ne voulez pas l'humiliation de votre enfant [1]. »

Le meilleur moyen de se prémunir contre les concessions que peut amener la tendresse à l'égard des enfants,

---

1. *L'Éducation progressive*, liv. III, chap. II.

c'est d'ériger en règle invariable que l'obéissance, volontaire ou forcée, sera immédiate, qu'on ne tolérera aucun atermoiement, que pour l'enfant un acte ordonné sera un acte exécuté, ou qu'il sera mis fin sur-le-champ au commencement d'exécution d'un acte défendu. Lorsqu'un enfant est en âge de discuter avec ceux qui le dirigent, on n'admettra point la discussion, on ne justifiera point les ordres qu'on lui donne; ce serait se mettre avec lui sur un pied d'égalité, abdiquer le pouvoir en vertu duquel on commande, et même s'exposer parfois à des débats humiliants, dans lesquels on n'est pas sûr de trouver toujours les réponses décisives qui imposent le silence; si, embarrassé et impatienté, vous ordonnez à l'enfant, après une discussion plus ou moins longue, de se taire et d'obéir, il trouve singulier de vous voir changer aussi brusquement d'attitude; pourquoi, l'ayant d'abord traité en égal, vous dressez-vous ensuite devant lui comme un despote qui n'admet point la réplique? Est-ce parce que vous vous sentez battu par ses raisons, et que, ne pouvant lui en opposer de meilleures, vous recourez à la force?

Il est impossible de justifier devant l'enfant tous les ordres et toutes les défenses qu'on lui adresse; il faudrait pour cela, dans une foule de cas, lui communiquer une expérience de la vie que la maturité seule comporte, et qui serait souvent très mauvaise pour lui, qui risquerait d'atteindre sa pudeur, sa délicatesse. Si tantôt vous faites appel à sa raison pour justifier vos commandements, tantôt au contraire vous lui refusez toute explication : ne lui paraîtrez-vous point inégal et capricieux? N'aura-t-il pas l'idée de vous refuser sa soumission, lorsque vous ne le mettez pas en état de la raisonner?

Jamais un ordre donné d'un ton impératif ne doit, lorsque l'enfant résiste, se transformer en une prière, ainsi que cela se voit si souvent dans les familles. Mme Necker de Saussure conseille surtout aux mères de ne jamais employer la forme de la prière pour obtenir ce qu'elles veulent de leurs enfants. « La prière, dit-elle, adressée par les mères, renverse les rapports naturels et produit un échange de rôles. A force de s'entendre solliciter, les enfants se croient faits pour accorder des faveurs; ce sont eux qui ont pour nous des bontés, et c'est nous qui sommes des ingrates [1]. »

Malheureusement ce conseil pourrait s'adresser maintenant aux pères eux-mêmes : le proviseur d'un lycée me racontait un jour qu'un père de famille, venu spécialement pour infliger à son fils une verte semonce, n'avait pu soutenir longtemps le ton du reproche et de la fermeté, et qu'il était arrivé bien vite à la supplication, pour aboutir à la promesse d'une belle partie de chasse. Des maîtres dans leur classe, lorsqu'ils ont perdu toute autorité et qu'ils ne savent plus se faire obéir, recourent à la prière pour obtenir, non plus le respect et la soumission, mais l'indulgence et la pitié des élèves. Comment peuvent-ils se résigner à une situation aussi humiliante? et quel exemple pernicieux pour les enfants!

Il y a, je le sais, des fatalistes en pédagogie, qui prétendent que l'autorité est un don de nature, qu'elle ne s'enseigne pas, que, parmi les éducateurs, les uns sont faits pour être obéis et respectés, d'autres pour être, malgré tous leurs efforts, des objets de dédain et de risée. Assurément le don naturel a, ici comme ailleurs, la plus grande importance. Des éducateurs plus favorisés que d'autres apportent dans leur œuvre ces « qualités nécessaires pour commander aux hommes », suivant l'expression de Voltaire, qui leur auraient aussi bien

---

1. *L'Éducation progressive*, liv. V, chap. vi

donné l'autorité dans l'exercice du pouvoir politique, ou à la tête d'un groupe social quelconque. Il n'en est pas moins vrai que l'on compromet souvent son autorité par des fautes que l'on aurait pu éviter et contre lesquelles ceux qui n'ont pas, comme quelques rares privilégiés de la nature, la science innée du commandement, feront bien de se mettre en garde. On peut, en suivant de bons conseils et en profitant de l'expérience personnelle, gagner beaucoup comme éducateur, se sentir, avec le temps, plus sûr de soi et plus maître des enfants.

Lorsque l'œuvre éducatrice se fait en collaboration, ce qui est le cas le plus fréquent, dans la famille comme à l'école, les observations générales que nous avons faites précédemment sur la nécessité de l'entente entre les collaborateurs doivent s'appliquer d'une manière toute spéciale à ce qui regarde l'obéissance. Un ordre donné à l'enfant par un de ses éducateurs doit être strictement maintenu par les autres, quand même il serait mauvais, à moins que son exécution ne présente des inconvénients graves, ou qu'on ne puisse l'éluder, s'il ne vaut rien, sans que l'enfant s'en aperçoive. La meilleure manière de ruiner l'autorité d'un éducateur, c'est de le contredire devant son élève. Que l'on s'explique en l'absence des enfants; que celui qui a une autorité supérieure trace des règles fixes et adresse au besoin des observations sérieuses à ceux de ses collaborateurs qui lui sont subordonnés; mais que les enfants ne soupçonnent aucun désaccord, qu'ils croient à l'unanimité chez ceux qui leur commandent; c'est une condition essentielle pour leur obéissance. Ni dans la famille ni à l'école il ne doit y avoir pour eux une cour d'appel.

Le droit de commandement que possèdent les parents et les maîtres, despotique en apparence, a son tempérament et ses limites dans un certain nombre de règles que nous dictent le bon sens, le sentiment du devoir, l'affection pour les enfants.

D'abord il ne faut point leur défendre ni leur ordonner des actes qui ne sont pas réellement en leur pouvoir. On ne défendra pas à un enfant d'avoir mal, ni même de se plaindre pour attirer l'attention sur sa souffrance. Qu'on se rappelle ce qui a été dit touchant l'influence de l'état physique sur le caractère : bien des fois nous sommes impatientés par les cris et l'agitation d'un enfant qu'il ne s'agit pourtant pas de faire taire ni de rendre immobile, mais de soigner et de soulager. Lorsque les enfants auront commencé leurs études, on ne leur imposera pas des tâches au-dessus de leurs forces, ni une attention, une immobilité, un silence prolongés, qui ne sont pas de leur âge.

D'une manière générale, on n'abusera pas de leur soumission et l'on ne s'exposera pas plus qu'il ne faut à leur désobéissance, en multipliant outre mesure les prohibitions et les prescriptions; sur ce point, on ne dépassera pas le strict nécessaire, et l'on ne consultera exclusivement que leur propre intérêt. La discipline doit être faite pour corriger les enfants de leurs mauvais instincts et améliorer leur caractère, non pour procurer aux parents et aux maîtres une tranquillité que l'œuvre difficile de l'éducation ne comporte point et diminuer le plus possible leur responsabilité.

Celui qui a charge d'enfants doit s'attendre à une foule d'ennuis, d'agacements et de misères; s'il fait peser le joug sur eux dans le but égoïste de se ménager lui-même, il ressemble à ces malheureuses femmes qui donnent de l'opium à leurs nourrissons pour les tenir tranquilles et n'être pas dérangées. Les enfants ont un besoin perpétuel de mouvement, d'investigation, de divertissement, d'expansion et même de sympathie qui les pousse à nous déranger sans cesse pour nous occuper d'eux et qui les rend insupportables à ceux qui ne les aiment point. Mettez un petit enfant à votre table : vous courez grand risque qu'il ne vous laisse ni manger ni causer en paix, et qu'en attirant mille fois votre attention par des actes très naturels pour lui, mais très désagréables pour vous, il vous gâte le plaisir du repas familial. Mieux vaut alors s'armer de patience que de lui imposer une sagesse et une tenue qui ne sont point de son âge.

Vos défenses et vos ordres ne doivent intervenir que quand vous vous apercevez qu'il commence à contracter de mauvaises habitudes, ou que vous pouvez commencer vous-même à lui en faire contracter de bonnes, en conciliant les exigences de son âge et celles de la vie sociale et morale qui l'attend dans l'avenir. Il est infiniment préférable, en maintes circonstances, de le laisser faire, lorsqu'on n'y voit pas un réel danger, que de lui imposer une discipline minutieuse et tracassière qu'il ne cessera de transgresser, ce qui vous forcera soit à le reprendre continuellement, soit à compromettre votre discipline elle-même par des alternatives d'indulgence et de rigueur. Le devoir de l'éducateur est d'établir une règle à la fois très simple et très sévère, que l'enfant n'aura pas trop souvent l'occasion de violer, mais qu'il ne violera jamais impunément lorsqu'il saura que vous connaissez sa faute.

L'éducateur ne doit point ignorer l'art de fermer les yeux, qui peut être pratiqué même par des personnes très fermes. La désobéissance manifeste sera toujours relevée ; mais s'il faut s'efforcer de tout voir, il est parfois opportun de paraître ignorer ; sinon il serait nécessaire d'intervenir, ce qui présenterait des inconvénients au point de vue même de l'autorité, qu'on doit maintenir avant tout. « Il faut une conduite ferme, disait

Mme de Maintenon aux dames de Saint-Cyr, mais il ne faut point trop gronder; il faut souvent fermer les yeux et ne point tout voir, et surtout prendre garde à ne point aigrir vos filles et ne pas les pousser à bout indiscrètement. Il y a des jours malheureux où elles sont dans une émotion, dans un dérangement, prêtes à murmurer; tout ce que vous feriez alors, toutes les remontrances, toutes les réprimandes ne les remettraient pas dans l'ordre. Il faut couler cela le plus doucement que l'on peut, afin de ne point commettre son autorité, et il arrivera quelquefois que le lendemain elles feront des merveilles. Il y a des enfants si emportés et qui ont des passions si vives que, quand une fois ils sont fâchés, vous leur donneriez dix fois le fouet de suite que vous ne les mèneriez pas à votre but; ils sont incapables en ce temps-là de raison, et le châtiment est inutile. Il faut leur laisser le temps de se calmer, et se calmer soi-même [1]. »

Le pouvoir presque arbitraire que nous possédons sur les enfants est légitimé par leur intérêt même; c'est ce qu'il leur est souvent impossible de comprendre, et nous avons vu qu'on ne doit point s'efforcer de justifier devant eux les ordres qu'on leur donne. Mais, pour éviter de leur rendre la discipline odieuse, nous devons par nos soins, notre attachement, notre tendre sollicitude, leur avoir bien fait sentir qu'ils nous sont plus chers que tout au monde, et que nos exigences, désagréables et pénibles pour eux, se concilient avec une vive affection. Sinon, ils ne seraient que des esclaves, et leur âme, pour peu qu'elle eût d'énergie, nourrirait des idées de révolte. Rien n'est plus pénible que d'obéir à un maître sec et dur; mais l'observation de la discipline est facilitée lorsqu'au sentiment de la contrainte

____

1. *Extraits sur l'éducation*, édit. Gréard, p. **41**.

s'en joignent d'autres plus doux, l'affection filiale, la confiance, la reconnaissance.

Enfin, n'oublions point que l'obéissance n'est pas un but, mais un moyen, dont la faiblesse des facultés de l'enfant rend seule l'emploi nécessaire. Si tous les hommes étaient égaux en raison et en sagesse, il n'y aurait ni supérieurs ni subordonnés; le pouvoir ne serait pas légitime, parce qu'il ne serait pas nécessaire, et, du reste, personne ne chercherait à le conquérir. Le pouvoir que l'homme fait exerce sur l'enfant est éminemment légitime; il existe en vertu d'un droit qui résulte lui-même d'un devoir, celui de diriger l'enfant tout le temps qu'il est incapable de se diriger lui-même. « Nous répondons de ces êtres si chers devant Dieu comme devant la société entière, dit Mme Necker de Saussure, et l'autorité, seul moyen simple de remplir nos obligations, nous serait refusée [1] ! » Mais ce pouvoir n'est légitime que tant qu'il est nécessaire, et les éducateurs ne doivent l'exercer qu'avec le désir de l'abdiquer le plus tôt possible. Il ne faut même pas le conserver tout entier jusqu'à la fin, pour s'en débarrasser d'un seul coup. Il faut initier petit à petit l'enfant à la liberté, et lui laisser de plus en plus l'initiative de ses actes. Jusqu'au moment de l'émancipation complète, le jeune homme doit rester assez respectueux de l'autorité de ses éducateurs pour obéir aux ordres qui pourraient lui être donnés; mais, quand l'éducation a été bien dirigée, ces ordres sont alors devenus rares, et le jeune homme ne passe pas brusquement, ainsi que cela se fait trop souvent en France, surtout chez ceux qui ont reçu comme internes l'éducation publique, de l'extrême assujettissement à l'extrême liberté.

Se servir fréquemment de l'obéissance pour donner

1. *L'Éducation progressive*, liv. III, chap. II.

aux enfants de bonnes habitudes morales et les préserver des mauvaises ; puis, au fur et à mesure que leur raison se fortifie et que leur expérience s'étend, non pas relâcher l'obéissance, mais rendre de plus en plus rares les occasions de la mettre en pratique ; enfin n'y plus recourir que dans des circonstances exceptionnelles : telles sont les trois périodes de l'éducation sur le point qui nous occupe.

Ceux qui ont le mieux obéi pendant leur enfance ne sont pas ceux qui, une fois entrés dans la vie sociale, montreront le moins d'énergie, à condition qu'on n'ait pas énervé leur volonté en ne lui laissant pas, par une intervention trop constante, les moyens de faire, pour ainsi dire, son apprentissage. Un éducateur qui se montre rude et despotique toutes les fois qu'il intervient, mais qui n'intervient pas sans cesse, et qui laisse à l'enfant des moments nombreux de liberté, fait peu de tort à l'énergie de son élève. A cet égard, on doit déclarer bien plus mauvaise l'action de celui qui entoure l'enfant d'une sollicitude maladroite, et qui, par un excès de tendresse, lui épargne les ennuis de l'obéissance, en même temps qu'il lui retire toutes les occasions d'exercer son énergie et de s'endurcir. Les enfants gâtés sont toujours désobéissants, et presque toujours la gâterie indique chez les parents de la faiblesse de caractère, un manque général d'énergie.

L'enfant qui s'est trouvé aux prises avec une volonté forte a reçu un bon exemple, dont les effets dureront. « Un vieux sergent, dit Mme Necker de Saussure, qui a toute sa vie obéi à son capitaine, ne manque pas de fermeté avec ses soldats : ceux-ci, rentrés dans leurs foyers, ont plutôt des habitudes trop impérieuses, et, dans les siècles d'énergie, le pouvoir des parents sur les enfants était illimité. La force de la volonté, comme la plupart de nos qualités, se propage par l'exemple, et il en est de même de la mollesse [1]. » On peut donc dire que celui qui, dans son enfance, apprend à obéir, apprend aussi à commander.

L'idéal pour l'éducateur serait d'obtenir l'obéissance des enfants par sa seule autorité morale, de leur inspirer une telle déférence et un tel respect, qu'ils ne concevraient même point l'idée de résister et s'empresseraient de se conformer à toute volonté manifestée par lui. Mais les enfants, surtout dans les premières années de leur vie, sont trop légers, trop étourdis, trop peu raisonnables, pour être capables d'une pareille obéissance. Il faut donc s'adresser à d'autres sentiments, dont ils sont plus susceptibles d'être touchés.

Je mettrai en première ligne, parce qu'il est le plus noble, ce sentiment de sympathie dont j'ai déjà parlé, par lequel l'enfant désire éviter de la peine à ceux qui l'élèvent et leur causer du plaisir. Quand il obéit pour être agréable, rien de mieux. Mais dans beaucoup de cas ce sentiment ne suffit point pour empêcher la désobéissance. L'ennui qu'un ordre donné, une défense imposée, causent à l'enfant, est souvent assez fort pour faire disparaître momentanément en lui toute sympathie à l'égard de ceux auxquels il est soumis; loin de songer à leur être agréable, il leur en veut, et son premier mouvement est de leur faire de la peine : il n'y résiste pas toujours, et, dans sa désobéissance, entre fréquemment de la malice.

Je n'aime pas beaucoup le moyen, fort usité dans les familles, qui fait de l'obéissance un calcul intéressé, par lequel l'enfant se soumet grâce à la promesse d'une friandise, d'un jouet, d'une jouissance quelconque dont il a le désir. Il y a, pour moi, de l'humiliation dans ce rôle des parents qui achètent, pour ainsi dire, l'obéis-

1. *L'Éducation progressive*, liv. III, chap. II.

sance, au lieu de l'imposer; et il faut, à cet égard, se
défier de la ruse enfantine; car l'enfant arrive à se faire
payer son obéissance le plus cher possible. Au début,
ce qu'il convoite le plus souvent, c'est le plaisir de la
gourmandise; le gâteau, le bonbon prennent dans sa
vie une place vraiment excessive, et ce n'est pas au
profit de son estomac, ni même de sa moralité naissante.
Plus tard il convoitera des plaisirs plus dispendieux,
et assez souvent on verra ce singulier spectacle de
parents délibérant sur les moyens d'être agréables à
un enfant qui mériterait tout le contraire, le supplier
de vouloir bien travailler, se conduire décemment, être
soumis à ses maîtres, moyennant quoi on lui procurera
toutes les distractions qui pourront lui plaire, la chasse,
les bains de mer, les voyages.

En dernière analyse, il faut reconnaître que l'obéissance est, dans un grand nombre de cas, inséparable
de la contrainte. « L'obéissance, dit Kant, peut venir
de la contrainte, et elle est alors absolue; ou bien de
la confiance, et elle est alors volontaire. Cette dernière
est très importante, mais la première est extrêmement
nécessaire; car elle prépare l'enfant à l'accomplissement des lois qu'il devra exécuter plus tard comme
citoyen, alors même qu'elles ne lui plairaient pas [1]. »

La contrainte, qu'il nous paraît indispensable d'admettre, consistera d'abord, ainsi que nous l'avons dit,
à empêcher par la force l'acte défendu, et à faire exécuter par la force l'acte prescrit, toutes les fois qu'on
le pourra; et, en second lieu, à faire suivre d'une punition tout manque d'obéissance. L'enfant est déjà très
sérieusement puni pour avoir été forcé de renoncer à
ce qu'il prétendait faire, ou d'exécuter l'ordre auquel
il prétendait se dérober. Dans certains cas même cette

1. *Traité de pédagogie*, trad. Barni, édit. Thamin, p. 95.

première punition suffit. Mais si l'on pense qu'elle n'a pas produit sur lui une impression assez forte, que son âme est encore mal disposée, qu'elle est prête à la récidive, il faut y ajouter les punitions proprement dites.

La question des punitions se rattache donc étroitement à celle de l'obéissance. Toute faute de l'enfant qui mérite d'être punie n'est qu'une désobéissance : car on peut dire que pendant longtemps il est innocent, lorsqu'il ne transgresse pas les ordres de ses éducateurs, dont la volonté est son unique loi morale, jusqu'à ce qu'il entende vraiment la voix de sa conscience ; il serait injuste et absurde de punir un enfant pour une action qui ne lui a jamais été défendue.

CHAPITRE XII

La société réprime les délits et les crimes au moyen de peines qui sont édictées par le législateur et formulées d'une manière précise dans les codes. Le but qu'elle se propose en punissant est multiple. Pour assurer sa propre sécurité, d'une part elle met le coupable hors d'état de nuire pendant un temps plus ou moins long, et d'autre part elle tâche d'empêcher des fautes analogues à celle qu'il a commise par l'action préventive de l'exemple qu'elle fait sur lui. La peine est aussi une expiation imposée au coupable afin de satisfaire le sentiment de justice inné dans le cœur humain, qui exige que tout manquement au devoir entraîne une souffrance, et qui, abstraction faite de l'intérêt social, se révolte lorsque le crime reste impuni. Enfin la peine est un moyen d'amendement, très incertain, il est vrai, et souvent inefficace.

Le célèbre publiciste anglais Bentham a fait une

étude approfondie de cette grave question de la peine,
surtout au point de vue juridique. « Tous ceux, dit
Bain, qui exercent une autorité, de quelque nature
qu'elle soit, devraient connaître à fond les conditions
et les principes généraux de la punition tels qu'ils sont
exposés dans le code pénal de Bentham [1]. »

Indiquons d'abord les circonstances dans lesquelles il
ne convient pas, d'après lui, d'y avoir recours : c'est
lorsqu'il n'y a pas eu réellement de partie lésée; lorsque
le coupable ignorait la loi, qu'il ne connaissait pas les
conséquences de son action, qu'il n'a pas agi librement;
lorsque les mauvais effets de la punition surpassent ceux
de la faute; enfin, lorsque la punition n'est pas nécessaire et qu'on peut obtenir autrement le résultat que
l'on désire. En second lieu, la punition doit être mesurée
d'après certaines règles, dont les principales sont les suivantes. Elle doit faire plus que contre-balancer le bénéfice de la faute, et non seulement le bénéfice immédiat,
mais encore tous les avantages réels ou imaginaires qui
ont poussé le coupable à la commettre. Elle ne doit pas
dépasser la mesure indispensable pour arriver au but
que l'on se propose. Il faut tenir compte de toutes les
circonstances qui rendent les coupables plus ou moins
sensibles à la punition, âge, sexe, fortune, position, et
par suite desquelles la même peine peut frapper d'une
manière inégale. La punition doit être d'autant plus
forte qu'elle est moins certaine ou plus éloignée. En
troisième lieu, il faut que la peine remplisse certaines
conditions; qu'elle soit variable, c'est-à-dire qu'elle
comporte différents degrés d'intensité et de durée; com-
mensurable, c'est-à-dire si bien proportionnée que le
coupable comprenne clairement que la souffrance est
en rapport avec la gravité de la faute; caractéristique,

1. *La Science de l'éducation*, liv. I, chap. v.

c'est-à-dire qu'elle ait en soi quelque chose dont l'idée soit en rapport avec la faute commise; exemplaire; réformatrice; réparatrice à l'égard de la partie lésée; populaire, c'est-à-dire qu'elle doit être approuvée par l'opinion publique; formulée clairement; et enfin, rémissible en cas d'erreur [1].

Plusieurs des observations qui précèdent peuvent être mises à profit par la pédagogie. Mais il ne convient pas de pousser trop loin le rapprochement entre la société qui frappe ceux de ses membres qu'elle déclare coupables d'un délit ou d'un crime, et l'éducateur qui punit son élève en faute. La pénalité de l'éducateur est beaucoup plus variable, plus souple, plus délicate que celle qui est établie par les lois; il doit entrer dans son application un élément qui est à peu près inconnu à l'âme de ceux qui rendent la justice, je veux dire l'affection sincère, la vive sollicitude pour le justiciable. Ainsi, en ce qui concerne le but de la punition, nous remarquerons que l'on a surtout en vue d'améliorer les enfants que l'on punit, et qu'on y réussit mieux que la société ne le fait à l'égard des criminels qu'elle frappe.

On peut même dire que, plus la pénalité dans l'éducation ressemblera à celle qui est en usage dans la société, moins forte sera son action moralisatrice. Un père constate lui-même la faute de son fils; il est entièrement maître de la peine; il la prononce comme un juge qui connaît à fond le caractère de son justiciable, qui sait quel est le moyen le plus sûr d'agir sur lui pour l'amener au repentir et le corriger; enfin il en surveille l'application; il peut l'aggraver, l'adoucir, en faire la remise. La pénalité à l'école se trouve dans des conditions bien moins favorables, parce qu'elle res-

---

1. Voir, pour le résumé des idées de Bentham, Bain, *la Science de l'éducation*, liv. I, chap. v.

semble déjà beaucoup plus à la pénalité sociale; souvent la personne qui constate la faute n'est pas celle qui prononce la peine, qu'une autre personne encore est chargée de faire exécuter; il y a un code scolaire, qui ressemble un peu, par sa rigidité, au code pénal.

Aussi les punitions de l'école agissent-elles en général par la crainte qu'elles inspirent à l'égoïsme des enfants plus qu'elles ne le corrigent. J'étais un jour en chemin de fer dans le compartiment voisin de celui qu'occupaient des internes en sortie; ils parlaient si fort que, malgré la cloison, je pus assister à une véritable débauche de langage grossier et ordurier; je savais cependant qu'aucun d'eux, à l'intérieur du collège, n'aurait osé, par crainte des punitions, faire entendre à haute voix un seul des mots qu'ils prodiguaient alors avec une jouissance brutale. Dans la famille, la défense d'employer des mots grossiers, lorsqu'elle est maintenue attentivement et à l'aide des moyens répressifs dont le père dispose, produit un résultat tout autre; non seulement l'enfant s'abstient de ces mots en présence de ses parents, mais l'action de la discipline familiale est assez forte pour les lui faire prendre en aversion. C'est parce que, dans ce cas, comme dans une foule d'autres, les punitions ne sont point à peu près l'unique moyen d'éducation, et qu'elles sont employées simultanément avec d'autres moyens qui concourent avec elles à l'action moralisatrice.

Toute punition consiste en une souffrance imposée à la sensibilité physique ou morale de l'enfant. Un coup, par exemple, produit une souffrance physique; il peut être aussi une humiliation qui s'adresse au moral. On montrerait facilement du reste que l'âme souffre toujours plus ou moins quand le corps est atteint.

« La punition, dit Kant, est morale lorsque l'on froisse notre penchant à être honorés et aimés, par exemple lorsqu'on humilie l'enfant, qu'on accueille avec une froideur glaciale. Il faut autant que possible entretenir ce penchant. Aussi cette espèce de punition est-elle la meilleure, car elle vient en aide à la moralité, par exemple si un enfant ment, un regard de mépris est une punition suffisante, et c'est la meilleure [1]. » Bain pense même que dans certains cas le simple exposé de la faute, fait devant l'enfant, sans observations ni commentaires, est par lui-même un moyen de punition, et qu'il est plus éloquent que toutes les épithètes qu'on pourrait y ajouter.

Les punitions morales agissent principalement sur les natures délicates et sensibles. Mais beaucoup d'enfants, sans être foncièrement mauvais, s'endurcissent assez vite contre elles et ne paraissent pas souffrir bien fort lorsqu'on les humilie ou qu'on leur témoigne de la froideur; du reste, les éducateurs, surtout dans la famille, sont rarement capables de garder aussi longtemps qu'il serait nécessaire l'attitude froide et sévère à l'égard de l'enfant coupable. Celui-ci sait, par expérience, que toujours vient un moment où leur visage s'éclaircit et reprend son expression habituelle; alors la faute est oubliée, sans avoir entraîné pour le coupable de grands inconvénients.

Afin de rendre plus pénible le sentiment de la honte, on a imaginé pour les enfants des postures humiliantes : on les fait mettre à genoux; on les place dans un coin, la figure tournée vers le mur; on leur couvre la tête d'un bonnet d'âne; on leur pose entre les épaules un écriteau qui indique le défaut pour lequel on les punit. Parmi les punitions édictées par le statut universitaire du 19 septembre 1809, deux sont de ce genre : d'abord les arrêts, qui consistent à être placé pendant la récréa-

---

1. *Traité de pédagogie*, édit. Tamin. p. 97.

tion à l'extrémité de la cour, sans pouvoir sortir d'un cercle donné; ensuite et surtout la privation de l'uniforme, remplacé par un habit d'étoffe grossière et d'une forme particulière. On sait qu'une punition employée parfois dans quelques écoles consiste à faire porter à l'élève sa veste retournée. « Ces moyens, remarque Bain, produisent un grand effet sur les uns et sont sans action sur d'autres; leur puissance varie selon la manière dont la classe les envisage, et aussi selon la sensibilité du coupable. Ils sont suffisants pour les fautes légères, mais non pas pour les plus graves; ils peuvent être efficaces au début, mais la répétition leur enlève rapidement tout leur pouvoir [1]. » Je ne vois, quant à moi, aucune raison sérieuse pour ne pas en user, quand ils sont efficaces, et tout le temps que l'âge de l'enfant le permet; car il est évident qu'à partir d'un certain moment on ne doit plus songer à y recourir [2].

La privation de ce que l'enfant désire est, d'après Kant, intermédiaire entre la souffrance physique et la souffrance morale.

Il y a sur ce point bien des nuances à distinguer. Le besoin de manger, par exemple, peut être considéré comme tout physique; il s'impose à nous, et la nature exige impérieusement qu'il soit satisfait. Priver l'enfant de toute nourriture serait donc une punition très forte, et d'un succès à peu près certain pour le réduire à l'obéissance dans les cas graves; c'est ainsi que l'on en use parfois avec des animaux que l'on veut dompter. Mais qui oserait recourir à ce moyen extrême?

Le désir de se procurer le plus largement possible la

---

1. *La Science de l'éducation*, liv. I, chap. v.

2. Voir dans *David Copperfield* de Dickens, chap. v, l'analyse très pénétrante des sentiments d'un enfant au dos duquel un écriteau humiliant a été attaché.

jouissance qu'on éprouve lorsqu'une nourriture friande flatte le sens du goût, qui a son siège dans le palais et dans la langue, s'appelle gourmandise et constitue un défaut moral. Si nous étions dégagés de tout limon terrestre, nous mangerions pour apaiser la faim, rien de plus; et, afin de ne pas tomber dans le péché de gourmandise, nous imiterions l'exemple de Pascal. « Il avait un soin très grand de ne point goûter ce qu'il mangeait, dit Mme Perier; lorsqu'il arrivait que quelqu'un admirait la bonté de quelque viande en sa présence, il ne le pouvait souffrir; il appelait cela être sensuel, encore même que ce ne fût que des choses communes; parce qu'il disait que c'était une marque qu'on mangeait pour contenter le goût, ce qui était toujours mal. » Si l'on adoptait cette morale austère, la privation de friandises, d'aliments superflus ne serait pas pour les enfants une exception dans le but de les punir, mais une règle excellente, qu'ils accepteraient comme telle, en voyant les adultes s'y conformer eux-mêmes. Il n'en est pas ainsi, on le sait; même dans les familles et dans les pensionnats qui croient éviter tout excès de table, un janséniste comme Pascal trouverait beaucoup à blâmer et à retrancher. « La réunion des plaisirs très vifs du goût, dit Bain, avec la satisfaction de l'estomac et le bien-être que cause l'abondance des aliments nutritifs dans un corps vigoureux, constitue une somme considérable de sensations agréables. Entre le minimum nécessaire à la conservation de la vie et la nourriture luxueuse que permet la richesse, l'échelle est fort étendue et offre un vaste champ d'influence pour l'éducation des enfants. Comme leur régime ordinaire est fort au-dessus du strict nécessaire, tout en restant bien au-dessous du superflu exagéré, le maître peut agir soit en réduisant, soit en accroissant le bien-être, sans risque d'affaiblir ou de trop donner; et,

comme les enfants sont généralement friands, ce mobile exerce sur eux une grande influence. Le maître qui voudra s'assurer ce moyen d'action sur ses jeunes élèves aura soin de régler leur régime de manière que des changements en bien ou en mal soient faciles[1]. »
Le statut du 19 septembre 1809 prescrivait parmi les punitions « la table de pénitence », dont nos règlements universitaires ne font plus mention aujourd'hui. Je crois qu'ils méritent d'être approuvés sur ce point. J'aime mieux que les aliments donnés aux enfants soient considérés comme le strict nécessaire, qu'il ne convient pas plus de réduire que de dépasser. Je verrais volontiers supprimer de la table des lycées tout ce qui est dessert et friandise. Mais lorsqu'on ne donne aux enfants que ce qui est nécessaire afin de répondre aux justes exigences de leur appétit, en suivant les règles d'une hygiène intelligente, je préfère que l'on s'adresse, pour les punir, à d'autres sentiments qu'à ce vilain défaut de gourmandise.

Pour d'autres raisons, je considère comme une punition détestable en général la privation de mouvement qui résulte de ce qu'on appelle la retenue. Si, avec nos mœurs modernes, les enfants passaient une bonne partie de leur temps à se mouvoir et à jouer, j'admettrais fort bien qu'on leur imposât l'immobilité pour les punir. Mais comme le temps des récréations, c'est-à-dire du mouvement, leur est très parcimonieusement mesuré, et que celui de l'étude, c'est-à-dire de l'immobilité du corps avec contention de l'esprit, dure beaucoup trop pour eux, diminuer leurs trop courtes récréations et allonger leurs études déjà trop longues me parait être non seulement une cruauté, mais encore et surtout une sottise. La récréation, venant à propos,

____

1. *La Science de l'éducation*, liv. I, chap. IV.

peut être pour l'enfant un utile dérivatif, en lui permettant de satisfaire le besoin de dissipation, de légèreté, de bavardage, de bruit, dont il est tourmenté aux heures de classe et d'étude; s'il n'a pas eu, pour s'amuser, la sagesse d'attendre ce moment bienfaisant, vous l'en privez! Croyez-vous que vous avez réprimé le besoin dont je viens de parler? C'est tout le contraire; et plaise à Dieu que vous n'y arriviez pas, que vous restiez impuissant à donner aux enfants cette morne sagesse qui rendrait votre discipline si facile! La retenue est une punition très sérieuse pour le bon élève, parce qu'elle ne le frappe qu'exceptionnellement; mais le médiocre et le mauvais s'y habituent assez vite et finissent par la supporter avec philosophie; elle ne les corrige pas, et leur tempérament, leur caractère aussi en souffrent. « On peut bien contraindre le corps, dit Rollin, faire demeurer un écolier à sa table malgré lui, doubler son travail par punition, le forcer de remplir une certaine tâche qui lui est imposée, le priver pour cela du jeu et de la récréation. Est-ce étudier que de travailler ainsi comme un forçat? Et que reste-t-il de cette sorte d'étude, sinon la haine et des livres, et de la science, et des maîtres, souvent pour tout le reste de la vie [1]? »

Cependant les huit peines établies par le règlement universitaire du 7 avril 1854 ne sont, sauf la dernière, l'exclusion du lycée, que des formes de la retenue ou y aboutissent comme à une conséquence forcée. La première, en effet, la mauvaise note, n'afflige guère les élèves qu'autant qu'elle entraîne, en se répétant, une punition plus grave; la seconde et la troisième consistent dans la retenue pendant la récréation ou pendant la promenade; la quatrième, l'exclusion momentanée de

<hr>

1. *Traité des études*, liv. VIII, 1re partie, art. 10.

la classe ou de l'étude, ne serait qu'un plaisir pour le
mauvais élève, si elle ne menait droit à une grande retenue tout au moins; la cinquième, qui consiste dans la
privation de sortie chez les parents, est une retenue d'un
genre spécial, quand elle ne se complique pas d'une retenue ordinaire ; la sixième, qui est la mise à l'ordre du
jour du lycée, a la retenue comme accompagnement ;
la septième, que le règlement appelle « les arrêts avec
tâche extraordinaire dans un milieu isolé », n'est encore
que la retenue aggravée. La retenue, c'est-à-dire l'immobilité forcée avec pensum, voilà donc le fond de la
pénalité de nos établissements d'enseignement secondaire. Il serait à désirer que l'on essayât d'autre chose,
que l'on cherchât par exemple si l'on n'obtiendrait pas
un résultat meilleur du travail manuel forcé, du peloton
de punition dans le genre de celui qu'emploie la discipline militaire, et, en général, des punitions qui, au lieu
d'imposer aux enfants l'immobilité et le travail intellectuel dans un endroit fermé, les contraindraient à exercer
leurs muscles en plein air.

Si j'approuve peu les privations infligées à la gourmandise, qui semblent consacrer le droit de satisfaire
ce défaut en cas de bonne conduite, si je condamne la
privation de mouvement, j'estime que l'éducateur peut
recourir en maintes circonstances à des privations d'un
autre genre, qui seront très sensibles à ses élèves. Telles
sont, par exemple, celles qui consistent à exclure l'enfant de la table commune pendant un ou plusieurs repas,
à ne point l'admettre dans une partie de plaisir à laquelle prend part le reste de la famille, à lui refuser un
jouet, un livre qu'il désire vivement.

Toutes ces punitions manqueraient complètement leur
but si elles n'aboutissaient qu'à des calculs intéressés,
à une sorte de délibération qui se passerait dans l'âme
de l'enfant pour savoir s'il veut renoncer à la satisfac-

tion qu'il attend de sa mauvaise conduite par crainte des conséquences pénales qu'elle entraînera pour lui. « Faut-il, pour obéir à mon père, sacrifier le plaisir de jouer avec les petits polissons de ma rue, ou ce plaisir n'est-il pas préférable à la partie de campagne qu'on fera demain, et dont je serais certainement privé? — Lequel des deux ennuis faut-il choisir, celui d'apprendre ma leçon, ou de manger seul dans une chambre? »

Ce n'est point ainsi, heureusement, qu'un enfant qui n'est pas vicieux au fond raisonne d'habitude. Les diverses punitions qu'on lui inflige le mettent dans un état général d'inquiétude, de malaise, qui lui est extrêmement pénible, et dont il a hâte de sortir en revenant à une conduite meilleure; alors il retrouve avec délices la paix de la conscience, la sécurité, la sympathie de ses parents et de ses maîtres. Ceux qui persistent, à moins d'être de francs mauvais sujets, ne trouvent pas dans leur situation irrégulière une véritable jouissance; pourquoi ne se corrigent-ils point? Il serait souvent impossible au psychologue le plus pénétrant de découvrir les mobiles qui les dirigent. Je me rappelle une de mes années de collège qui fut particulièrement difficile et agitée, et dont peu de semaines se passèrent sans que mes parents reçussent le fatal bulletin qui me convoquait à la grande retenue du jeudi; la veille au soir, je restais des heures entières à ma fenêtre dans des transes fort désagréables, pour voir si le concierge porteur du maudit papier n'apparaissait pas au bout de la rue. J'étais très malheureux, et cependant je récidivais! Deux mois de vacances et un changement de professeur suffirent pour faire de moi un élève convenable.

J'ai réservé, pour la traiter en dernier lieu, l'intéressante question des châtiments corporels. En France, elle est officiellement résolue. L'article 17 du règlement scolaire modèle pour les écoles primaires publiques en date du 18 juillet 1882 est ainsi conçu : « Il est absolument interdit d'infliger aucun châtiment corporel » ; et il ne fait que reproduire une défense contenue depuis longtemps dans les règlements antérieurs. Pour l'enseignement secondaire, le statut de 1809 soumet à la juridiction des tribunaux universitaires le maître qui frapperait les enfants. L'interdiction absolue d'avoir recours aux châtiments corporels est mieux observée dans nos collèges que dans nos écoles primaires ; les instituteurs qui touchent les enfants d'une main plus ou moins légère ne sont pas tellement rares que l'on n'en puisse trouver encore sur divers points du pays, sans que l'administration soit amenée à sévir par la connaissance du délit et les plaintes des victimes ; un maître qui se laisserait aller à frapper un élève de lycée n'échapperait pas à une sévère punition.

Cette horreur pour les coups n'existe pas à un aussi haut degré dans l'éducation privée. « Celui qui ménage la verge hait son fils », si nous en croyons l'Écriture sainte [1]. Nous avons presque tous des souvenirs d'enfance où figurent quelque peu la main du père ou de la mère, et même les verges et le martinet ; peut-être nous les rappelons-nous sans éprouver une indignation rétrospective bien forte, et sans penser que notre dignité enfantine ait reçu alors une incurable atteinte ; peut-être même jugeons-nous qu'en certaines circonstances un châtiment corporel nous a fait le plus grand bien, comme remède topique et punition rapide d'une incartade qui demandait à être immédiatement relevée.

Jusqu'à la fin du siècle dernier, le fouet, la férule et les verges figurèrent parmi les moyens de correction employés dans les écoles françaises. Au livre quatrième de son *Pantagruel*, Rabelais parle d'un certain Tempeste

---

1. *Proverbes*, XIII, 24.

qui « feut un grand fouetteur d'escholiers au college de
Montagu »; et dans le *Gargantua* il maudit ce « college
de pouillerie »; « car trop mieulx sont traictez les forcez
entre les Maures et Tartares, les meurtriers en la prison
criminelle, voire certes les chiens, que ne sont ces ma-
lautruz audict college ». Montaigne appelle les collèges
de son temps « une vraye geaule de jeunesse captive ».
« Arrivez-y, dit-il, sur le poinct de leur office, vous
n'oyez que cris, et d'enfants suppliciez, et de maistres
enyvrez en leur cholere. Quelle maniere pour esveiller
l'appetit, envers leur leçon, à ces tendres ames et crain-
tifves, de les y guider d'une trongne effroyable, les mains
arméez de fouets [1]! »

Les grands maîtres de la pédagogie pratique au
xviie siècle, les oratoriens, les jansénistes et les jésuites,
différaient sensiblement d'avis sur cette question. « Il
y a, dit le P. Lamy, de l'Oratoire, plusieurs autres voies
que le fouet pour ramener les enfants à leur devoir;
une caresse, une menace, l'espérance d'une récompense,
ou la crainte d'une humiliation, font plus d'effet que les
verges [2]. » Port-Royal s'interdisait les punitions corporelles. Mais les jésuites leur donnaient une assez large
place dans la discipline de leurs collèges. Un correcteur
spécial, qui ne faisait point partie de l'ordre, était
chargé de les administrer, aux grands comme aux petits [3]. Le fils aîné du maréchal de Boufflers, raconte
Saint-Simon, âgé de quatorze ans, fut tellement déses-
péré d'avoir été fouetté sur l'ordre des Pères, qu'il
tomba malade et mourut au bout de quatre jours.
En 1764 un pamphlet anonyme fut publié sous le titre
de « Mémoires historiques sur l'orbilianisme et les cor-

---

1. *Essais*, liv. I, chap. xxv.
2. *Entretiens sur les sciences*, 1er entretien.
3. *Ratio studiorum Societatis Jesu*, 1635, p. 107.

recteurs des jésuites ». Le mot « orbilianisme » était
inventé en souvenir du grammairien-fouetteur Orbilius,
que le poète Horace, son élève, a flétri par l'épithète
de « plagosus ». On racontait dans ce pamphlet, entre
autres barbaries, qu'au collège de Rodez « les jésuites
choisissaient un écolier bien planté, gaillard solide, un
pauvre diable du reste, qu'ils nourrissaient, qu'ils éle-
vaient gratuitement, à condition qu'il leur rendît le
service de fouetter ses camarades.... La victime était
attachée aux barreaux d'une chaise, et l'exécution avait
lieu en pleine classe.... Le nombre de coups, pour chaque
correction, était de soixante-dix à quatre-vingts; on
n'en donnait jamais moins de quarante;... il était défendu au patient de crier, et ordonné à l'exécuteur de
mettre quelques secondes d'intervalle d'un coup à
l'autre, afin qu'ils fussent plus sensibles[1]. »

Le sage Rollin n'allait pas jusqu'à défendre tout à fait
le châtiment des verges, mais il insiste sur ses inconvénients et ses dangers; il expose longuement les règles à
observer lorsqu'on y a recours en désespoir de cause,
et il le réserve pour l'opiniâtreté dans le mal, « mais,
dit-il, une opiniâtreté volontaire, déterminée et bien
marquée ». Il ne tolère pas que la punition corporelle
ait une autre forme, et il interdit aux maîtres « les soufflets, les coups et les autres traitements pareils[2] ». Cette
répugnance de celui qui fut recteur de l'Université de
Paris à l'égard des châtiments corporels n'a fait que
s'étendre et grandir en France, pour aboutir, dans les
écoles, à une suppression complète et certainement définitive.

D'autres pays, aussi éclairés et civilisés que le nôtre,

1. Compayré, *Histoire critique des doctrines de l'éducation*, etc.,
livre VII, chap. I.
2. *Traité des études*, livre VIII, 1re partie, art. 5.

n'ont pas encore suivi l'exemple de mansuétude qui leur a été donné par notre législation scolaire. En Angleterre, la tradition des coups et des verges remonte aussi haut qu'en France et s'est mieux conservée. Dans son traité *De pueris instituendis*, Érasme donne à ce sujet de curieux détails. « J'ai connu, dit-il, un théologien célèbre qui ne pouvait se rassasier de cruels traitements à l'égard de ses élèves, quoiqu'il eût sous ses ordres des maîtres bravement fouetteurs. Il pensait que c'était là le moyen unique de rabaisser l'orgueil des enfants et de dompter la fougue de leur âge. Il ne donnait pas de banquet dans son école sans que, pour le couronner gaiement, il fit traîner dans la salle un ou deux enfants à fouetter. Parfois il punissait même des innocents pour les habituer aux coups. J'ai assisté moi-même à une de ces exécutions. Après le dîner, il fit venir, selon sa coutume, un enfant, qui me sembla avoir dix ans : c'était un nouveau venu, qui venait de quitter sa mère. Il commença par me dire que cette mère était une femme distinguée par sa piété, et qu'elle lui avait recommandé son fils d'une façon toute particulière. Puis, pour avoir un prétexte de punition, il se mit à lui reprocher je ne sais quel orgueil, quoique l'aspect du pauvre enfant fût loin d'annoncer rien de pareil, et il fit signe au sous-maître de l'école de le fouetter. Celui-ci jeta l'enfant par terre et le frappa comme s'il eût commis un sacrilège. Le théologien interpella une ou deux fois l'exécuteur en lui disant : C'est assez. Le bourreau, sourd d'entraînement, continua sa besogne jusqu'à ce que le patient fût sur le point de s'évanouir. Alors le théologien, se tournant vers nous : Il n'a rien fait de mal, dit-il, mais il fallait l'humilier. Ce fut le mot dont il se servit. »

L'usage du fouet, le « flogging », existe encore dans les écoles anglaises. Au collège, le principal a seul le

droit de fouetter, et il s'en acquitte en personne; il
fouette de confiance tout enfant qui lui est envoyé par
un professeur. Dans la salle des classes de la grande
école publique de Winchester figure l'inscription suivante, qui s'adresse à l'enfant : *Aut disce, aut discede;
manet sors tertia, cædi.* Un jeune gentleman de six pieds
de haut était à la veille de quitter le collège d'Eton; il
avait acheté une commission dans la cavalerie et devait
rejoindre le régiment dans dix jours au plus tard; il
était prêt. Dans l'ivresse de son affranchissement, il eut
le malheur de faire des libations trop copieuses avant
son départ, il dut subir douze coups d'étrivières [1]. En
certains endroits, le fouet traditionnel est remplacé par
des procédés moins barbares. « Nous avons assisté, disent MM. Demogeot et Montucci, à une petite exécution
à Christ's Hospital, où la peine infligée n'avait rien de
dégradant. Le professeur, armé d'un jonc flexible,
ordonna à l'élève de tenir la main ouverte, et il le frappa
ainsi sur la paume à plusieurs reprises. Quelquefois il
manquait le coup, mais ce n'était pas la faute de l'élève,
qui tenait bravement étendue tantôt la main droite,
tantôt la main gauche, sans faire mine de la retirer. On
voyait qu'il mettait de l'orgueil à ne pas crier, bien que
ses yeux fussent un peu humides [2]. »

Ces châtiments corporels ne sont impopulaires ni
parmi les maîtres ni même parmi les élèves. Un des
grands pédagogues de l'Angleterre, le docteur Arnold,
a écrit une éloquente dissertation en faveur du fouet.
Un principal de la célèbre école de la Chartreuse, ennemi du châtiment corporel, s'était avisé de le rem-

---

1. Brinsley-Richard, *Sept ans à Eton*, cité par Gréard, *l'Esprit
de discipline dans l'éducation*, p. 3.
2. *De l'enseignement secondaire en Angleterre et en Écosse*,
1ʳᵉ partie, 1ʳᵉ section, chap. VII.

placer par l'amende ; les élèves se soulevèrent au cri
de : « A bas l'amende ! Vive le fouet ! » Le fouet fut
rétabli. « Alors nous en eûmes à cœur joie, dit l'élève
de la Chartreuse qui raconte ce curieux épisode. Le
lendemain du jour où l'amende fut abolie, au moment
où nous entrâmes en classe, nous y trouvâmes une
superbe forêt de verges, et les deux heures de la leçon
furent consciencieusement employées à en faire usage. »
Toutefois des protestations commencent à s'élever
contre le « flogging », mais en dehors des écoles.
Herbert Spencer le condamne. Bain dit, avec quelque
exagération peut-être : « Dans les maisons où l'on
maintient les châtiments corporels, il faut les mettre
tout au bout de la liste des punitions ; le moindre de ces
châtiments doit être considéré comme un véritable dés-
honneur et accompagné de formes humiliantes. Tout
châtiment corporel doit être présenté comme une injure
grave pour la personne qui l'inflige et pour ceux qui
sont forcés d'en être témoins, comme le comble de la
honte et de l'infamie [1]. »

L'histoire du rôle joué par les châtiments corporels
dans la pédagogie allemande, est pleine de détails
piquants ; nous en choisirons quelques-uns presque au
hasard, sans remonter plus haut que la Réforme. L'auteur de ce grand mouvement, Luther, se souvenait
d'avoir été battu à l'école jusqu'à quinze fois dans une
même journée. A la même époque, le maître d'école
Trotzendorf employait dans son établissement de Gold-
berger tout un arsenal : la verge, le bâton, la vielle
(*Fiedel*, instrument de torture scolastique), le chevalet.
En 1548, le règlement scolaire d'Essling interdisait une
série de punitions en usage, comme les coups de savate,
l'arrachement des cheveux, l'emploi du gourdin, et

1. *La Science de l'éducation*, liv. I, chap. v.

autorisait « l'application des verges sur le derrière ».
En 1583, le règlement de Nordhausen réglait le nombre
des coups d'après les fautes commises. Au XVII⁰ siècle,
un maître d'école de la Hesse faisait prononcer aux
enfants la formule suivante :

O du liebe Ruth',
Mach' du mich gut,
Mach' du mich fromme,
Dass ich nicht zum Henker komme :

« O toi, verge chérie, — Rends-moi bon, — Rends-
moi sage, — Pour que le bourreau ne me prenne pas. »
A l'orphelinat de Francfort-sur-le-Mein il y avait le
banc de discipline (Zuchtbank), sur lequel l'enfant était
maintenu pendant la fustigation, et la cage aux ours
(Bärenkasten), où l'on ne pouvait se tenir ni assis ni
debout. Au XVIII⁰ siècle, le règlement du gymnase de la
même ville, où étudia Gœthe, soumettait les petits à la
férule, et accordait aux grands le privilège d'être châtiés
avec le bâton, mais en présence des classes réunies. Un
maître d'école de Souabe, dont parle Raumer dans son
Histoire de la pédagogie, avait, pendant cinquante et
un ans et sept mois, tenu registre des châtiments corporels infligés par lui ; le total général se décomposait
ainsi : 911 257 coups de bâton, 124 000 coups de verge,
10 235 soufflets sur la bouche, 7 905 calottes sur les
oreilles, 20 909 coups de règle sur les doigts, 1 115 000
coups de poing sur la tête, 22 763 coups donnés avec
des livres pour réveiller l'attention des enfants, l'age-
nouillement, 77 747 fois sur des pois secs, 813 fois sur
une barre triangulaire, etc. Un contemporain, qui a
publié en 1875 un intéressant travail sur les punitions
corporelles, M. Freimund, avoue qu'à ses débuts dans
l'enseignement il éprouvait fréquemment une colère

qui lui semblait ne pouvoir être soulagée qu'en tirant quelques paires d'oreilles; malgré les conseils de ses collègues, il s'était fait une règle de ne jamais employer les voies de fait; il se soulageait en se frappant violemment les doigts sur la table. Le même auteur cite deux exemples très significatifs recueillis autour de lui : d'abord celui d'un maître de Kœnigsberg qui demandait comme une faveur à ses collègues de lui abandonner l'exécution des corrections corporelles; puis celui d'un recteur de la même ville qui, tous les jours, avant l'ouverture de la classe, frappait l'un après l'autre la plupart des élèves, sans aucune raison, parce que c'était devenu chez lui un besoin [1].

La législation scolaire des différents États d'Allemagne autorise encore partout l'emploi des châtiments corporels; mais il y a, pour réglementer cette importante matière, un grand nombre de circulaires et d'actes officiels qui entrent dans les détails les plus minutieux. Topf, cité par d'Arvers dans la *Revue pédagogique*, a groupé, dans un ouvrage paru à Vienne et à Leipzig, en 1884 [2], les données de sept de ces documents appartenant à diverses régions de l'Allemagne du Nord (Dessau, Meiningen, Liegnitz, Bade, Lippe, Weimar, Breslau); on peut se faire, d'après son travail, une idée assez exacte de la situation scolaire sur le point qui nous occupe. Les cas passibles de peines corporelles sont l'indiscipline, l'obstination, l'habitude du mensonge, la paresse incorrigible, la cruauté envers les bêtes ou les faibles, l'inconduite, le bris d'arbres avec récidive, le vol d'une certaine importance. En ce qui concerne l'âge et le sexe, les enfants au-dessous

1. J'ai emprunté ces détails à l'intéressant article publié par Franck d'Arvers dans la *Revue pédagogique*, n° du 15 juillet 1885.
2. *Das Strafrecht der deutschen Volksschulen.*

de sept ans ou huit ans sont exempts des punitions
corporelles, qui ne doivent être appliquées aux filles
que par exception et avec les plus grands ménagements
pour la « délicatesse féminine ». Les instruments de
supplice sont le jonc léger, la canne flexible de la gros-
seur du petit doigt, les verges, la férule. La partie du
corps qui doit recevoir les coups est soigneusement
déterminée en raison du sexe et de l'âge. Le nombre de
coups est aussi plus ou moins déterminé; en général, il
est prescrit de les administrer sans colère, à la fin de la
classe. S'ils ont entraîné pour la santé de l'enfant des
conséquences graves, le maître est passible de peines
judiciaires; lorsque les suites sont seulement des meurtrissures, des boursouflures, une raideur passagère de
la partie frappée, il n'est passible que de peines disci-
plinaires; encore un arrêt de la haute cour de Prusse
déclare-t-il que la présence de meurtrissures et de boursouflures sur le corps de l'élève ne prouve pas que le
maître ait excédé son droit.

L'opinion pédagogique en Allemagne se prononce
généralement en faveur des châtiments corporels; on
les regarde comme un moyen de discipline regrettable,
mais nécessaire. La question de leur utilité est revenue
cinq fois depuis trente ans dans les assemblées générales
des chefs d'établissements d'instruction secondaire;
chaque fois elle a été résolue dans le sens de l'affirmative. En 1874 les directeurs d'écoles publiques de Dresde
ont fait paraître sur cette question une consultation de
dix grandes pages; « ils y soutiennent que la correction
physique est indispensable; ils s'expliquent fort au long
sur les précautions à prendre, sur l'instrument à préférer, sur la partie du corps qu'il convient de frapper.
Ils revendiquent enfin pour l'instituteur le droit de
frapper même les grandes filles, à condition que les
coups tombent sur le dos (on sait qu'en Allemagne et

en Autriche les classes de filles, comme les classes de garçons, sont généralement dirigées par des instituteurs) [1]. »

Dans le *Recueil des conférences pédagogiques* tenues par les instituteurs allemands de 1879 à 1882, parmi les plus importantes questions figure celle des châtiments corporels; non seulement ils n'en proposent pas la suppression, mais ils réclament le droit de les appliquer plus librement. Ils signalent une recrudescence des vices tels que le mépris de la vie et de la propriété d'autrui, la brutalité et l'amour de la jouissance, le manque d'inclination pour une activité énergique. « L'école, disent-ils, a dans ces vices sa part de responsabilité; elle doit chercher à les combattre. Si la douceur ne suffit pas, on ne doit pas reculer devant l'emploi des châtiments corporels; mais ces châtiments ne peuvent être efficaces que si le droit qu'a l'instituteur de les infliger n'est pas trop restreint.... Quoiqu'on ne puisse pas former par le bâton des hommes moralement bons, on peut cependant par là les habituer au bien [2]. »

Ce serait vraiment le cas d'appliquer le mot fameux de Pascal : « Vérité au deçà des Pyrénées, erreur au delà », qui n'est du reste qu'une forme plus vive donnée à l'idée qu'exprime en ces termes le grand sceptique Montaigne : « Quelle vérité est-ce que ces montagnes bornent, mensonge au monde qui se tient au delà? » Car il ne s'agit pas simplement ici d'usages scolaires que des peuples moins changeants que nous conserveraient par tradition, et qui seraient destinés à tomber bientôt en désuétude, comme toutes les vieilles coutumes. Il s'agit d'un principe de pédagogie qui est en même

----

1. F. Buisson, *Rapport sur l'instruction primaire à l'Exposition universelle de Vienne en 1873*, chap. v, § 4.

2. Voir Fatalot, *les Conférences pédagogiques des instituteurs allemands, Revue pédagogique*, numéro du 15 juillet 1884.

temps un principe de morale. En France nous considérons les châtiments corporels comme une cruauté digne des temps barbares, un abus du fort à l'égard du faible, un emploi avilissant de la terreur qui ne convient qu'envers les animaux, une atteinte coupable à la dignité de l'homme qui existe déjà dans l'enfant. Les Anglais et les Allemands ne voient point de la même manière que nous: chez eux, des pédagogues savants, éclairés, humains et dévoués à l'enfance considèrent comme une nécessité, c'est-à-dire comme un devoir, des actes qui, chez nous, sont condamnés comme des fautes graves lorsqu'ils se produisent.

Cependant il est un point sur lequel on s'accorde aujourd'hui : c'est pour mettre les châtiments corporels au plus bas degré de l'échelle des punitions, et pour y voir une extrémité à laquelle les uns se résignent et les autres se refusent à recourir. Nous sommes certains que les pédagogues des trois nations dont nous avons parlé souscriraient tous à ces belles paroles, qui se lisent dans le règlement rédigé en 1769 pour les exercices intérieurs du collège Louis-le-Grand : « Comme le bien de l'éducation ne consiste pas tant à corriger les fautes des jeunes gens qu'à les prévenir, autant qu'il sera possible, tous les maîtres se feront de leur exactitude et de leur surveillance un premier moyen de faire éviter à leurs élèves les fautes que leur négligence pourrait occasionner.... Ils n'useront de sévérité qu'après avoir épuisé tous les moyens qui peuvent faire impression sur une âme honnête et sensible. » Qu'on pousse la sévérité plus ou moins loin, il y a là matière à discussion; mais que la bonté vaille mieux, et qu'on doive la préférer toutes les fois qu'elle ne nous condamne point à l'impuissance, c'est là un principe de pédagogie et de morale qui s'impose à tous les esprits bien faits et qui vit dans tous les cœurs aimants.

CHAPITRE XIII

Le système de la discipline des conséquences naturelles dans
J.-J. Rousseau et dans Herbert Spencer. — Exemples. — Arguments à l'appui. — Objections.

Dans l'étude sévère qu'il consacre à J.-J. Rousseau et
où il montre que tous les écrits du philosophe genevois
portent la marque de ce qu'il appelle l'esprit d'utopie,
M. Nisard constate que le système de l'*Émile* peut se
résumer en ceci : prendre le contre-pied de l'usage.
« Règle générale : laissez faire à l'enfant tout ce qu'il
veut.... Par une conséquence naturelle, là où le maître
n'a le droit de rien commander ni de rien défendre,
l'obéissance est supprimée.... On punissait les enfants.
Plus de châtiments, dit Rousseau [1]. » La nature doit
être leur unique maîtresse; ils ne recevront de leçons
que de la simple expérience. « Ne donnez pas à votre
élève des leçons verbales : il n'en doit recevoir que de
l'expérience.... N'offrez jamais à ses volontés indis-
crètes que des obstacles physiques ou des punitions qui
naissent des actions mêmes et qu'il se rappelle dans
l'occasion.... Il ne faut jamais infliger aux enfants le
châtiment comme châtiment; il doit toujours leur

---

1. *Histoire de la littérature française*, liv. IV, chap. II.

arriver comme une suite naturelle de leur mauvaise action [1]. »

Ce système de Rousseau a été repris et longuement développé par Herbert Spencer dans son chapitre « de l'éducation morale », et il lui accorde une telle importance que, pour lui, l'éducation morale consiste presque entièrement dans la discipline des conséquences naturelles. Une telle pédagogie ressemble assez à ce qu'on appelle la médecine expectante, qui laisse agir la nature ; elle diminue beaucoup le rôle de l'art et, en apparence, la responsabilité de ceux qui le pratiquent.

Herbert Spencer part du principe, éminemment utilitaire, que la conduite est bonne ou mauvaise selon qu'elle produit des résultats bienfaisants ou nuisibles. Ainsi, l'ivrognerie est mauvaise parce qu'elle entraîne des conséquences funestes pour l'ivrogne et pour sa famille. Le vol ne serait pas un délit s'il ne causait aucun désagrément au volé. La bonté ne serait pas une vertu si elle multipliait les souffrances humaines. Or la nature nous montre elle-même clairement le caractère des actions bonnes ou mauvaises, des défauts et des qualités, des vices et des vertus, par les sanctions qu'elle y attache. « Si le jeune homme qui entre dans la vie, dit Spencer, perd son temps dans l'oisiveté, ou remplit mal et lentement les fonctions qui lui sont confiées, le châtiment naturel ne se fait pas attendre ; il perd son emploi, et il souffre, pendant un temps, les maux d'une pauvreté relative. L'homme qui n'a point de ponctualité, qui manque continuellement ses rendez-vous de plaisir et d'affaires, en supporte les conséquences, qui sont des pertes d'argent et des privations de jouissances. Le marchand qui veut faire de trop gros profits perd ses pratiques et est ainsi arrêté dans son avidité. Les

1. *Emile*, liv. II.

malades qui le quittent apprennent au médecin distrait
à se donner plus de peine pour ceux qui lui restent. Le
créancier crédule, le spéculateur trop confiant reconnaissent, par les embarras dans lesquels ils se jettent, la
nécessité d'être plus prudents à l'avenir dans les affaires.
Il en est ainsi dans la vie tout entière [1]. » Les conséquences naturelles de nos actions constituent donc la
pénalité la plus sûre, la plus efficace, celle qui présente
le mieux cette condition importante que Bentham veut
trouver dans la peine, à savoir d'être réformatrice. Les
peines artificielles, au contraire, ne la présentent jamais;
elles n'amendent point les coupables et produisent même
parfois une recrudescence de criminalité.

Pourquoi cette discipline, qui tient sous sa loi les
hommes faits et exerce sur eux une action morale si
salutaire, ne serait-elle pas employée avec les enfants,
exclusivement à toute autre? Herbert Spencer nous
donne, à l'appui de sa thèse, de nombreux exemples,
habilement choisis. La recommandation de faire attention à ses mouvements vaudra-t-elle, pour rendre l'enfant attentif, la douleur que lui cause une chute ou un
heurt de sa tête contre la table? C'est en se brûlant
qu'il apprendra à ne plus se brûler, en se piquant et
en se coupant qu'il se défiera des objets tranchants ou
pointus. Le philosophe anglais appelle ces souffrances
des empêchements bienfaisants mis aux actions qui
contrarient essentiellement les intérêts de notre corps,
empêchements sans lesquels la vie serait bientôt anéan-
tie par les outrages qui lui seraient faits.

Il estime qu'elles sont toujours proportionnées aux
fautes dont elles résultent, quoique l'expérience ne lui
donne pas tout à fait raison; car un enfant peut se
blesser grièvement ou même se tuer dans une chute

_____
1 *De l'éducation intellectuelle, morale et physique*, chap. III.

amenée par une légère étourderie; j'en connais un qui, pour avoir agacé un coq, a eu un œil crevé par l'animal, a ensuite perdu l'autre, et expie ainsi depuis longtemps une faute bien légère par la plus terrible des punitions. J.-J. Rousseau nous recommande, si l'enfant casse les vitres de sa chambre, de ne pas les remplacer, de laisser le vent souffler sur lui nuit et jour, sans nous soucier des rhumes; il ne songe pas que cette expérience pédagogique peut coûter fort cher en portant une incurable atteinte à la santé du petit coupable.

Le cas que voici, supposé par Spencer, est moins délicat, et je ne vois pas le moindre inconvénient à suivre son conseil : « Quand un enfant, assez âgé pour avoir un canif, s'en sert avec si peu de précaution qu'il en brise la lame, ou quand il le laisse dans l'herbe au pied de quelque haie, après avoir coupé une baguette, un père irréfléchi ou un parent complaisant va tout de suite lui en acheter un autre, sans voir qu'il enlève ainsi à l'enfant l'occasion de recevoir une leçon utile. En pareil cas, un père doit expliquer que les canifs coûtent de l'argent; que, pour avoir de l'argent, il faut l'acquérir par le travail, et qu'il ne peut acheter des canifs pour quelqu'un qui les casse ou qui les perd; que par conséquent, jusqu'à ce que l'enfant ait donné la preuve qu'il est devenu plus soigneux, il ne réparera point la perte. Une discipline semblable servira à arrêter les prodigalités chez son enfant [1]. »

Le manque de complaisance, défaut plus grave que la négligence et l'étourderie, sera puni d'après le même principe : dans la vie ordinaire, les services s'échangent, et l'on pratique généralement la règle « donnant donnant »; si un enfant vous refuse un petit service que vous lui aurez demandé, ne lui faites pas de repro-

---

1. *De l'éducation*, etc., chap. III.

ches, ne lui infligez ni blâme ni châtiment ; mais lorsqu'il viendra lui-même vous adresser une demande quelconque, refusez avec froideur. Dans un cas de ce genre, emprunté par Herbert Spencer à l'expérience d'un de ses amis, la discipline des conséquences naturelles eut un succès complet. « Le lendemain matin, à l'heure de son lever, notre ami entendit à la porte de sa chambre une voix qu'il n'avait pas coutume d'entendre à cette heure. C'était son petit neveu qui lui apportait de l'eau chaude. Regardant autour de la chambre, l'enfant cherchait ce qu'il pourrait faire encore, et il s'écria : Oh ! vous n'avez pas vos bottes ! en se précipitant dans l'escalier pour aller les chercher. De cette façon et de plusieurs autres, il montra un vrai repentir de sa conduite. Il essaya de compenser son refus de service par des services inaccoutumés [1]. »

Mais l'enfant peut commettre des fautes beaucoup plus graves encore, telles que mensonges, larcins, actes de violence contre les personnes, etc. Spencer pense d'abord que l'emploi exclusif de la discipline des conséquences naturelles agit assez heureusement sur le caractère de l'enfant pour rendre très rares les fautes de cette sorte ; il estime que les enfants traités avec une douceur intelligente sont meilleurs, et que ceux qui sont gouvernés sévèrement contractent une irritation chronique qui les pousse à se mal conduire. Mais si, comme cela peut arriver quelquefois sous le meilleur régime, l'enfant commet une vilaine action, la discipline des conséquences naturelles ne cesse pas d'être supérieure à toutes les autres. Par exemple, celui qui s'est rendu coupable d'un vol doit en subir les conséquences, qui sont de deux sortes, directes et indirectes : la conséquence directe, c'est la restitution de l'objet volé, ou le

____

1. *De l'éducation*, etc., chap. III.

payement par le voleur d'une somme équivalente, qui sera prise sur l'argent de poche de l'enfant; la conséquence indirecte, c'est le mécontentement des parents.

Spencer développe avec complaisance les avantages de son système. D'abord il engendre dans l'esprit les notions justes de cause et d'effet, que l'enfant acquiert, non pas sur les leçons de ses parents et de ses maîtres, mais par l'expérience personnelle. La moindre brûlure qu'il se sera faite lui en apprendra bien plus que tous les discours sur le danger des brûlures et toutes les réprimandes infligées lorsqu'il s'y est exposé. Lui dire que le désordre est un défaut et le punir par un pensum lorsqu'il s'est montré négligent, est beaucoup moins efficace que de lui faire subir tous les ennuis qui résultent naturellement du désordre. Cette habitude de constater soi-même les bonnes ou les mauvaises conséquences de ses actions, au lieu d'y croire sur l'autorité des autres, s'acquiert ainsi dans l'enfance très utilement pour le reste de la vie. Autrement les enfants ne considèrent pas les actions comme bonnes ou mauvaises en elles-mêmes, par rapport aux conséquences naturelles qu'elles entraînent et qui sont constantes; ils ne les considèrent comme bonnes ou mauvaises qu'autant qu'elles produisent le mécontentement des parents et des maîtres et qu'elles aboutissent à des punitions; lorsque ce mécontentement et ces punitions ne sont plus à craindre, alors rien ne les retient plus, et ils se livrent à tous les écarts, jusqu'à ce qu'ils aient été sévèrement disciplinés par l'expérience de la vie.

Un autre avantage, c'est que la discipline des conséquences naturelles est éminemment juste et qu'elle ne peut pas ne point paraître telle à l'enfant. « Celui qui ne supporte d'autres maux, dit Spencer, que ceux qui, dans l'ordre naturel des choses, résultent de sa mauvaise conduite, ne se trouvera point injustement traité,

comme celui qui supporte un châtiment artificiel; et
cela est vrai des hommes aussi bien que des enfants.
Prenez pour exemple un enfant qui est habituellement
négligent dans le soin de ses habits, qui traverse les
haies sans précaution, qui ne fait point attention à la
boue. Si on le bat ou si on le met au lit, il se trouvera
maltraité; et il sera plus occupé à ruminer sur ses griefs
qu'à se repentir de sa faute. Mais supposez qu'on
l'oblige à réparer autant que possible le mal qu'il a
fait, à nettoyer la boue dont il s'est couvert, à raccom-
moder les déchirures de ses vêtements, ne saura-t-il pas
que c'est là un ennui qu'il s'est causé à lui-même [1]? »
Il ne pourra donc s'en prendre qu'à lui; quelque impatience qu'il éprouve, il n'accusera pas les autres de
malveillance et d'injustice.

En troisième lieu, l'emploi de la méthode ordinaire,
qui repose sur l'obéissance et sur les punitions, entretient entre les éducateurs et les enfants une aigreur, une
irritation réciproques. Les éducateurs se fâchent contre
les enfants de ce qu'en transgressant leurs lois, ils ne
respectent ni leur autorité ni leur dignité; les enfants se
fâchent contre les éducateurs qui les irritent constamment par leurs prohibitions et par les punitions qui en
sont la suite. Supposez une mère dont l'enfant se brû-
lerait pour avoir, malgré les défenses, touché à la bouil-
loire, et qui, si cela lui était possible, prendrait pour
elle la douleur de la brûlure, mais donnerait un coup
à l'enfant afin de le punir; ne serait-ce pas une double
souffrance provoquant une mauvaise humeur absurde
des deux côtés? Cependant, suivant Spencer, c'est là ce
qu'on fait d'habitude. « Un père qui bat son fils parce
qu'il a, par insouciance ou par malice, brisé le jouet de
sa petite sœur, et qui ensuite achète à celle-ci une autre

1. *De l'éducation*, etc., chap. III.

jouet, ce père-là fait tout à fait la même chose : il inflige une peine artificielle au transgresseur, et prend pour lui la peine naturelle de la transgression, ce qui exaspère à la fois le père et l'enfant, tout à fait inutilement. S'il disait à son fils qu'il doit acheter à ses frais un nouveau jouet à sa sœur, et qu'on lui retiendra pour cela son argent de poche jusqu'à concurrence de la somme nécessaire, il y aurait beaucoup moins d'aigreur des deux côtés [1]. » Cette mauvaise humeur que les éducateurs et les enfants éprouvent si souvent les uns contre les autres finit par altérer leurs rapports de la manière la plus fâcheuse; les uns sont regardés comme des tyrans, les autres comme des fléaux. Avec la discipline des conséquences naturelles, les relations entre les éducateurs et les enfants seraient plus affectueuses et, par conséquent, plus fécondes.

Le système emprunté par Herbert Spencer à J.-J. Rousseau soulève d'assez nombreuses objections; quelques-unes des plus fortes ont été développées par M. Gréard dans son mémoire sur « l'esprit de discipline ». Examinons sans parti pris ce que vaut la discipline des conséquences naturelles et dans quelle mesure la pédagogie peut user de son action.

D'abord il nous est impossible de reconnaître à la nature cette justice que Spencer trouve si exacte. Trop souvent les conséquences naturelles sont, par leur gravité, hors de toute proportion avec les actions dont elles résultent. L'enfant qui touche au feu, tantôt ne se fera qu'une brûlure légère, et tantôt se brûlera cruellement, se défigurera pour toute la vie; une chute n'entraînera pour celui-ci qu'une bosse au front : celui-là se cassera la jambe et restera estropié. De petites imprudences amènent, tout le monde le sait, des maladies mortelles.

---

1. *De l'éducation*, etc., chap. III.

Pendant que le jury, en lui accordant des circonstances atténuantes, épargne la vie d'un misérable assassin, la nature condamne à la peine de mort, sous forme de fluxion de poitrine ou de rhumatisme articulaire, un brave homme qui a commis la faute de prendre froid. Que dire de l'hérédité naturelle, cette odieuse injustice, qui fait expier par les descendants les sottises et les vices de leurs ancêtres? Dans l'ordre moral, ne voyons-nous pas tous les jours les fautes les plus légères entraîner les conséquences les plus redoutables? Par un propos un peu trop franc, par un trait d'esprit qu'on aurait pu retenir, il est vrai, mais qui ne prouve aucune malveillance, on peut se faire un ennemi mortel; en laissant traîner un papier par une négligence qui n'est même pas habituelle, on peut amener une catastrophe; le ridicule tue, dit-on; qui ne sait pourtant quels menus incidents peuvent couvrir un homme de ridicule? Au contraire, des actes monstrueux, dans certaines conditions, n'entraînent pour leurs auteurs que des conséquences avantageuses.

La justice des choses est, comme celle des hommes, très équitable dans beaucoup de cas, très imparfaite dans beaucoup d'autres; il ne faut ni la nier, ni l'admirer outre mesure. L'éducateur prudent, qui sait combien, sous le rapport de la gravité, les conséquences peuvent être hors de proportion avec les actes, se gardera bien d'y exposer les enfants, lorsqu'il y a pour eux un réel danger, et, par les moyens ordinaires, c'est-à-dire par les défenses accompagnées au besoin de punitions, il préviendra les actes pour prévenir les conséquences. Par exemple, il laissera un enfant taquiner un chat, pourvu que cet amusement n'aille pas trop loin, et attendra la correction naturelle, qui consiste dans un bon coup de griffes; mais il ne le laissera pas agacer un chien hargneux; après lui avoir intimé la défense d'approcher de ce chien, il le grondera vertement et le punira s'il la transgresse. Dans les deux cas, la faute de l'enfant serait la même; mais les conséquences naturelles pourraient être très différentes et avoir, dans le second cas, une bien autre gravité que dans le premier. La nature serait donc alors, comme elle l'est souvent, fort injuste.

Encore ne faut-il pas seulement considérer la faute en elle-même, mais apprécier l'intention du coupable. Ainsi, pour m'en tenir à l'exemple que je viens de prendre, l'enfant qui agace un chien hargneux peut le faire par simple besoin de mouvement et de distraction, ou pour le plaisir d'enfreindre une défense qui lui a été intimée, ou par pure méchanceté, pour faire souffrir l'animal. La discipline des conséquences naturelles ne punira que l'acte, sans avoir égard à l'intention, et elle le punira aussi sévèrement si l'intention est innocente que si elle est coupable au plus haut degré. Est-ce là de la justice? Peut-on raisonnablement préférer ce système à celui qui recherche, au contraire, l'intention du coupable, apprécie d'après cette intention la gravité de la faute, et détermine seulement alors la mesure de la punition qu'elle mérite?

Ainsi que le remarque M. Gréard, la discipline des conséquences naturelles, qui peut s'appliquer dans les petites circonstances de la vie enfantine, ne mérite plus notre confiance lorsque nous avons affaire à des adolescents. « Assurément, dit-il, il n'y a pas grand inconvénient à laisser l'enfant qui s'entête briser le canif qu'on est décidé à ne pas lui rendre, mettre en désordre la chambre qu'on lui fera ranger, manquer la promenade pour laquelle il ne s'est pas assez diligemment préparé. Mais donnera-t-on à l'adolescent le temps de voir le résultat de sa mollesse lui apparaître dans un avenir perdu? Il est facile de dire : l'homme qui ne fait pas ses affaires est puni de sa négligence par cela seul que ses affaires sont mal faites ; il peut se relever. Mais si l'écolier ne fait pas ou fait mal son métier d'écolier, s'il ne discipline pas son esprit et son caractère, si, autour de lui, on ajourne la réforme de ses défauts jusqu'à ce que ses défauts éclatent en leurs conséquences, c'est sa vie entière peut-être que l'on compromet. Qu'à côté du raisonnement ou de l'exemple d'autrui, trop souvent impuissant, on fasse la part de l'expérience personnelle, rien de mieux ; elle est la rançon de la liberté. Mais attendre que le jeune homme s'instruise exclusivement par ses propres fautes, n'est-ce pas la plus dangereuse des utopies [1] ? »

Il y a entre l'enfant et l'adolescent élevés dans la famille ou à l'école, et l'homme adulte qui est entré dans la vie réelle, cette différence capitale, que ce dernier, par cela même qu'il est indépendant et jouit de tous ses droits, de toutes ses facultés, doit ne plus compter que sur lui et s'attendre à subir sans atténuation la conséquence de ses actes, tandis que les autres, justement considérés comme des mineurs, doivent être traités et ménagés en raison de leur dépendance et de leur faiblesse.

Rien n'est donc plus faux que de rapprocher les actes de l'enfant ou de l'adolescent et ceux de l'adulte au point de vue des conséquences naturelles. Dans la vie réelle, un homme sans fortune qui se refuse à travailler tombe dans la misère noire et meurt de faim ou vole ; voilà les conséquences naturelles de l'extrême paresse. Si un enfant se refuse à travailler, irez-vous le priver de toute nourriture et lui laisser porter des vêtements en loques, le forcer à coucher dans un taudis ou dans la rue, comme les vagabonds ? Tout le temps que vous lui

1. *L'Esprit de discipline dans l'éducation*, p. 15.

donnerez à manger, qu'il portera des vêtements convenables, et qu'il demeurera dans un vrai logis, la discipline des conséquences naturelles ne lui sera pas strictement appliquée. Si vous arrangez vous-même ces conséquences, alors elles ne sont plus naturelles, et vous retombez dans la discipline artificielle, contre laquelle Herbert Spencer proteste. Qu'y a-t-il de plus artificiel que les scènes imaginées par J.-J. Rousseau pour échapper à l'emploi des procédés ordinaires?

Aussi n'est-il pas nécessaire d'aller jusqu'à l'adolescence pour montrer que le système exclusif de Spencer est inapplicable; il l'est dès le premier âge dans une foule de cas. Comment s'y prendra, par exemple, un partisan de ce système en présence du premier mensonge de son petit enfant? L'éducateur sans parti pris, et qui recourt aux procédés habituels, lorsqu'ils lui semblent bons, reprendra vivement le coupable, lui témoignera toute l'aversion que lui inspire la laideur de son mensonge, et tâchera de produire sur lui une impression assez forte, assez désagréable, pour que l'idée du mensonge s'associe dans son esprit à l'idée de quelque chose de très vilain et de très pénible. Ce n'est pas ainsi que l'on traite les menteurs dans la vie réelle : suivant le cas, on les plaisante ou on leur témoigne une défiance froide, ou on leur inflige un affront sanglant. Ces procédés n'auraient pas du tout la même action sur un petit enfant que sur un homme; la défiance prolongée pourrait, en particulier, donner d'assez mauvais résultats.

Dans la vie réelle, les conséquences naturelles ne punissent en général que les défauts confirmés; elles se font attendre, puis, à un certain moment, elles se produisent avec une sévérité extrême. La conséquence naturelle du premier acte par lequel un vice s'acquiert peut être imperceptible pour celui chez qui le vice s'implantera jusqu'à devenir indéracinable. C'est justement ce premier acte que l'éducateur habile tâche de saisir, pour le faire suivre d'une conséquence artificielle, d'une punition qui affectera l'enfant et sera le début du traitement auquel il convient de le soumettre. « Le secret de l'éducation, dit M. Gréard, est d'intervenir à temps. C'est à ce diagnostic, pris de haut et de loin, que se reconnaît l'œil du maître; c'est à la façon dont il suit et traite le mal encore latent que se révèle la sûreté de sa main. Élever, ce n'est pas seulement prévoir, c'est aussi prévenir [1]. »

Herbert Spencer compte trop sur son système pour obtenir l'adhésion des enfants à la discipline à laquelle il les soumet, en raison du caractère de justice qu'il lui attribue, et pour prévenir entre eux et leurs éducateurs toute irritation réciproque. Cette discipline, nous l'avons montré, n'est pas conforme à la justice; mais, quand elle le serait, les enfants ne l'en subiraient pas davantage avec la soumission qui, aux yeux des hommes éclairés, convient seule devant la force irrésistible des choses. La célèbre parole du poète grec, « qu'il ne faut pas s'indigner contre les choses, parce que cela leur est égal », n'est pas du tout à la portée des enfants. « La tendance anthropomorphique, dit Bain, c'est-à-dire le penchant à tout personnifier, ayant sa plus grande force dans l'enfance, tout mal naturel est attribué à quelqu'un de connu ou d'inconnu. L'habitude de regarder les lois de la nature, lorsqu'elles nous font souffrir, comme froides, sans passion et sans intention, ne s'acquiert que très tard et avec beaucoup de peine; c'est un des triomphes de la science ou de la philosophie. Nous commençons ordinairement par en vouloir à tout ce qui nous fait du mal, et nous ne sommes que trop disposés à

1. *L'Esprit de discipline*, etc., p. 16.

chercher autour de nous un être réel sur lequel nous puissions décharger notre colère [1]. »

Cette remarque est des plus justes; l'être réel sur lequel l'enfant déchargera sa colère, ce sera l'un de ses éducateurs. Il a déchiré un vêtement et vous le condamnez à le porter ainsi, ce qui l'humilie beaucoup : cette humiliation l'irritera contre vous, quoiqu'il sache qu'il est lui-même l'auteur responsable de l'accident. Il y a là une difficulté inhérente aux punitions en général, et à laquelle les punitions naturelles n'échappent pas plus que les autres; à moins d'être immédiates et instantanées, l'impression irritante qu'elles produisent sur le cœur de l'enfant efface trop souvent le souvenir de sa faute: alors il ne se considère plus que comme une victime, et il a pour ceux qui l'ont puni un sentiment qui est le contraire de la sympathie. La sincérité grâce à laquelle nous nous avouons nos fautes à nous-mêmes et nous faisons antérieurement notre *mea culpa*, n'est pas une vertu sur laquelle on doive trop compter avec lui.

Spencer lui accorde aussi trop de prévoyance en supposant que les leçons de l'expérience le mettent en garde contre des fautes nouvelles, parce qu'elles lui font prévoir les suites que ces fautes comportent. « Dès que les enfants, dit Bain, sont sous l'influence de quelque mauvais penchant, les conséquences n'existent plus pour eux »; nous ajouterons : surtout quand elles ne sont pas évidemment immédiates et inévitables. La remarque est applicable même aux hommes faits, bien que dans l'âge adulte le sentiment des conséquences se développe et s'oppose plus souvent à l'envie de mal faire. Celui qui s'est brûlé une ou deux fois prendra garde au feu; celui qui est tombé à l'eau fera plus attention en marchant près

---

1. *La Science de l'éducation*, liv. I, chap. v.

du bord ; mais celui dont un mets délicat rend la digestion difficile retombera facilement dans le péché de gourmandise ; le plaisir de faire de l'esprit aux dépens d'autrui résiste aux conséquences désagréables que ce travers entraîne parfois ; en général, ainsi qu'on l'a remarqué, nous ne profitons de l'expérience acquise qu'au déclin de la vie, lorsqu'il est trop tard pour recommencer et pour réparer nos fautes. Tâchons au moins d'en faire profiter la jeunesse, et ne la laissons pas recommencer cette rude école, s'il y a moyen de faire autrement pour lui éviter des sottises semblables aux nôtres.

L'objection la plus grave qui puisse être élevée contre le système que nous discutons en ce moment, c'est qu'il repose tout entier sur la doctrine utilitaire et qu'il ne suppose pas un instant l'existence d'une morale désintéressée. « Dans la doctrine sur laquelle Spencer établit son système d'éducation, dit M. Gréard, il n'existe ni bien ni mal en soi. On chercherait vainement dans ses déductions l'idée d'une obligation morale ; il ne prononce pas une seule fois le mot de devoir. C'est le résultat d'un acte qui en détermine la nature et la valeur. Supposez qu'un enfant ait la main assez leste pour échapper à la réaction d'une imprudence, l'esprit assez délié pour esquiver les conséquences d'une faute, le voilà quitte. Il s'agit non de bien faire, mais d'être adroit, non d'être sage et honnête, mais de réussir. Toute la morale se résout ainsi en une question d'habileté avec l'intérêt pour mobile. Certes, l'intérêt et l'habileté ont leur place légitime dans le monde, mais à la condition de se subordonner à une règle supérieure [1]. »

Nous avons dit précédemment que l'enfant était, à notre avis, incapable, dans les premières années, de connaitre la loi morale, mais qu'en attendant que sa con-

---

1. *L'Esprit de discipline*, etc., p. 17.

science fût en état de la lui révéler, la volonté de ses éducateurs en tenait lieu pour lui, et que par conséquent la pratique de l'obéissance à une volonté raisonnable et honnête était l'apprentissage du devoir. La discipline d'Herbert Spencer remplace le devoir par la force des choses, et la loi morale par la loi naturelle. Aussi s'explique-t-on facilement que les exemples dans lesquels le philosophe anglais montre avec le plus de bonheur l'application de son système rentrent dans l'ordre des réactions physiques. L'enfant se heurte la tête par étourderie, il perd un canif par négligence et on ne lui en achète point d'autre, il manque la promenade par ses lenteurs, tout cela est matériel. Mais lorsqu'on arrive à des fautes plus graves, qui intéressent davantage la moralité, notre auteur semble moins heureux.

En cas de larcin, par exemple, il distingue, comme nous l'avons vu, parmi les conséquences qu'il croit naturelles, celle qu'il appelle directe, à savoir la restitution de l'objet volé ou l'indemnité équivalente, et celle qu'il appelle indirecte, à savoir l'expression du mécontentement des parents. Or, à notre avis, ni l'une ni l'autre de ces conséquences ne doit être appelée naturelle et ne peut le paraître à l'enfant. Ce n'est pas la restitution qui est conforme à la loi de nature, c'est le vol, œuvre de violence et de ruse; si on le laisse faire, si on ne le met pas en garde par une défense formelle, accompagnée, au besoin, d'une sanction pénale, l'enfant y est, comme l'animal, comme le sauvage, naturellement porté. On a beau dire qu'il a dans son cerveau l'héritage physique des idées morales de ses ascendants; ne dites pas à votre enfant un seul mot du péché de vol, et il y a beaucoup de chances pour que, spontanément, il y tombe sans le savoir; car ce ne sera pas pour lui une mauvaise action, mais simplement l'action indifférente de prendre un objet qu'il désire et qui est à sa portée. Comme il n'est pas encore capable de comprendre ce que c'est que le droit de propriété et qu'une atteinte à ce droit, il faut, ou bien que vous le laissiez aux impulsions de sa nature, qui le portent à prendre tout ce qui lui fait plaisir, auquel cas l'obligation de restituer lui paraîtra quelque chose de bizarre, une contrainte gênante que lui impose votre arbitraire, ou que vous lui défendiez nettement de toucher à tout ce que vous ne mettez pas vous-même à sa disposition. Qu'est-ce, dans ce second cas, sinon recourir à l'obéissance? Dans les deux cas, à quoi l'enfant se soumet-il? Ce n'est pas à la loi de nature, mais purement et simplement à votre volonté.

Et plus tard, lorsqu'il sera déjà capable de raisonner, lorsqu'il aura quelque connaissance de la vie réelle, quelles discussions singulières ne devrez-vous point soutenir avec lui, quelle confusion d'idées et de sentiments ne mettrez-vous point dans son esprit et dans son cœur! Par exemple, s'il est paresseux, comme vous ne vous résoudrez point à lui faire supporter les conséquences naturelles qu'entraîne assez souvent la paresse pour celui à qui la nécessité du travail est imposée, c'est-à-dire le dénûment de tout, la faim, le vagabondage, vous ne pourrez guère, si vous ne voulez point recourir aux punitions habituelles, que lui montrer ces conséquences dans l'avenir, ainsi que la perspective de la déconsidération, du mépris public. Mais peut-être ne sera-t-il pas assez naïf pour ignorer que dans le monde il y a beaucoup de paresseux qui vivent dans l'abondance et dans la joie, et que la hiérarchie sociale place beaucoup plus haut l'oisif riche que le travailleur pauvre. Si vous êtes riche vous-même, il comptera sur votre héritage; si vous n'avez point de fortune à lui laisser, il rêvera de ces places, comme il s'en trouve encore quelques-unes, dont on lui a parlé, et qui permettent de vivre avec une très petite somme de travail.

J'assistais il n'y a pas longtemps à un colloque entre un collégien paresseux et l'un de ses plus proches parents : celui-ci, recourant, sans le savoir, au système spencérien des conséquences, essayait de démontrer à l'autre qu'il faisait mal l'apprentissage de la vie, qu'on devait partout se donner beaucoup de peine; mais le jeune homme lui citait une place à laquelle il se destinait, parce qu'on n'y avait rien à faire. « Oui, répliquait le premier, c'est peut-être vrai; mais, pour y arriver, il faut d'abord passer des examens; tâche d'y réussir, et ensuite tu flâneras tout à ton aise. » En se plaçant au seul point de vue de la réalité, ce langage n'avait rien d'inadmissible. Tel n'est point, il est vrai, celui que parle une conscience droite et ferme; mais il ne s'agit point de conscience, de langage du devoir dans la pédagogie d'Herbert Spencer.

Cependant, comme M. Gréard le montre, il se garde bien de pousser à fond les conséquences de son principe; averti par le sentiment exact de la réalité morale, il arrive à s'amender lui-même, et mérite que celui qui l'a critiqué d'une manière si pressante le juge définitivement en ces termes : « Aucun pédagogue, peut-être, n'a donné de la personnalité mora'e de l'enfant une idée plus ferme; aucun n'a mieux établi, assurément, que l'objet propre de l'éducation est de faire un être apte à se gouverner. C'est par cette définition qu'il conclut; en est-il qui réponde mieux aux besoins de la société moderne [1]? »

En ce qui concerne J.-J. Rousseau, le vrai créateur du système d'éducation morale que Spencer préconise, sa vie nous expliquerait facilement ses idées. « Il suffit,

____

1. *L'Esprit de discipline*, etc., p. 26.

dit un critique sévère, mais perspicace, de noter le trait qui en marque toute la suite; ce trait, c'est le dégoût du devoir. Rousseau ne s'est pas fait faute de s'en confesser. Toutes les fois que le devoir était la seule issue d'un mauvais pas, il y restait engagé ou s'y enfonçait plus avant. Il n'est que le plus éloquent des gens qui ne veulent point se gêner, et qui rêvent toutes les immunités pour eux dans une société où toutes les charges seraient pour les autres. C'est presque au lendemain du jour où il avait manqué au premier et au plus doux des devoirs, qu'il s'éveilla d'un sommeil sans remords, réformateur public de son temps. C'est après avoir commis la moins pardonnable de toutes les fautes, qu'éclata dans sa tête cette effervescence de vertu durant laquelle il fit le procès à toutes choses et la leçon à tout le monde [1]. » Peut-être aurait-il eu une conscience plus exigeante s'il avait pris au foyer domestique, dès le premier âge, l'habitude du devoir tel qu'il convient aux enfants, c'est-à-dire de l'obéissance. Mais sa mère était morte en le mettant au monde, et son père, « né tendre et sensible », passait des nuits entières à lire des romans avec lui!

En dépit de Rousseau et de Spencer, nous ne croyons pas que les idées se modifient beaucoup dans les familles et dans les écoles touchant le principe de l'obéissance avec sanctions pénales. Mais nous ne sommes pas aussi rassurés en ce qui regarde la pratique. Les éducateurs n'ont pas encore des doutes sérieux au sujet des droits qu'ils possèdent sur les enfants; peut-être en usent-ils généralement avec quelque mollesse. Quoique Spencer accuse la discipline qui repose sur l'obéissance de nuire à l'affection mutuelle des éducateurs et des enfants, nous ne pensons pas que le progrès de la pitié filiale et du

1. Nisard, *Histoire de la littérature française,* liv. IV, chap. XII.

respect affectueux pour les maîtres soit en rapport avec la diminution de la fermeté à l'égard de l'enfance. Il y a encore des familles où n'a pas pénétré l'influence amollissante de nos mœurs, et où les parents savent commander, où les enfants sont habitués à obéir. Ce ne sont pas, croyons-nous, celles où l'on s'aime le moins.

CHAPITRE XIV

Les punitions, qui affectent péniblement la sensibilité
physique et morale de l'enfant, ont surtout pour but
d'établir dans son esprit une association d'idées dura-
bles, par laquelle le manquement au devoir lui paraît
inséparable d'une souffrance. Les récompenses au contraire sont destinées à unir dans son esprit l'idée de
l'accomplissement du devoir avec celle d'un plaisir qui
en résulte. Aussi ont-elles, en principe, excité la défiance des moralistes austères, aux yeux desquels le
devoir s'impose par lui-même.

« Devoir! mot grand et sublime, dit Kant, toi qui
n'as rien d'agréable ni de flatteur et commandes la soumission en te bornant à proposer une loi, qui d'elle-
même s'introduit dans l'âme et la force au respect (sinon
toujours à l'obéissance), et devant laquelle se taisent
tous les penchants, quoiqu'ils travaillent sourdement
contre elle, quelle origine est digne de toi? Où trouver
la racine de ta noble tige, qui repousse fièrement toute
alliance avec les penchants [1]? » Comme, en dernière

1. *Critique de la raison pratique*, 1re partie, livre I.

analyse, un plaisir n'est que la satisfaction d'un penchant, et, comme toute récompense est destinée à faire naître un plaisir, il s'ensuit, d'après Kant, que le devoir repousse fièrement la récompense. C'est pourquoi le même philosophe disait encore : « Si l'on récompense l'enfant quand il fait bien, il fait alors le bien pour être bien traité ». Il est évident qu'un semblable calcul est tout égoïste, qu'il est étranger à la vertu, si la vertu existe par elle-même, si elle est autre chose que l'intérêt bien compris, ainsi que le prétend l'école utilitaire.

Port-Royal écarte les récompenses en principe, par une considération non moins élevée, mais d'un caractère différent, et qui emprunte toute sa force au système théologique de la grâce. Tout ce qu'il y a de bon dans l'homme étant un pur don de Dieu, lorsque l'homme fait le bien, ce n'est pas lui qu'il faut féliciter et récompenser, c'est à Dieu seul qu'il faut exprimer sa gratitude, par une adoration silencieuse. « Quand il y avait quelque bien dans quelqu'un de ces enfants, raconte Fontaine en rapportant un entretien avec M. de Saci, il me conseillait toujours de n'en point parler et d'étouffer cela dans le secret. Si Dieu y a mis quelque bien, disait-il, il l'en faut louer et garder le silence, se contentant de lui en rendre dans le fond du cœur sa reconnaissance. » Pascal, animé de cet esprit, se plaint que l'admiration gâte tout dès le premier âge, et qu'on s'exclame sans cesse, au sujet des enfants : « Oh! que cela est bien dit! qu'il a bien fait! qu'il est sage! » Il ajoute, et c'est pour lui une preuve de la misère humaine, que « les enfants de Port-Royal, auxquels on ne donne point cet aiguillon d'envie et de gloire, tombent dans la nonchalance [1] ».

Oui, assurément, c'est une marque de notre misère que la vue claire du devoir ne suffise pas pour déter-

1. *Pensées,* édit. Louandre, 66, art. 26.

miner notre volonté, et qu'il faille presque toujours y ajouter les aiguillons de la souffrance et du plaisir pour nous détourner du mal et nous pousser au bien. Par quelques côtés, nous ressemblons assez aux bêtes; en effet, on les dresse tantôt avec le fouet, tantôt avec des friandises. Mais ce qui distingue la véritable éducation du dressage, c'est d'abord que le but en est tout autre, et ensuite que les moyens de punition ou de récompense employés par elle tendent à différer le plus possible de ceux dont on use dans le dressage. Le fouet, type de la punition corporelle, est absolument condamné dans certains pays; et ailleurs on n'y recourt que parce qu'on juge les autres punitions insuffisantes. Quant à la friandise, nous la condamnerons tout à l'heure comme récompense. Mais s'interdire en principe la punition et la récompense, sous prétexte que le devoir repousse fièrement toute alliance avec la sensibilité, comme dit Kant, ou que, comme le pense Port-Royal, Dieu, étant le seul maître des cœurs, est seul capable d'agir sur eux par sa grâce, c'est, à force d'élévation religieuse ou morale, se priver de ressources fort utiles et, ainsi que le remarque M. Gréard, briser dans le cœur de l'enfant deux des plus précieux ressorts de la vie intérieure.

L'enfant ne sera jamais, quoi qu'on fasse, un stoïcien, ni un saint. L'homme, a dit Pascal, n'est ni ange ni bête; mais pendant l'enfance il est bien plus près encore de la bête que de l'ange. Si, pour le former à la vertu, nous usons alors de procédés qui ont avec ceux dont on use avec la bête cette ressemblance qu'ils s'adressent surtout à la sensibilité, du moins pouvons-nous dire pour nous justifier que l'idéal auquel nous aspirons les relève, et qu'en raison même de nos aspirations nous nous attachons à les dégager le plus possible de l'élément matériel. Ainsi nous préférerons les punitions et les récompenses qui s'adressent à ce qu'il y a de plus noble dans la sensibilité morale, et nous écarterons celles qui ravaleraient l'enfant au rang de la bête. Mais nous savons que nous n'avons pas affaire à un pur esprit, à une raison libre de toute attache avec les penchants, et qu'en nous plaçant trop haut, nous risquons de nous condamner à l'impuissance.

« On est en droit de penser, dit Guizot, que le sentiment du devoir, réduit à ses propres ressources, ne saurait être pour l'enfance un mobile suffisant : dans tous les états d'ailleurs et à tout âge, ce sentiment est plutôt la règle que le principe de notre activité; il nous indique ce que nous devons éviter, la route que nous devons tenir, les bornes que nous ne devons pas dépasser, les conditions enfin que la vertu prescrit à l'action des facultés ; mais rarement ces facultés lui doivent leur première impulsion : sa destination est de nous apprendre à marcher droit plutôt que de nous faire marcher.... Pourquoi exigerait-on des enfants ce qu'on ne saurait prétendre des hommes ?... Pourquoi refuseriez-vous de profiter, en les élevant, de ces principes d'activité plus pressants et plus immédiats que Dieu a rendus inséparables de la nature humaine, en donnant aux hommes des besoins, des intérêts, des passions [1]? »

Nous admettrons donc le principe de la récompense comme une concession qu'il est indispensable de faire à la faiblesse du cœur humain, et qui, sagement mesurée, peut servir à l'amélioration de l'enfant, au lieu de le dépraver. Occupons-nous maintenant de la pratique.

Il faut d'abord marquer la distinction importante, mais trop souvent négligée, qui existe entre la récompense promise à l'enfant au préalable, en vue d'un acte déterminé, promesse qui constitue pour lui une sorte de

---

1. *Conseils d'un père sur l'éducation; des moyens d'émulation.*

droit, pour ses parents une sorte d'engagement, et la récompense accordée en toute liberté par ceux-ci, après l'acte, comme un témoignage de satisfaction auquel l'enfant pouvait bien penser et aspirer, mais qu'il n'avait aucun droit de réclamer comme son dû. On peut faire de celle du second genre un usage excellent; mais, pour plusieurs motifs, l'autre ne vaut rien.

D'abord, par la récompense ainsi entendue, on fait presque toujours appel à l'instinct dangereux qui porte l'enfant au plaisir, et on le fortifie, ce qui n'est pas prudent. Comme le remarque Locke, un grand nombre de nos prohibitions ont précisément pour but de combattre cet instinct; il est donc assez peu raisonnable de dédommager l'enfant de la contrainte qu'on impose à son goût pour le plaisir en lui promettant des objets capables de le satisfaire. On répète à l'enfant qu'il ne faut être ni gourmand ni cupide, qu'il faut aimer les vêtements simples. « Mais, dit Locke, si vous le portez à faire une chose raisonnable en elle-même, en lui présentant de l'argent, si vous le récompensez de la peine qu'il a d'apprendre sa leçon par le plaisir de manger quelque bon morceau, si vous lui promettez une cravate à dentelle ou un bel habit neuf, pourvu qu'il s'acquitte de quelques-uns de ses petits devoirs, n'est-il pas visible qu'en proposant ces choses en forme de récompense, vous les faites passer pour des choses bonnes en elles-mêmes, que votre enfant doit tâcher d'obtenir, et que par là vous l'excitez à les désirer avec d'autant plus d'ardeur, et l'accoutumez à mettre son bonheur dans leur jouissance [1]. »

De plus, on remplace la véritable obéissance, qui est, comme nous l'avons dit, l'apprentissage du devoir, par un calcul intéressé; l'enfant ne se conduit pas bien parce

---

1. *De l'éducation des enfants*, trad. Coste, section 4.

que son devoir l'y oblige, mais parce que son intérêt l'y
invite; si le plaisir de mal faire lui agrée plus que celui
qu'il peut se promettre des récompenses qui lui sont
proposées, il les dédaignera. Il finira peut-être par dé-
battre avec vous le prix de son obéissance, et ne vous
la donnera que comme un service qu'on échange contre
un autre de même valeur. En tout cas, il ne prendra pas
l'habitude de faire le bien pour lui-même, avant toute considération d'intérêt personnel. « Si vous ne savez animer
sa volonté, dit Guizot, que par la promesse d'un plaisir,
le plaisir deviendra la loi suprême de l'enfant; ce sera
le seul but de ses travaux : faire son devoir ne sera pour
lui qu'un moyen d'arriver à ce but, une idée secondaire
qui n'acquerra à ses yeux ni la hauteur ni la gravité
qu'elle doit avoir [1]. »

Autre est la récompense qui, sans être déterminée à
l'avance ni promise comme une espèce de salaire du
devoir satisfait, arrive à la suite de ce devoir, et augmente le plaisir que l'enfant trouve dans sa conscience,
de même que l'effet le plus salutaire des punitions est
d'augmenter le malaise général de l'enfant, le mécontentement de lui-même à la suite de ses fautes.

Faisons mieux comprendre encore cette différence par
un exemple. C'est s'y prendre mal que de dire à l'enfant : « Si tu travailles bien cette semaine, je te ferai
faire dimanche telle partie de plaisir ». A la fin de la
semaine il réclamera de vous, comme un créancier, le
payement de votre dette; si, par hasard, il ne trouve pas
dans la récompense tout le plaisir qu'il en avait attendu,
il se considérera comme lésé; il pensera en lui-même :
« Ce n'était vraiment pas la peine de me donner tant
de mal »; et, comme les parties de plaisir ne peuvent se
répéter sans cesse, il y a des chances pour qu'il travaille

1. *Conseils*, etc.; *des moyens d'émulation.*

moins bien les jours suivants. Au contraire, rien de plus
naturel et de plus admissible que de dire à l'enfant :
« Tu étais en bonnes dispositions cette semaine, tu as
bien travaillé ; aussi serai-je content de faire demain
avec toi telle partie de plaisir ». Certes, si l'enfant était
arrivé à la hauteur morale d'un vrai stoïcien ou d'un
vrai chrétien, ce témoignage de satisfaction serait inutile
pour entretenir son zèle. Mais il faut avoir égard à sa
faiblesse, sans l'augmenter par de maladroites complai-
sances. Car, en ne lui témoignant jamais par des récompenses la satisfaction qu'on éprouve de sa bonne conduite, on risquerait fort de le décourager.

Les récompenses dont les éducateurs disposent pour
témoigner de la satisfaction aux enfants et encourager
leur application au devoir sont de bien des sortes ; mais
il y a un choix à faire. Les raisons que nous avons données plus haut nous feront écarter presque entièrement
celles qui consistent en friandises, en objets destinés à
la parure, en dons d'argent et autres de même genre.
« On peut, dit Rollin, récompenser les enfants par des
jeux innocents, et mêlés de quelque industrie ; par des
promenades, où la conversation ne soit pas sans fruit ;
par de petits présents qui seront des espèces de prix,
comme des tableaux ou des estampes ; par des livres
reliés proprement ; par la vue de choses rares et cu-
rieuses dans les arts et dans les métiers.... L'industrie
des parents et des maîtres consiste à inventer de telles
récompenses, à les varier, à les faire désirer et attendre,
en gardant toujours un certain ordre, et commençant
toujours par les plus simples, qu'il faut faire durer le
plus longtemps qu'il est possible [1]. »

Ce dernier conseil du bon Rollin s'appliquerait bien
en particulier aux jouets. Il y a depuis quelque temps,

____

1. *Traité des études*, liv. VIII, 1re partie, art. 7.

pour les jouets, un luxe ridicule, qui fait préférer les
plus brillants, les plus compliqués et les plus chers aux
simples jouets d'autrefois, qu'on procurait aux enfants
à peu de frais et qui les amusaient davantage. Car ce
qui leur cause un vif plaisir, ce ne sont pas tant les
jouets en eux-mêmes que les combinaisons infinies de
mouvements, d'idées, d'imaginations surtout auxquels
ils peuvent donner lieu. De modestes soldats en plomb
ou en papier, par exemple, serviront à des évolutions
sans nombre dans lesquelles la stratégie enfantine
s'exercera avec délices. L'enfant, qui rêve tout éveillé,
et dont l'imagination est capable d'inventer avec une
fécondité extrême, se sert même souvent, comme jouet,
du premier objet venu, qu'il soumet à des métamor-
phoses merveilleuses le plus facilement du monde. Un
morceau de bois recouvert de quelques chiffons deviendra pour la petite fille un poupon charmant auquel
elle prodiguera des soins empressés; je me souviens
d'avoir joué tout un après-midi sur une charrette que,
la tête farcie de récits maritimes, j'avais transformée
en un vaisseau à trois mâts. « Un enfant de deux ans
et demi, de ma connaissance, raconte Mme Necker de
Saussure, passe une partie de ses journées à jouer le
rôle de cocher. Ses chevaux sont deux chaises, dont il
fait un attelage au moyen de rubans. Lui-même, assis
derrière sur une troisième, les rênes dans une main, un
petit fouet dans l'autre, mène ses paisibles coursiers.
Un léger balancement de son corps montre qu'il les
croit en marche.... Si quelqu'un vient à se placer devant les chaises, alors il tempête, il se désole : On
empêche ses chevaux d'avancer [1]. »

L'imagination des enfants est capable d'aller encore
plus loin et d'inventer des objets entièrement imagi-

1. *L'Education progressive*, liv. III, chap. v.

naires avec lesquels ils jouent les mains vides; elle s'exerce alors si vivement qu'elle est en pleine hallucination. J'en trouve un exemple curieux chez le même observateur. « Un père, dit Mme Necker de Saussure, entend de sa fenêtre que ses enfants tirent de l'arc dans le jardin. L'un est juge des coups; d'autres en appellent à ses décisions. On se dispute, on crie, on applaudit aux vainqueurs, on insulte aux maladroits. Le père conçoit quelque inquiétude. Où ont-ils pris des arcs? peuvent-ils en tirer à leur âge? ne se feront-ils pas de mal? N'y pouvant plus tenir, il descend dans le jardin et les observe. Il les voit rouges, animés, pleins de cette ardeur sérieuse qui accompagne les grands plaisirs. Toute la pantomime était parfaite; mais il n'y avait ni arcs, ni flèches, ni but; un mur formait tout le matériel de l'exercice [1]. »

Laisser les enfants s'amuser simplement, avec l'aide de leur imagination toujours en éveil, vaut donc mieux que de leur acheter des jouets dispendieux dont ils n'apprécient que le luxe, au risque de les rendre dédaigneux à l'égard des autres jouets et de leur enlever une source inépuisable de plaisir.

Un pédagogue fort estimable, Bernard Perez, a eu l'idée assez paradoxale de juger sévèrement l'usage des poupées. Il reproche à ce jouet classique des petites filles, en raison de la toilette dont on l'affuble, de favoriser presque dès le berceau le débordement du luxe, l'instinct de vanité et même celui de l'envie. « Toute belle poupée, dit-il, fait une orgueilleuse et cent jalouses. » Il estime que les récréations dont la poupée est le prétexte et l'instrument sont faites pour enniaiser les petites filles, qui jouent avec une imitation servile et ridicule les rôles de grandes personnes. Il trouve que celles dont la sensibilité est très vive prennent au sérieux

____

1. *L'éducation progressive*, liv. III, chap. V.

leur rôle de maman, qu'elles en sont obsédées jusqu'à
en perdre l'appétit, le sommeil et la santé, que les prétendues maladies, les migraines, les blessures, les ennuis de leur enfant imaginaire les affolent de pitié et de
terreur. « Avoir, ajoute-t-il, les yeux et l'esprit fixés
sur une petite caricature insensible et inerte, lorsqu'on
devrait les avoir sans cesse éveillés sur toute chose autour de soi; croupir dans l'immobilité comme un oiseau
sans ailes, lorsqu'on devrait toujours être en mouvement; parodier avec la mémoire seule les gestes, les
attitudes, les inflexions de voix, les formules de conversation des grandes personnes, alors qu'on devrait vivre
en enfant naïf que l'on est : est-ce là une situation d'esprit et de corps désirable pour un petit enfant [1]? »

Ces critiques, sans doute exagérées, contiennent cependant une part de vrai. L'usage des poupées est tellement ancien, tellement général, et paraît encore si
vivace, qu'on est forcé d'admettre qu'il résulte d'une
tendance innée dans le cœur des enfants et qu'il est
voulu par la nature elle-même. La petite fille, destinée
à la maternité, en fait par instinct, dès le bas âge, une
sorte d'apprentissage; elle soigne sa poupée maternellement, comme il lui arrive si souvent de soigner une
sœur plus jeune qu'elle; dans ce dernier cas, comme
l'instinct est plus satisfait encore, il arrive que les soins
donnés à l'être vivant font délaisser l'être imaginaire.
Quant à la tendance à l'imitation des grandes personnes,
elle est tellement naturelle chez les enfants, qu'elle se
mêle à la plupart de leurs jeux : les petites filles jouent
à la maman, à la marchande, à la maîtresse de maison,
comme les garçons jouent au soldat, au voiturier, au
maître d'école. Mais il n'en est pas moins utile de signaler
l'excès. Ce que nous avons dit en général sur les jouets

----

1. *L'Éducation dès le berceau*, chap. III.

dispendieux touche aussi bien le luxe des poupées. Les parents sensés, lorsqu'ils voient que leur fille s'absorbe trop dans son rôle de maman, s'efforceront de la distraire. Si, dans son imitation, elle se montre sotte et affectée, ils trouveront assez facilement le moyen de la redresser.

Nous n'avons que peu de chose à dire des caresses employées comme récompenses. Elles sont trop naturelles et trop douces pour ne pas occuper une grande place dans l'éducation des enfants, surtout pendant le premier âge. Mais il ne faut pas en abuser, ni développer par elles une sensibilité passionnée, ni s'en servir comme d'un moyen banal pour calmer les enfants désagréables. Nous n'aimons pas l'expression « dévorer un enfant de caresses », et nous croyons qu'il faut se défier de l'excès qu'elle désigne. L'expérience ne montre pas que les mères les plus caressantes soient les meilleures éducatrices.

Locke recommande avant toutes les autres une récompense qui satisfait la tendance naturelle de l'homme à rechercher l'estime de ses semblables, c'est-à-dire l'éloge donné d'une manière intelligente. « De tous les motifs propres à toucher une âme raisonnable, dit-il, il n'y en a point de plus puissant que l'honneur et l'infamie, lorsqu'une fois elle se trouve disposée à en ressentir les impressions. Si donc vous pouvez inspirer aux enfants l'amour de la réputation et les rendre sensibles à la honte et à l'infamie, dès lors vous avez mis dans leur âme un principe qui les portera continuellement au bien [1]. »

Les principales autorités pédagogiques sont loin d'être d'accord à ce sujet. Nous avons vu que Port-Royal interdisait l'éloge par des considérations d'humilité chrétienne. Mme Necker de Saussure ne lui est

---

1. *De l'éducation des enfants*, trad. Coste, section 4.

pas beaucoup plus favorable; se plaçant à un point de
vue moral très élevé, elle le condamne en ces termes,
comme les autres récompenses : « Quand la rémunération serait uniquement honorifique, l'effet n'en serait
pas meilleur pour le cœur. La sensualité morale,
nommée vanité, ne vaut pas beaucoup mieux que la
sensualité matérielle, et son apparence plus noble la
rend bien autrement difficile à corriger. Si malgré nous
la vanité se nourrit de tous les succès, restreignons-lui
sa part le plus que nous pourrons.... Lorsque le devoir
lui-même commande, estimons trop l'enfant pour le
récompenser d'en suivre l'appel.... L'amour-propre bien
placé est encore celui que je crains le plus. J'y vois une
tache indélébile, un mélange impur qui adhère aux
meilleures qualités dans le cœur humain. Aucune vraie
grandeur, aucun oubli de soi-même n'est plus possible :
l'éternel moi se retrouve toujours [1]. »

Nous avons dit, au commencement de cette étude,
qu'il y a, suivant nous, dans cette manière d'envisager
les récompenses, et en particulier l'éloge, une conception trop haute du devoir, en égard à la faiblesse de
l'enfant et même de l'homme. Combien y a-t-il d'hommes
qui méprisent sincèrement l'éloge et qui se contentent
d'être approuvés par leur conscience ? Ce dédain est
presque toujours un signe d'envie, d'impuissance ou
une pose. Ainsi que l'a remarqué un ancien, les philosophes inscrivent leur nom en tête des livres qu'ils écrivent contre l'amour de la gloire. Rollin est plus dans la
mesure lorsque, tout en reconnaissant que le désir de la
louange est un faible, il conseille d'en profiter et d'en
faire une vertu. « Il faut, dit-il, tâcher de s'en servir
pour animer les enfants sans les enivrer [2]. »

1. *L'Éducation progressive*, liv. VI, chap. IV.
2. *Traité des études*, liv. VIII, 1re partie, art. 7.

Là est la juste limite, que malheureusement les parents, et même les maîtres, dépassent en maintes circonstances; les parents surtout se complaisent dans leur progéniture, et aiment à penser, avec un sentiment plus ou moins exact de l'hérédité, que les qualités vantées chez l'enfant sont un legs qu'il a reçu d'eux. J'oserai dire que la vanité entre souvent pour une bonne part dans les motifs qui déterminent certains parents peu aisés à faire des sacrifices pour l'instruction de leurs enfants; on n'est pas bien sûr qu'ils seront plus heureux dans une situation plus élevée que celle où ils sont nés, mais l'essentiel est qu'ils s'élèvent et qu'ils fassent naître dans leur milieu des sentiments d'admiration, de jalousie peut-être.

Rien n'est plus fréquent, et aussi plus insupportable, que les éloges accordés à l'intelligence des enfants. « On peut poser en principe, dit Guizot, qu'on ne doit jamais les louer de ce qui n'a pas dépendu de leur volonté, de ce qui ne leur a pas coûté un effort ou un sacrifice. Si vous les louez de quelques dons naturels, comme de leur intelligence ou de leur figure, vous les accoutumez à mettre un grand prix à ce qui peut être un bonheur, mais non un mérite, et, dès lors, leur amour-propre prend une direction dangereuse; car c'est en se portant sur des avantages purement accidentels qu'il devient plus tard présomption, vanité et sottise [1]. » L'éloge doit donc être réservé au véritable mérite, qui, comme nous l'avons déjà dit à plusieurs reprises, résulte exclusivement de l'effort, c'est-à-dire d'un acte de volonté plus ou moins difficile et soutenu.

L'homme est ainsi fait que la considération de ses semblables lui est bien plus chère encore lorsqu'ils lui reconnaissent, après comparaison, la supériorité sur

____

1. *Conseils d'un père, etc.; des moyens d'émulation.*

d'autres. Être le premier, voilà le désir des âmes sensibles à l'aiguillon de la gloire ; et, de fait, personne, ou à peu près, n'y est insensible. Tel qui ne prétend pas à la primauté dans les œuvres de l'intelligence, et qui n'aspire pas aux premiers rangs dans la hiérarchie politique, est heureux d'être proclamé le meilleur tireur, le possesseur des plus beaux bestiaux, de remporter le prix dans un de ces innombrables concours où l'on ne cesse de classer les mérites les plus divers. Assurément le plaisir qu'on éprouve à être le premier n'est pas inspiré par la pure charité chrétienne, car il faut compter parmi les éléments qui y entrent le chagrin que les concurrents éprouvent d'être mis à un rang inférieur. Mais ce plaisir n'en est pas moins vif. La pédagogie se demande s'il convient d'y faire appel et de proposer la primauté qui le cause comme but aux efforts des enfants.

Ceux qui condamnent les récompenses en principe ne peuvent pas admettre, pour les mêmes motifs, l'émulation dans la concurrence. Tout en admirant leur élévation morale, nous trouvons qu'ils se privent d'un moyen précieux, dont il s'agit seulement de bien régler l'emploi.

Guizot distingue avec raison « l'émulation d'un à plusieurs », qui existe à l'école, et « l'émulation d'un à un », qui ne peut guère exister que dans la famille, et qui présente de graves inconvénients. Il faut se garder, par exemple, d'établir une sorte de concours permanent entre deux frères qui sont à peu près du même âge. « Dans les familles, dit Guizot, où les parents ont l'habitude d'exhorter et de sermonner beaucoup leurs enfants, ils ne manquent pas, en général, lorsque l'un a mieux fait que l'autre, de développer longuement à celui-ci son tort, c'est-à-dire son infériorité.... Lorsqu'une rivalité s'établit ainsi entre deux enfants, le père ou le précepteur a à traiter avec deux amours-propres, un amour-propre mécontent et un amour-propre satisfait : de l'amour-propre satisfait peuvent naître l'orgueil, l'arrogance, la dureté, toutes les passions hautaines ; l'amour-propre mécontent peut conduire au découragement, à l'indifférence, à la jalousie, à l'aigreur, aux passions basses et faibles [1]. »

Rappelons-nous nos souvenirs de collège : il est rare que l'émulation entre plusieurs élèves qui se disputent le premier rang produise d'aussi mauvais effets. On n'éprouve guère envers ses concurrents des sentiments d'aigreur et d'envie. Les facultés dans lesquelles on concourt sont assez nombreuses ; tel qui se laisse battre dans l'une se relève dans l'autre. « Il y a toujours, dit Guizot, dans les triomphes mêmes des meilleurs élèves, une fluctuation, des alternatives qui ne permettent guère à l'un d'entre eux de devenir spécialement le rival mécontent ou orgueilleux d'un autre ; ils brûlent tous de dépasser des concurrents, aucun ne songe à terrasser un adversaire ; le vaincu d'ailleurs remporte une victoire qui le console de sa défaite : Edouard est forcé de céder à Alphonse le premier rang, mais il a obtenu le second sur Henri, celui-ci le troisième sur Auguste, et ainsi de suite [2]. »

L'Université française, ainsi que le remarque Michel Bréal, pour entretenir l'émulation parmi la jeunesse, suit encore en partie les traditions des Jésuites. Nous lisons dans leur plan d'études : « *Honesta æmulatio, quæ magnum ad studia incitamentum est, fovenda.....* Un des plus sûrs moyens d'exciter les enfants à l'étude, c'est d'entretenir parmi eux une honnête émulation. » Les meilleurs élèves recevaient des croix, des rubans,

---

1. *Conseils d'un père*, etc. ; *des moyens d'émulation.*
2. Même ouvrage, même article.

des insignes. Dans chaque classe, l'élite formait une académie. Mais le stimulant le plus actif était demandé aux compositions périodiques; l'élève classé le premier était investi de la magistrature souveraine, *summo magistratu*; les suivants recevaient des honneurs gradués. Les prix donnés à la suite des compositions sont dans nos lycées la plus enviée des récompenses. Les compositions, on le sait, sont très fréquentes. Ce système, outre le défaut qu'on peut reprocher en général à la récompense, et qui consiste à substituer le mobile de l'intérêt à celui du devoir, présente des inconvénients particuliers. Le principal, déjà signalé par nous dans une précédente étude, c'est qu'il est fait pour mettre en lumière certains dons de l'intelligence beaucoup plus que ceux du caractère, qui ont cependant une bien autre importance dans la vie des individus et dans celle des nations. Souvent, chez les brillants élèves, les dons du cœur vont de pair avec ceux de l'intelligence; mais les cas sont tellement divers qu'il est impossible de dire que c'est la règle générale. En fait, la vie modifie parfois beaucoup le classement du collège. Et quand même elle le confirmerait, ceux qui sont les premiers dans le monde comme ils l'ont été au collège, ces hommes en vue, ayant le privilège de fixer constamment sur eux l'attention publique, ne sont pas toujours les serviteurs les plus utiles de leur pays. Il y a tel de nos condisciples fort obscur dans sa classe, fort obscur dans la vie, qui a su appliquer à l'agriculture des qualités d'esprit qu'on ne lui soupçonnait guère, et qui rend plus de services que d'autres camarades arrivés à de très hautes situations. Les conditions qui assurent le succès au collège ne sont pas des garanties suffisantes pour qu'on puisse affirmer que les lauréats sont de ces hommes comme un pays a intérêt à en compter beaucoup.

Si l'on a pu, non sans de bonnes raisons, critiquer

les compositions et les distributions de prix en usage dans les collèges, on a le droit, à notre avis, de se montrer plus sévère encore pour les concours généraux, dont les récompenses éclatantes semblent hors de proportion avec le mérite réel de ceux qui les obtiennent. Tout le monde connait la part du hasard dans ces sortes d'épreuves. Sans doute, cette part n'est pas assez grande pour que les premiers prix puissent être remportés par des élèves qui n'appartiennent point à l'élite. Mais le premier rang n'est pas assuré au mérite le plus solide, et il ne paraît pas juste qu'une heureuse inspiration de quelques instants procure une distinction si grande, qui peut enivrer ceux auxquels elle est accordée. « Que peut leur offrir la vie, dit Michel Bréal, pour répondre à de tels débuts? » La vie réelle a aussi ses hasards : il est des hommes que les circonstances favorisent, qui ont la chance de se produire au bon moment, et qui jouissent longtemps des fruits d'un seul effort fait à propos. Mais, en vue du succès, la patience et la constance dans l'effort sont des qualités plus sûres.

Aussi voudrions-nous que, sans renoncer à stimuler les jeunes gens par la concurrence, on cherchât les moyens de restreindre le plus possible dans les concours qui se font à l'école le rôle du hasard, de l'effort momentané ; qu'au lieu d'être périodique, la lutte fût permanente, et que le classement résultât de la supériorité montrée, non pas dans quelques épreuves, mais dans les exercices quotidiens de la classe. On serait moins exposé à voir la vie de l'écolier se partager en périodes alternatives de langueur et de fièvre ; le travail se soutiendrait mieux, et l'on ne constaterait pas à époques fixes cette préoccupation extrême du succès, qui a frappé certains moralistes et leur a fait condamner d'une manière absolue notre système d'émulation. Enfin, sans demander que l'on distribuât des prix d'application, de bonne volonté, destinés à consoler les écoliers laborieux, mais moins favorisés que d'autres sous le rapport de l'esprit, nous voudrions que les maîtres s'appliquassent à les encourager, non pas avec la compassion assez dédaigneuse qu'on leur témoigne trop souvent, mais avec une bienveillance pleine de tact. Il y a moins de mérite à pousser les bons élèves qu'à s'intéresser aux médiocres et à obtenir d'eux tout ce qu'ils peuvent donner.

CHAPITRE XV

Si nous observons attentivement ce qui se passe en nous lorsque, dans une circonstance déterminée, nous sommes incertains sur la conduite à tenir, nous verrons que notre hésitation résulte de ce que nous sommes sollicités par plusieurs mobiles. Tantôt l'un d'eux l'emporte sans qu'il y ait eu grande lutte, et sans que nous devions faire un effort sensible pour lui maintenir la victoire; tantôt au contraire la lutte entre les différents mobiles a été vive, et celui qui l'emporte ne triomphe point sans être exposé au retour agressif des vaincus. Par exemple, partagés entre la crainte de la pluie et le désir de la promenade, nous nous décidons à rester au logis; cette décision est assez facile à prendre et à maintenir. Mais, sollicités à la fois par la paresse et le besoin d'agir, par la douceur du repos et le sentiment du devoir, nous nous mettons, non sans peine, à un travail difficile; plus d'une fois la paresse reviendra pour nous faire sentir la fatigue de l'attention et nous inviter au divertissement.

Si l'on pousse l'analyse encore plus loin, on verra d'abord que tous les actes peuvent être classés en deux grandes catégories : ceux qui se font sans effort [1], comme de manger lorsqu'on est en appétit devant une table servie, de parler dans une conversation intéressante, de lire un livre amusant; et ceux qui demandent un effort quelconque; ensuite, que, parmi ces derniers, il y a des différences pour ainsi dire infinies, suivant que l'effort à faire est plus ou moins considérable; enfin, que l'hésitation morale existe généralement lorsqu'il y a un choix à faire entre deux actes dont l'un ne demande aucun effort et dont l'autre en exige, ou bien entre deux actes dont chacun demande un effort différent de l'autre en intensité.

L'effort apparent peut différer de l'effort réel. L'homme d'un esprit lent ou distrait qui s'applique chaque jour pendant quelques heures à un travail intellectuel se donne réellement plus de peine que celui qui, emporté par l'inspiration ou la curiosité scientifique, ne sent pas marcher le temps au milieu des recherches qui l'absorbent. Celui qui, comme Socrate l'avouait de lui-même, est né avec un penchant à l'intempérance, se donne plus de peine pour rester sobre que celui qui n'apporte pas en naissant des goûts semblables.

L'effort est inséparable de la peine ; par exemple, celui qui trouverait dans le travail autant de plaisir que d'autres dans l'oisiveté, ne ferait pas plus d'efforts quand il travaille que ceux-ci lorsqu'ils restent oisifs. Les hommes, qui ont naturellement de l'aversion pour la peine, tendent naturellement au moindre effort. Cependant, quand même il n'y aurait que des intérêts dans la

1. Il est à peine besoin de dire que nous employons ce mot dans un sens moral et qu'il ne s'agit point ici de l'effort musculaire.

vie, des efforts de toute sorte n'en seraient pas moins
nécessaires. Mais il y a de plus le devoir, avec les
nombreux sacrifices qu'il nous impose. On ne saurait
donc développer de trop bonne heure chez les enfants
l'aptitude à se donner de la peine, à faire effort, qui
est le vrai criterium de la valeur morale, et aussi la
plus sûre garantie du succès au point de vue de l'intérêt.

Sans être dur pour les enfants, il ne convient pas
cependant de donner dans leur vie une part trop large
au plaisir. Le plaisir est le contraire de la peine, de l'effort; nous sommes aussi instinctivement portés à l'un
que nous nous détournons de l'autre, et il est toujours à
craindre qu'en faisant une concession à notre goût pour
le plaisir, nous ne diminuions notre énergie en vue de
la peine. La faiblesse de notre tempérament moral, incapable d'un effort continu, exige l'intervention du plaisir
sous forme de récréation; en surmenant l'enfant, on
l'épuiserait. Mais on doit exiger de lui tout l'effort qu'il
est capable de donner sans compromettre en rien la
santé de son corps et de son esprit.

Le plaisir est un compagnon dangereux de la peine,
plein de séductions, capable d'attirer lentement à lui
toute l'âme. On connaît l'apologue de Prodicus, raconté
par Xénophon dans les Mémoires sur Socrate : à l'âge
où Hercule, maître de lui-même, doit choisir le chemin
par lequel il entrera dans la vie, deux femmes se présentent à lui; l'une, la Volupté, s'efforce de l'attirer
par l'appât des plaisirs; l'autre, la Vertu, lui parle le
langage austère du devoir. La volupté n'attend pas la
jeunesse pour exercer sa séduction sur l'homme; elle
l'attire dès la première enfance; aussi faut-il, dès ce
moment, se mettre en garde contre elle, et, sinon
parler à l'enfant le langage du devoir, qu'il ne pourrait
comprendre encore, du moins lui faire pratiquer autant

qu'on le peut la règle capitale du devoir, qui commande l'effort et le sacrifice, pour qu'il ne se fasse de la vie une fausse et dangereuse idée, celle d'une fête perpétuelle à laquelle il est convié.

Dans son chapitre sur « l'institution des enfants », Montaigne a parlé de la vertu en termes auxquels il est difficile de donner une adhésion sans réserves. « La vertu, dit-il, n'est pas plantée à la teste d'un mont coupé, rabotteux et inaccessible : ceulx qui l'ont approchée la tiennent, au rebours, logée dans une belle plaine fertile et fleurissante, d'où elle veoid bien soubs soy toutes choses; mais si peult on y arriver, qui en sçait l'adresse, par des routes ombrageuses, gazonnées et doux fleurantes, plaisamment, et d'une pente facile et polie comme est celle des voultes célestes. Pour n'avoir hanté cette vertu suprême, belle, triomphante, amoureuse, délicieuse pareillement et courageuse, ennemie professe et irréconciliable d'aigreur, de desplaisir, de crainte et de contraincte, ayant pour guide nature, fortune et volupté pour compaignes; ils sont allez, selon leur foiblesse, feindre cette sotte image, triste, querelleuse, despite, menaceuse, mineuse, et la placer sur un rochier à l'escart, emmy des ronces, fantosme à estonner les gents [1]. » Le passage est charmant; mais on y trouve la fantaisie de l'écrivain qui joue avec les mots et les idées plutôt que l'autorité du moraliste sérieux. S'il n'est pas vrai que la vertu soit « triste, querelleuse, despite », il ne l'est pas non plus qu'elle ait fortune et volupté pour compagnes, et il y a une contrainte dont elle ne saurait être ennemie, sans cesser d'exister, à moins qu'on ne joue sur son nom, comme Montaigne semble le faire; c'est la contrainte souvent désagréable et pénible que l'homme doit exercer à l'égard de lui-même, sur ses

____

1. *Essais*, liv. I, chap. XXV.

passions, et dont il importe beaucoup que les enfant
prennent de bonne heure l'habitude.

J.-J. Rousseau, qui, malgré ses effusions d'enthou
siasme pour la vertu, avait un assez médiocre sentimen
du devoir, prend prétexte des exigences trop grande
dont les enfants sont parfois victimes pour nous donne
des conseils assez dangereux, parce qu'ils ressemblen
beaucoup à ceux de la molle philosophie épicurienne
et parce que beaucoup de parents, se faisant le mêm
raisonnement que lui, ne sont que trop disposés à le
suivre. « Pourquoi, dit-il, voulez-vous ôter à ces petit
innocents la jouissance d'un temps si court qui leu
échappe, et d'un bien si précieux dont ils ne sauraien
abuser? Pourquoi voulez-vous remplir d'amertume e
de douleurs ces premiers ans si rapides, qui ne revien
dront pas plus pour eux qu'ils ne peuvent revenir pou
vous? Pères, savez-vous le moment où la mort atten
vos enfants? Ne vous préparez pas des regrets en leu
ôtant le peu d'instants que la nature leur donne. Aus
sitôt qu'ils peuvent sentir le plaisir d'être, faites qu'il
en jouissent; faites qu'à quelque heure que Dieu le
appelle, ils ne meurent point sans avoir goûté la vie[1].
Sous une forme plus grave, c'est, au fond, le même lan
gage que celui qui nous est tenu dans une foule de poé
sies épicuriennes où, de la brièveté de la vie, l'on con
clut à la jouissance et au plaisir.

Carpe diem, quam minimum credula postero, disai
Horace à Leuconoé. Avec ce raisonnement on vivrai
au jour le jour et l'on ne ferait rien en vue de l'avenir
parce qu'on n'est jamais sûr de recueillir le fruit de so
travail. Sans doute, si l'enfant n'est pas destiné à vivre
notre éducation, à ne voir que les apparences, sera per
due, et les gênes que nous aurons cru devoir lu

1. *Émile*, liv. II.

imposer n'auront servi qu'à le priver de plaisir. Mais il vaut mieux appliquer à la pédagogie ces réflexions de Vauvenargues : « On ne peut juger de la vie par une plus fausse règle que la mort.... Pour exécuter de grandes choses, il faut vivre comme si on ne devait jamais mourir. » Nous devons donc considérer l'enfant, non comme un être dont la vie ne tient qu'à un fil et qu'il convient de laisser s'amuser le plus possible, afin qu'il ne la quitte pas sans l'avoir goûtée, mais comme un futur homme, appelé à prendre sa part des épreuves et des luttes de la vie, et dont les premières années ne sont qu'une préparation, un apprentissage en vue de l'avenir.

Il commence cet apprentissage le jour où il fait son premier effort pour réprimer l'impulsion d'un instinct. Par exemple, il est seul, et une friandise à laquelle on lui a défendu de toucher se trouve à sa portée : il est alors partagé entre sa gourmandise naturelle et le devoir de l'obéissance ; si ce dernier l'emporte, cette petite victoire marque le commencement d'une série d'efforts par lesquels l'enfant se rendra peu à peu maître de lui. Au contraire, la défaillance serait dangereuse, non à cause de l'acte en lui-même, qui n'est rien, mais parce qu'elle en amènerait d'autres.

On prend beaucoup plus facilement l'habitude de la faiblesse que celle de l'énergie. Les éducateurs surveilleront avec une attention vigilante les débuts de l'enfant dans la vie morale, et principalement la formation des habitudes de faiblesse ou d'énergie à l'égard des inclinations naturelles. Les défauts et les qualités n'existent pas toujours au début avec toute leur force ; il est rare qu'on naisse entièrement bon, menteur, gourmand, laborieux ; on le devient par une série d'actes de la volonté, victoires ou défaillances, dont les effets s'accumulent et finissent par constituer un tempérament moral en grande partie acquis, et qu'on aurait pu, avec une autre conduite, rendre bien différent. Ainsi les défauts et les qualités s'enracinent, se fortifient par l'habitude.

Notre pouvoir sur les actes de l'enfant étant très grand, nous sommes, dans la mesure de ce pouvoir, les maîtres de ses habitudes, et notre responsabilité est fortement engagée dans celles qu'il contracte. Toutes les fois qu'il se trouve, à notre connaissance, placé entre une concession à faire ou une résistance à opposer aux mauvais instincts, ne soyons pas les spectateurs inactifs de cette lutte, ni surtout les témoins résignés de la défaite. Par un emploi méthodique des moyens dont nous disposons, ordres, défenses, récompenses, punitions, empêchons les mauvaises habitudes de naître, et faisons naître et développons les bonnes. « Un enfant de vingt-deux mois, raconte Bernard Perez, maladif, gâté et volontaire, se trouvait en wagon à côté de moi. Sa mère lui donna un morceau de poulet à manger : la peau ne lui plaisant pas, il l'enleva et la donna à sa mère, en lui disant : Tiens, mange la peau. Quelques instants après, il mangeait un grappillon de raisin, et quelques grains dont il ne voulait pas furent aussi présentés à la mère [1]. » Que l'égoïsme naturel à l'homme ait été de naissance assez fort chez cet enfant, nous ne le nierons point; mais on ne l'aurait pas vu arriver en si peu de temps à une telle grossièreté si l'on avait eu soin de le réprimer dès sa première manifestation et d'imposer à l'enfant, d'une manière suivie, des procédés tout différents : si, par exemple, la première fois qu'il a choisi pour lui le meilleur morceau à la table de famille, on l'avait réprimandé et si on l'avait habitué à offrir aux autres ce qu'il trouvait de meilleur; ce petit sacrifice, d'abord très pénible, lui aurait ensuite

1. *L'Éducation dès le berceau,* chap. VII.

coûté moins d'efforts et aurait fini par passer en habitude.

Des moyens analogues peuvent être employés pour faire contracter aux enfants un grand nombre de bonnes habitudes morales, et empêcher la naissance des mauvaises. Mais tout est compromis si, afin de leur être agréable, de ne leur causer aucune peine et de les faire jouir de la vie, comme le demande Rousseau, on les laisse à leurs impulsions et on n'exige jamais d'eux une suite d'efforts pour les réprimer.

Celui qui a pris dès l'enfance l'habitude de vaincre ses passions pour obéir au devoir trompe rarement les espérances qu'on peut fonder sur une éducation aussi ferme. Mais il ne peut recevoir cette éducation que dans un milieu sain, lorsqu'il grandit parmi des personnes habituées elles-mêmes à dominer leurs penchants, à résister aux séductions du plaisir et à diriger leur vie sans faiblesse vers le but du devoir. Rien ne vaut l'action de l'exemple.

Au commencement de ces admirables pensées qu'il écrivait « pour lui-même », l'empereur Marc-Aurèle rappelle les exemples qu'il a reçus de ses parents et de ses maîtres; si l'on en croyait son extrême modestie, aucune de ses vertus ne lui appartiendrait en propre; toutes lui auraient été transmises par l'exemple.

Distinguons bien les exemples que l'on cite et ceux que l'on donne. « Mon excellent père, dit Horace, m'a enseigné à remarquer les mauvais exemples afin de les fuir. Quand il m'exhortait à vivre avec économie et frugalité et à me contenter de ce qu'il m'avait amassé : Ne vois-tu pas combien le fils d'Albius vit mal? combien Barrus est pauvre? Grande leçon pour qui ne veut pas dissiper son bien paternel!... S'il m'ordonnait de faire quelque chose : Tu as un exemple à suivre; et il me citait un des juges choisis; ou s'il me faisait une défense : Douterais-tu que ceci soit malhonnête et inutile, quand cette mauvaise rumeur assiège celui-ci et celui-là? De même que les funérailles du voisin épouvantent le malade affamé et le forcent de se ménager par la crainte de la mort, de même l'opprobre d'autrui fait souvent peur du vice aux jeunes esprits [1]. » Ce moyen d'éducation est fréquemment employé; Locke le met parmi les plus faciles et les plus efficaces. « Les paroles, dit-il, quelque touchantes qu'elles soient, ne peuvent jamais donner aux enfants de si fortes idées des vertus et des vices que les actions des autres hommes, pourvu que vous dirigiez leur esprit de ce côté-là et que vous leur recommandiez d'examiner telle et telle bonne ou mauvaise qualité, dans les circonstances où elles se présentent dans la pratique [2]. »

Mais il est un exemple dont l'action est beaucoup plus efficace encore, c'est celui que donnent les éducateurs eux-mêmes. En ce qui concerne la famille, on peut dire que l'exemple continue l'œuvre de l'hérédité, car les parents transmettent aux enfants leurs qualités et leurs défauts d'abord par le sang, et ensuite par l'exemple. Aussi est-on effrayé parfois en songeant aux conditions défavorables dans lesquelles, en maintes circonstances, se fait l'éducation au sein de la famille. Comment, pense-t-on, les parents combattraient-ils des vices qu'ils ont donnés aux enfants avec la vie, auxquels ils ne cessent de se livrer devant eux, et dont il leur arrive même souvent de ne pas avoir conscience? Comment dans une famille aux idées basses, étroites, aux sentiments cupides et vils, se développeraient des âmes élevées et généreuses? Comment les enfants seraient-ils simples, modestes, énergiques, si le milieu

---

1. Satire 4 du livre I, traduction Leconte de Lisle.
2. *De l'éducation des enfants*, sect. 8, trad. Coste.

où ils grandissent a des habitudes de faste, de luxe et
de mollesse?

Ce grave inconvénient a été depuis longtemps signalé.
« Plût aux dieux, s'écrie Quintilien, qu'on n'eût pas
à nous imputer à nous-mêmes de perdre les mœurs
de nos enfants!... S'il leur échappe quelque imper-
tinence ou quelques-uns de ces mots qu'on se permettrait à peine dans les orgies d'Alexandrie, nous
accueillons toutes ces gentillesses d'un sourire ou d'un
baiser; et tout cela ne me surprend pas; ce ne sont que
de fidèles échos : ils sont témoins de nos impudiques
amours; tous nos festins retentissent de chants obscènes,
et nous y étalons des spectacles qu'on aurait honte de
nommer. De là l'habitude, qui devient en eux comme
une autre nature. Les malheureux! ils apprennent tous
les vices avant de savoir ce que c'est que des vices.
Aussi n'est-ce pas des écoles qu'ils en rapportent, mais
bien dans les écoles qu'ils les introduisent, tant ils y
arrivent pervertis et gâtés [1] ! » Nous trouvons des
plaintes semblables dans le *Dialogue sur les orateurs*
attribué à Tacite : « Nul dans la maison ne prend garde
à ce qu'il dit ni à ce qu'il fait en présence du jeune
maître. Faut-il s'en étonner? les parents mêmes n'ac-
coutument les enfants ni à la sagesse ni à la modestie,
mais à une dissipation, à une licence qui engendre
bientôt l'effronterie et le mépris de soi-même et des
autres [2]. »

Juvénal a écrit sur ce sujet l'une de ses plus belles
satires, qui vaut les meilleurs chapitres des traités de
pédagogie sur l'exemple. « Il est, dit-il, bien des vices
déshonorants et capables de flétrir à jamais les plus
heureux caractères, que les parents eux-mêmes ensei-

----

1. *De l'institution oratoire*, liv. I, chap. II, trad. Panckoucke.
2. *Dialogue sur les orateurs*, 29, trad. Burnouf.

gnent et passent à leurs enfants. » Tel leur transmet son goût pour le jeu, tel autre sa gourmandise, un autre sa cruauté à l'égard des esclaves, un autre son avarice, presque tous la passion des richesses, effrénée et sans scrupules. Le satirique latin remarque avec raison que « les exemples domestiques nous corrompent plus sûrement et plus vite que les autres, parce qu'ils ont pour eux l'autorité des parents », et que le maître se voit bientôt surpassé par son disciple : « Va, ne t'inquiète pas; ton fils l'emportera sur toi, autant qu'Ajax l'emporta sur Télamon, et Achille sur Pélée.... Jamais, diras-tu quelque jour, je ne lui conseillai de tels forfaits. Ils n'en sont pas moins le fruit de tes leçons. Quiconque allume les passions dans un jeune cœur a lâché les rênes à des coursiers fougueux; en vain il voudrait les retenir; méconnaissant sa voix, ils emportent loin des bornes et le char et le maître. L'homme, naturellement disposé à étendre la liberté qu'on lui accorde, ne croit jamais avoir assez profité de la permission de faire le mal. » Juvénal connaissait trop bien ses contemporains pour espérer une restauration des mœurs antiques; mais il demande aux parents de s'interdire le mal afin de préserver de la corruption ceux qui leur doivent la vie. « Écartez, dit-il, des murs qu'habite l'enfance ce qui pourrait souiller ses oreilles ou ses yeux.... On ne saurait trop respecter l'innocence de l'enfant; médites-tu quelque action dont tu doives rougir, songe à ton fils au berceau, et que cette image t'arrête dans le mal que tu vas faire [1]. »

Admirables paroles, qu'il sera toujours utile de répéter! Sans doute, dans la plupart de nos familles françaises, les vices sont plus atténués, plus discrets qu'ils ne l'étaient au milieu de cette prodigieuse décadence

---

1. Juvénal, satire 14, *passim*.

des Romains. Mais ce qui en arrive à la connaissance des enfants suffit pour exercer sur eux une très mauvaise influence. Aussi beaucoup de parents devraient-ils refaire leur propre éducation avant de commencer celle de leurs enfants.

L'influence de l'habitude, combinée avec celle de l'exemple, voilà, croyons-nous, le plus puissant moyen de culture morale. L'éducation des enfants vaut donc ce que vaut le milieu social où ils se développent, et ils sont soumis, comme leurs parents et leurs maîtres, à l'action de ces causes générales et profondes dont résultent la grandeur morale ou l'abaissement d'une nation, d'une époque. Chez les Romains, par exemple, l'enfant du temps des Fabricius et des Cincinnatus ne pouvait être élevé comme le contemporain de Domitien et d'Héliogabale. Juvénal rappelle les discours que les vieux Latins, le Marse, l'Hernique, devaient tenir à leurs enfants : « Sachez vous contenter de ces cabanes et de ces coteaux. Gagnons, en labourant la terre, le pain qui suffit à nos besoins.... Jamais il ne sera criminel, celui qui ne dédaigne pas une chaussure grossière pour affronter les glaces, et qui brave l'aquilon avec des toisons retournées. C'est la pourpre étrangère, inconnue à nos climats, qui conduit à tous les crimes [1]. »

Rien de plus vrai. Tout le temps qu'un peuple vit isolé des autres, occupé de ses champs et de ses troupeaux, avec une industrie rudimentaire, il mène une existence simple, rude, laborieuse, où le mal n'est pas sans tenir quelque place, parce que dans aucune condition le cœur humain n'est exempt du vice originel, mais dans laquelle les raffinements sont inconnus. Les enfants sont alors élevés à la dure; les faibles succombent, mais les autres grandissent au milieu d'habitudes

____

1. Satire 14.

et d'exemples qui ne peuvent en rien les amollir et qui développent au contraire l'énergie, la résistance à la fatigue, toutes les vertus qu'on appelle primitives et antiques, parce qu'elles se montrent surtout au début de la vie des peuples et qu'elles semblent diminuer lorsqu'ils mûrissent. Tels sont en certains endroits les paysans, qui, à cause de leur éloignement des centres de civilisation, restent plus près de l'état primitif, et parmi lesquels Rousseau voulait élever son Émile, « loin de la canaille des valets, les derniers des hommes après leurs maîtres; loin des noires mœurs des villes, que le vernis dont on les couvre rend séduisantes et contagieuses pour les enfants; au lieu que les vices des paysans, sans apprêt et dans toute leur grossièreté, sont plus propres à rebuter qu'à séduire [1] ».

Mais le jour arrive fatalement où, pour me servir de l'expression de Juvénal, la pourpre étrangère commence à pénétrer chez ce peuple grossier et primitif dont nous parlions tout à l'heure; il noue avec les peuples voisins ou même éloignés des relations qui deviennent de plus en plus fréquentes et intimes; l'industrie et le commerce se développent chez lui; il est envahi par les vices des civilisations plus raffinées en même temps que par leurs produits matériels, ou bien ces vices se développent naturellement dans ses mœurs par le progrès de sa propre civilisation, qui ne se fait pas toujours dans le sens de la moralité, comme nous l'avons dit précédemment.

Un publiciste français, Prevost-Paradol, a résumé en quelques pages admirables les causes de la grandeur et de la décadence des peuples. « On oublie trop, dit-il, que les causes de ces grands événements sont purement morales, et qu'il faut toujours en revenir à les expliquer

1. *Émile*, liv. II.

par un certain état des âmes dont les changements matériels, qui frappent plus tard l'imagination du vulgaire, ne sont que la conséquence visible autant qu'inévitable [1]. » La condition essentielle de la grandeur d'un pays, c'est un sacrifice perpétuel et volontaire de l'intérêt particulier à l'intérêt général ; voilà le fonds de toute moralité et de toute bonne conduite humaine. Or, en dernière analyse, on trouvera que trois grands mobiles seulement peuvent porter les hommes à ce sacrifice : la religion, le devoir, l'honneur. Les sentiments religieux s'affaiblissent peu à peu par l'effet du raisonnement, la diffusion des sciences positives et les attaques constantes de la philosophie. Le pur dévouement au devoir suppose une âme trop élevée pour devenir un mobile général de conduite. Le sentiment de l'honneur, c'est-à-dire la crainte d'encourir le mépris des autres et le désir de remporter leurs éloges, est le seul mobile qui, lorsque celui de la religion a perdu sa force, soit capable d'agir encore vigoureusement sur les âmes ; il est le dernier et puissant rempart des sociétés vieillies. « Le point d'honneur fait tourner toutes les forces de l'amour-propre au profit du bien public et défend de la sorte le grand appareil de la société et de l'État contre une ruine qui autrement serait inévitable. On voit souvent, au bord de quelque ruisseau, un arbre profondément atteint par le temps ; le tronc est largement ouvert, le bois y est détruit, il ne contient guère qu'un peu de pourriture ; mais son écorce vit encore, la sève y peut monter, et chaque année il se couronne de verdure, comme au beau temps de sa jeunesse ; il reste donc fièrement debout et peut même braver plus d'une tempête. Voilà l'image fidèle d'une nation que le point d'honneur sou-

1. *La France nouvelle*, liv. III, chap. II.

tient encore après que la religion et la vertu s'en sont retirées [1]. »

Ces idées seront peut-être discutées en ce qui concerne l'importance et la force relatives des mobiles; mais la disposition de l'âme qu'ils excitent et qu'ils entretiennent, c'est-à-dire l'esprit de sacrifice en vue d'un intérêt plus élevé que l'intérêt particulier, me paraît être incontestablement, ainsi que le veut l'auteur que nous venons de citer, la base de la moralité des individus et de la grandeur des nations, comme l'égoïsme en est le dissolvant.

Si cet esprit s'est affaibli chez les éducateurs, parce qu'il a diminué en général dans la masse, comment les enfants n'éprouveraient-ils point les funestes effets d'une telle décadence? On aura beau leur prodiguer les conseils, les belles leçons de morale qu'on emprunte à la littérature et à la philosophie parce qu'on ne les trouve point dans son cœur, les exemples tirés de l'histoire : il y aura entre le langage et la conduite un désaccord qui leur sautera aux yeux. Ils vivront, pour ainsi dire, dès le berceau dans une atmosphère d'égoïsme, de relâchement et de mollesse, et ne prendront point l'habitude d'un effort constant sur soi-même dont personne ne leur donnera l'exemple.

Est-ce à dire que, en présence de ces courants qui emportent tout un peuple vers la grandeur ou vers la décadence, l'éducation des individus n'ait que des résultats insignifiants, et que les efforts faits pour élever un enfant en particulier soient impuissants à réagir? Ce fatalisme historique serait mortel pour la pédagogie comme pour la morale. Mais les causes profondes qui mènent les hommes pendant qu'ils s'agitent ne leur enlèvent point toute leur liberté. Quand même nous

1. *La France nouvelle*, liv. III, chap. II.

serions bien sûrs d'appartenir à une époque de décadence, il dépend toujours de nous de lutter contre le courant et de tenir bon. Sans doute, lorsqu'une société entière présente des signes manifestes de la décadence des mœurs, il est plus difficile de garantir l'enfant contre les exemples qui l'assiègent et qui tendent à le dépraver. Mais chacun de nous peut tâcher de pratiquer au foyer domestique les vertus qui, autour de lui, se font plus rares, et de donner un exemple qui servira d'abord à sa famille, peut-être ensuite aux autres. Ne nous laissons pas gagner par les théories énervantes, et croyons à l'efficacité de l'effort personnel.

CHAPITRE XVI

De l'action de l'éducation sur quelques qualités et quelques
défauts du caractère en particulier. — L'application au travail
et la paresse. — La sincérité et le mensonge. — La vanité. —
Le courage moral et le courage physique. — La timidité. —
La bonté.

Nous avons étudié jusqu'à présent les principes de
l'éducation morale. Il resterait à entrer dans le détail
des qualités et des défauts du caractère sur lesquels
l'éducation doit agir suivant les principes qui ont été
posés. Mais, si l'on voulait être complet, ce détail serait
presque infini ; car longue est la liste des vertus et des
vices que présente l'espèce humaine et qui se trouvent
en germe chez les enfants. De plus, à propos de chaque
qualité, de chaque défaut en particulier, nous serions
forcés de répéter sans cesse les conseils généraux que
nous avons déjà donnés. Contentons-nous de passer en
revue quelques-unes des principales qualités du caractère, ainsi que les défauts qui leur sont opposés, et d'indiquer brièvement de quelle manière l'éducation peut
agir sur les unes et sur les autres.

Bain considère le travail comme la base et la condition des autres vertus ; un adage bien souvent répété
dit que l'oisiveté est la mère de tous les vices. Il faut
distinguer soigneusement l'activité du travail. L'acti-

vité, c'est-à-dire le besoin de ne pas rester complètement
en repos quand on le pourrait faire, existe plus ou
moins chez tous les hommes, même chez les Orientaux,
qui passent de longues heures dans cet état de rêverie
somnolente qu'ils appellent le *kief*, même chez les plus
désœuvrés de nos oisifs; elle est surtout un impérieux
besoin de l'enfant, et elle ne lui est jamais pénible, tout
le temps qu'elle est spontanée, lorsqu'il choisit lui-
même ses occupations en vue de son plaisir; l'activité
devient pénible lorsque l'occupation est imposée. « Au
moment de partir pour la promenade, un enfant de
deux ans et demi dit à son frère aîné : « Va me chercher
« mon chapeau, je te prie ». Sa mère lui dit : « Va le
« chercher toi-même ». L'enfant de repartir : « Où est-
il? » sachant bien qu'il se trouve dans une chambre d'en
haut, et à tel endroit. « Tu le sais bien », ajoute la mère.
L'instinct de paresse ne se rend pas encore. « L'esca-
« lier est trop grand; je ne peux pas monter [1]. »

S'il s'était agi d'un jeu, l'enfant aurait fait sans y
penser cette ascension qui lui inspirait alors tant de
répugnance. La paresse, au point de vue moral, n'est
pas tant l'aversion pour l'action en général que pour
l'action imposée soit par une contrainte extérieure, soit
par celle de notre raison.

Locke le comprenait bien, lorsqu'il donnait l'excellent conseil qui suit : « C'est une chose importante et
bien digne de nos soins d'apprendre à l'âme à vaincre
sa paresse, toutes les fois qu'elle voudra, pour s'attacher
vigoureusement à ce que sa raison ou quelques personnes sages lui proposeront. C'est à quoi il faut accoutumer les enfants en les mettant quelquefois à l'épreuve,
c'est-à-dire en leur proposant quelque objet à considérer, et en tâchant de fixer entièrement leur attention

____
[1] B. Perez, *l'Éducation dès le berceau*, chap. II.

de ce côté-là, lorsqu'ils ont l'esprit détendu par paresse, ou fortement appliqué ailleurs [1]. » Nous irons plus loin que Locke, et nous dirons que cette épreuve ne doit pas seulement revenir à certains intervalles, mais qu'elle doit être constante et se répéter plusieurs fois dans la journée, par l'institution d'un règlement de travail qu'on imposera le plus tôt possible à l'enfant, et qu'on lui fera exécuter avec une stricte ponctualité. On peut être sûr qu'il lui arrivera souvent, en commençant tel ou tel exercice, d'éprouver un sentiment de contrainte plus ou moins pénible ; mais ce qui est salutaire, et ce qu'on doit le plus désirer, c'est qu'il prenne l'habitude d'en triompher et de s'appliquer à un travail qui ne l'attire par aucune séduction.

Grande est donc, à notre avis, l'erreur pédagogique de ceux qui veulent que le travail soit toujours attrayant pour lui. « N'use pas de violence envers les enfants, dit Platon, dans les leçons que tu leur donnes ; fais plutôt en sorte qu'ils s'instruisent en jouant [2]. » Nous retrouverons ce précepte sous bien des formes dans Plutarque, Sénèque, Quintilien, Montaigne, Locke, Rousseau. Il ne faudrait pourtant pas le prendre trop à la lettre. Stuart Mill nous paraît avoir un sentiment beaucoup plus juste des nécessités de l'éducation, lorsqu'il doute qu'on puisse uniquement, par la douceur et le plaisir, amener les enfants à s'appliquer avec énergie et persévérance. « Il y a, dit-il, beaucoup de choses que les enfants doivent faire et beaucoup qu'ils doivent apprendre, qu'ils ne font et n'apprennent que par la contrainte d'une discipline sévère. Sans doute, on fait de louables efforts dans l'enseignement moderne pour rendre autant qu'il est possible les études des enfants

1. *De l'éducation des enfants*, sect. 8, trad. Coste.
2. *République*, édition Tauchnitz, p. 242.

faciles et intéressantes. Mais si l'on voulait aller jusqu'à ne leur demander d'apprendre que ce qu'on peut rendre facile et intéressant, on sacrifierait l'un des principaux objets de l'éducation. Je vois avec plaisir tomber en désuétude la brutalité et la tyrannie de l'ancien système d'enseignement, qui pourtant réussissait à donner des habitudes d'application ; mais le nouveau, à ce qu'il me semble, concourt à former une génération qui sera incapable de rien faire de ce qui lui sera désagréable [1]. »

Bain trouve, non sans raison, qu'on a tort d'affirmer que le travail est par lui-même un bonheur ; sans doute, tout être humain a une somme d'énergie disponible, et il trouve à la dépenser un véritable plaisir, mais quand il choisit lui-même, à son gré, l'occupation dans laquelle il la dépense ; au contraire, il éprouve parfois une très grande répugnance à employer son activité de telle ou telle façon. « Cependant, dit Bain, il faut que cette répugnance soit vaincue, et même que la dépense de force soit poussée souvent jusqu'à un état de fatigue pénible. Mais comme nous ne pouvons, sans subir ces ennuis, nous procurer ni ce qui est nécessaire à notre existence ni surtout les plaisirs de la vie, la sagesse nous conseille de nous soumettre au mal pour obtenir le bien. Tel est le résumé exact des conditions du travail [2]. »

On ne craindra donc pas de faire connaître à l'enfant la fatigue pénible qui résulte de l'effort soutenu ; la mesure à garder, c'est de ne point lui imposer, comme on le fait trop souvent, une application au travail qui soit au-dessus de sa force et de ne pas compromettre la santé d'un corps et d'un esprit en voie de développement. Comme il n'est pas encore capable d'une attention très prolongée, on mettra de la variété dans les exercices

<hr>

1. *Mémoires*, trad. Cazelles, p. 50.
2. *La Science de l'éducation*, liv. III, chap. II.

entre lesquels sera réparti son temps de travail; mais on ne le laissera pas non plus éparpiller son activité. « L'activité désordonnée, ou dépourvue de plan, qui voltige d'un objet à l'autre, vaut à peine mieux que l'oisiveté absolue [1]. »

Nous avons dit que le mensonge est, comme la paresse, un défaut naturel chez les enfants. Ainsi que le remarque Mme Necker de Saussure, il y a en eux un mélange singulier de finesse et d'abandon ; ne se faisant pas encore une idée bien nette du devoir qui oblige l'homme à la sincérité, ils regardent le mensonge comme un excellent moyen dont se sert leur faiblesse pour plaire, pour obtenir ce qu'ils convoitent et pour éviter ce qu'ils redoutent. Ils sont parfois d'excellents comédiens. « Un enfant, dit Mme Necker de Saussure, emprunte un bel éventail d'une personne étrangère, puis, dans l'espoir qu'elle oubliera de le reprendre, il lui apporte successivement des fleurs, ses vieux joujoux, mille objets divers, les lui offrant avec l'empressement de la politesse la plus marquée. Un autre demande du bonbon, ou la jouissance de tel plaisir, pour son petit frère [2]. »

Toutes les passions portent au mensonge, et elles sont en germe chez l'enfant, même l'envie, une des plus mauvaises. « Une petite fille de trois ans, voyant que sa mère caressait son jeune frère depuis quelques minutes sans faire attention à elle, se mit à dire : « Tu ne sais « pas, maman, Henri a fait une grosse méchanceté au « perroquet ». C'était un mensonge par jalousie [3]. »

Les mensonges de l'enfant sont assez souvent si ingénieux qu'au lieu de les relever avec sévérité, on en rit, comme on ferait des tours d'un animal amusant par sa

1. Blackie, *l'Éducation de soi-même*, trad. Pécaut, p. 76.
2. *L'Éducation progressive*, liv. III, chap. IV.
3. B. Perez, *l'Éducation dès le berceau*, chap. II.

malice, ou des contes d'un gascon tel que ce « bon garçon de tailleur » dont nous parle Montaigne, et auquel
il n'avait jamais entendu dire une vérité [1]. On devrait
au contraire être, dès le début, impitoyable pour ce
vice, et recourir à tous les moyens dont on dispose pour
le réprimer.

Chaque fois que l'on constate un mensonge, une ruse
chez l'enfant, il faut lui montrer que l'on n'est pas sa
dupe, empêcher absolument qu'il retire aucun bénéfice
de sa faute, lui en faire supporter au contraire les plus
désagréables conséquences. Mais il ne suffit pas de l'intéresser ainsi à être franc. Locke recommande de parler
devant lui du mensonge lorsque l'occasion s'en présente, « comme de la chose la plus monstrueuse du
monde, comme d'une qualité si indigne d'un homme
de bonne famille, qu'il n'y a personne en quelque estime
dans le monde qui puisse souffrir qu'on l'accuse de mentir,
en un mot comme d'un vice qui déshonore entièrement
un homme, qui le dégrade et le met au rang de ce qu'il
y a de plus bas et de plus méprisable, et qui, par conséquent, ne peut être souffert dans une personne qui
veut fréquenter d'honnêtes gens ou qui a quelque réputation à ménager [2] ».

La confiance qu'on lui inspire et qu'on lui témoigne
est aussi un bon moyen de le rendre sincère. Qu'on
tâche d'obtenir l'aveu de ses fautes, et, quand elles ne
sont pas trop graves, que cet aveu en soit la seule
punition. Que les éducateurs se montrent eux-mêmes à
son égard entièrement sincères, et qu'ils ne se servent
jamais de la ruse avec lui, fût-ce pour son bien, sauf
dans des cas exceptionnels ; par exemple, lui faire
une promesse et ne pas la tenir est un manque de

1. *Essais*, liv. I, chap. IX.
2. *De l'éducation des enfants.* Trad. Coste, sect. 19.

bonne foi dont il se souvient. Il ne suffit pas de lui inspirer de la confiance, il faut encore lui en témoigner et lui faire comprendre que cette confiance est d'autant plus grande que ses procédés sont plus francs. « Notre estime, dit Mme Necker de Saussure, qui se mesure sur le degré d'exactitude des assertions, rend l'enfant attentif à ses paroles. Et quand nous ne doutons plus de ce qu'il affirme, quand son plus simple témoignage produit à l'instant chez nous une pleine conviction, le sentiment de joie et de dignité qui remplit son âme lui montre le prix de la bonne foi [1]. » Car l'enfant est rarement capable de cette perversité si fréquente chez l'adulte, qui consiste à abuser de la confiance d'autrui et à n'y voir qu'une facilité de plus pour le tromper.

Je trouve dans Blackie une observation morale très juste : c'est que chez les jeunes gens le mensonge tient, la plupart du temps, à la paresse, à la vanité et à la lâcheté. Le paresseux cherche à excuser sa fainéantise, à simuler le travail par des tromperies bien connues de tous les maîtres; telle est celle qui consiste à copier un devoir, à s'aider d'une traduction; un jour le devoir d'un élève médiocre et nonchalant présente des qualités qui vous surprennent; le français de sa version est excellent; un paragraphe de sa composition française tranche sur tout le reste par les idées et par le style; si vous faites appel à sa sincérité, il est rare qu'il vous avoue d'abord son plagiat, qui est un premier mensonge, et que, pour le nier, il n'en ajoute un autre.

La vanité, le désir de se faire valoir et de paraître aux yeux d'autrui avec toutes sortes d'avantages est aussi une source inépuisable de mensonges. « Les enfants, dit Bernard Perez, sont tous plus ou moins poseurs, quelquefois par timidité, pensant qu'on les observe, et

1. *L'Éducation progressive*, liv. III, chap. IV.

pour distraire notre attention par leurs jeux, leurs
saillies, leurs drôleries, mais le plus souvent aussi par
une inconsciente fatuité, pour se faire remarquer,
caresser et louer [1]. » L'éloge prodigué à tort et à travers ne fait qu'accroître cette fatuité naturelle; aussi
avons-nous conseillé d'en être très ménagers, de ne
l'accorder que comme récompense des efforts sérieux.
Non seulement l'enfant est très fier de la supériorité
qu'il croit devoir à la situation de ses parents, au genre
de vie qu'il mène, aux vêtements dont on le pare, à
l'instruction qu'il reçoit, mais encore il aime à la faire
sentir, à humilier les autres. Des parents sages ne man-
queront jamais l'occasion de rabaisser ce sot orgueil, en
rappelant l'enfant au sentiment de sa faiblesse, en lui
montrant qu'il a reçu d'autrui tout ce dont il est fier,
et que si on l'abandonnait à lui-même, il serait un petit
être malheureux, en lui faisant voir chez ceux qu'il
cherche à humilier des qualités supérieures aux siennes :
par exemple, tel enfant mal vêtu qu'il dédaigne est un
des premiers à l'école. Tel autre rend déjà des services
à ses parents et commence à gagner sa vie. Le pédan-
tisme apparaît de bonne heure chez l'enfant, et c'est là
un des effets les plus déplaisants de sa première instruction; Montaigne recommande de le dresser « à estre
espargnant et mesnagier de sa suffisance, quand il
l'aura acquise; à ne se formaliser point des sottises et
fables qui se diront en sa présence : car c'est une inci-
vile importunité de chocquer tout ce qui n'est pas de
nostre appétit [2] ».

Enfin on dissimule souvent la vérité par lâcheté,
parce qu'on n'ose pas la dire. « Il y a telle occasion où
un homme doit jeter la vérité à la face des gens, au

1. *L'Éducation dès le berceau,* chap. VI.
2. *Essais,* liv. I, chap. XXV.

risque de blesser grièvement l'autorité la plus haute. S'il manque à ce devoir, il est un lâche, et cela en dépit des milliers et des millions de couards qui l'imitent [1]. » Le courage moral qui est nécessaire pour dire ainsi la vérité au péril de ses intérêts, et qui constitue, lorsqu'il n'est point gâté par l'orgueil, une des plus belles vertus de l'homme, a beaucoup moins d'occasions de s'exercer pendant l'enfance que plus tard. Il y a cependant maintes circonstances où l'enfant est accessible au sentiment faible et lâche qu'on appelle le respect humain. L'éducateur qui attachera du prix à cette belle et rare vertu du courage moral trouvera donc un jour ou l'autre l'occasion de la signaler à son élève et d'en jeter dans son cœur les premières semences.

Quant au mépris du danger, auquel on donne plutôt le nom de courage physique, bien qu'il tienne autant que l'autre au moral, il faut y amener l'enfant en luttant contre une disposition naturelle toute contraire, la poltronnerie, qu'il a reçue de l'hérédité et qui lui est commune avec les animaux. Toujours menacé par ses concurrents dans la lutte pour l'existence, l'animal est continuellement aux aguets; le moindre signe qui lui semble l'annonce d'un danger lui inspire de la crainte; son premier mouvement est, lorsqu'il le peut, de se cacher ou de fuir. Sous ce rapport, nos premiers ancêtres devraient ressembler beaucoup aux animaux.

La vive imagination de l'enfant augmente encore en lui cette disposition héréditaire; un danger réel, comme celui de tomber à l'eau, l'effraye beaucoup moins qu'un bruit soudain, une grimace. Je me rappelle avoir éprouvé, certain soir qu'on veillait à la lueur de la lampe, un sentiment de terreur extrême à la vue de mon ombre qui se projetait sur une porte; je croyais probablement

1. Blackie, *l'Éducation de s -même*, p. 73.

qu'un mystérieux inconnu s'introduisait sans bruit dans
la chambre. Si l'enfant craint l'obscurité, c'est que, ne
pouvant plus se rendre compte de ce qui l'environne,
il y suppose des êtres qui le menacent. « J'ai beau savoir, dit Rousseau, que je suis en sûreté dans le lieu où
je me trouve, je ne le sais jamais aussi bien que si je le
voyais actuellement : j'ai donc toujours un sujet de
crainte que je n'avais pas en plein jour. Je sais, il est
vrai, qu'un corps étranger ne peut guère agir sur le
mien sans s'annoncer par quelque bruit ; aussi, combien
j'ai sans cesse l'oreille alerte ! Au moindre bruit dont
je ne puis discerner la cause, l'intérêt de ma conservation me fait d'abord supposer tout ce qui doit le plus
m'engager à me tenir sur mes gardes, et par conséquent
tout ce qui est le plus propre à m'effrayer. N'entends-je
absolument rien, je ne suis pas pour cela plus tranquille ; car enfin, sans bruit, on peut encore me sur-
prendre.... Forcé de mettre en jeu mon imagination,
bientôt je n'en suis plus le maître, et ce que j'ai fait
pour me rassurer ne sert qu'à m'alarmer davantage. Si
j'entends du bruit, j'entends des voleurs ; si je n'entends
rien, je vois des fantômes : la vigilance que m'inspire
le soin de me conserver ne me donne que sujets de
crainte [1]. »

Sachant que l'imagination entre pour la plus grande
part dans les terreurs de l'enfant, nous connaissons
le meilleur moyen de les dissiper et de les prévenir :
il faut d'abord nous interdire absolument tous les sots
contes où figurent des ogres, des loups-garous, des cro-
quemitaines, des fantômes, des revenants, parce qu'ils
surexcitent une imagination déjà trop vive ; il faut
ensuite mettre le plus possible l'enfant en présence de
la vérité et en contact avec elle, l'habituer à se rendre

1. *Émile*, liv. II.

compte de tout ce qui éveille sa frayeur, à marcher vers le danger mystérieux qu'il soupçonne. Rousseau veut « qu'on l'habitue à voir des objets nouveaux, des animaux laids, dégoûtants, bizarres, mais peu à peu, de loin, jusqu'à ce qu'il y soit accoutumé, et qu'à force de les voir manier à d'autres, il les manie enfin lui-même. Si, durant son enfance, il a vu sans effroi des crapauds, des serpents, des écrevisses, il verra sans horreur, étant grand, quelque animal que ce soit. Il n'y a plus d'objets affreux pour qui en voit tous les jours. »

On ne se contentera pas de prémunir ainsi l'enfant contre des terreurs puériles; on saisira toutes les occasions de lui faire faire l'apprentissage du courage véritable; par exemple le soir un bruit insolite se produit dans la maison : le père piquera son fils d'honneur, et le prendra comme compagnon pour faire une ronde; il le conduira la nuit dans les bois, dans les rues désertes de la ville. « Comme il est impossible, dit Bernard Perez, qu'il n'entende pas parler tout jeune de la mort, cet effroi suprême des adultes, il faut le familiariser avec cette idée et ne la lui présenter que sous la forme d'un repos éternel ou d'un sommeil tranquille [1]. »

On ne poussera pas les exercices d'endurcissement contre l'instinct naturel de poltronnerie jusqu'à l'exposer à la mort, mais on ne l'entourera pas non plus d'une sollicitude énervante pour lui éviter jusqu'à la plus petite douleur. Toutefois c'est là un point délicat, et celui qui conseille aux parents d'exposer leurs enfants à la douleur risque fort de froisser leur tendresse; les accidents, dira-t-on, arrivent trop facilement pour qu'on aille les chercher; quant aux souffrances artificielles, l'idée seule en est révoltante. Aussi ne citerai-je qu'à titre de curio-

1. *L'Éducation dès le berceau*, chap. III.

sité l'expérience pédagogique que Locke nous raconte dans les termes suivants : « On doit exposer les enfants tout exprès à la douleur. Mais il faut prendre son temps, et n'en venir là que lorsque l'enfant est de bonne humeur et qu'il est persuadé de l'affection de celui qui le traite de cette manière.... J'ai vu donner de bons coups de gaule avec le ménagement et dans les circonstances que je viens de marquer à un enfant qui n'en faisait que rire, quoiqu'il n'eût pu s'empêcher de verser des larmes d'être sensiblement affligé si la même personne qui lui donnait ces coups lui eût dit un mot un peu rude ou l'eût regardé avec froideur pour le punir de quelque faute [1]. » Sans recourir à de tels moyens, on peut fortifier le courage des enfants en écartant d'eux tous les raffinements du confortable, en leur faisant mener une vie simple et même un peu dure, en ne leur conseillant pas toutes sortes de précautions pour ménager leur santé, et en ne leur témoignant pas une inquiétude et une compassion maladroites au moindre accident qui leur arrive.

Disons quelques mots d'un défaut très fréquent chez les enfants, la timidité, qui n'est nullement compagne de poltronnerie et de lâcheté, mais qui n'en déprime pas moins le caractère et peut avoir dans la vie des conséquences fâcheuses. J.-J. Rousseau l'a observé profondément chez lui-même ; il raconte, en plusieurs endroits de ses *Confessions*, combien ce défaut le rendait parfois bizarre et stupide. Voici une admirable analyse morale dans laquelle Benjamin Constant nous montre jusqu'à quel point la timidité peut gâter les relations les plus étroites de la famille, en supprimer toute la douceur, et exercer une mauvaise influence sur le caractère de l'enfant : « Les lettres de mon père, dit-il dans le roman

1. *De l'éducation des enfants*, sect. 11, trad. Coste.

d'*Adolphe*, qui est une autobiographie, étaient pleines de conseils raisonnables et sensibles ; mais à peine étions-nous en présence l'un de l'autre qu'il y avait en lui quelque chose de contraint que je ne pouvais m'expliquer et qui réagissait sur moi d'une manière pénible. Je ne savais pas alors ce que c'était que la timidité, cette souffrance intérieure qui nous poursuit jusque dans l'âge le plus avancé, qui refoule sur notre cœur les impressions les plus profondes, qui glace nos paroles, qui dénature dans notre bouche tout ce que nous essayons de dire;... je ne savais pas que, même avec son fils, mon père était timide, et que souvent, après avoir longtemps attendu de moi quelques témoignages d'affection que sa froideur apparente semblait m'interdire, il me quittait les yeux mouillés de larmes et se plaignait à d'autres de ce que je ne l'aimais pas. Ma contrainte avec lui eut une grande influence sur mon caractère. Aussi timide que lui, mais plus agité, parce que j'étais plus jeune, je m'accoutumai à renfermer en moi-même tout ce que j'éprouvais, à ne former que des plans solitaires, à considérer les avis, l'intérêt et jusqu'à la seule présence des autres comme une gêne et comme un obstacle [1]. »

Ce malheureux défaut de la timidité, souvent dissimulé sous les apparences de la hauteur, de la froideur, du sarcasme, est dans la vie sociale une source de souffrances et d'ennuis. Mais n'est-il pas bien difficile de le combattre lorsqu'il se forme, puisque l'expérience nous montre qu'un enfant timide le devient encore davantage quand l'attention se fixe sur son défaut, et que, si on l'en reprend, si on l'engage à essayer de réagir par une manifestation de sociabilité, d'assurance, il s'enfonce de plus en plus dans une sorte de stupidité farouche ?

----

1. *Adolphe*, chap. I.

« Lève les yeux, regarde-moi, n'aie pas peur, parle »,
autant d'excitations vaines, qui ne font que redoubler
le malaise de l'enfant timide. Dans ces circonstances,
il ne convient pas d'insister, parce qu'on n'arriverait
qu'à provoquer une crise de désespoir. Les personnes
avec lesquelles l'enfant se sent à l'aise, c'est-à-dire, en
général, celles qui l'approchent de plus près, pourront
seules l'habituer petit à petit à se produire devant le
monde, et lui faire prendre un peu d'assurance; mais
c'est une œuvre qui demande beaucoup de ménagements.

Un homme qui pratique ces grandes vertus de l'application au travail, de la sincérité, de la modestie, du
courage, a déjà une élévation morale qui le met au-
dessus d'une foule de ses semblables. Mais il peut manquer d'une autre vertu, la bonté, qui est supérieure
encore; consistant en effet dans une disposition active à
s'oublier soi-même pour penser aux autres et leur faire
du bien, elle est ce qu'il y a de plus beau dans l'homme
au point de vue moral, le triomphe des sentiments désin-
téressés sur les passions égoïstes. La bonté n'est pas
une vertu banale et facile. « Être bon et rester tel, dit
Michelet, entre les injustices des hommes et les sévérités
de la Providence, ce n'est pas seulement le don d'une
généreuse nature, c'est de la force et de l'héroïsme....
Garder la douceur et la bienveillance parmi tant d'aigres
disputes, traverser l'expérience sans lui permettre de
toucher à ce trésor, cela est divin. Ceux qui persistent
et vont ainsi jusqu'au bout sont les vrais élus. » Tâchons
donc de donner à nos enfants cette force, d'échauffer
leur âme afin qu'ils traversent l'expérience, suivant la
belle expression de Michelet, sans y contracter le sec et
dur mépris des hommes qui existe dans tant de cœurs.

Il faut, dès leur naissance, les entourer, pour ainsi
dire, d'une atmosphère de calme. Mme Necker de Saus-

sure insiste, avec raison, sur la nécessité de maintenir autour des enfants le calme extérieur, d'où résulte celui de l'âme ; elle demande qu'on leur épargne les pleurs, que l'on mette de la régularité dans l'ordonnance de leur vie, que l'on n'excite pas leurs désirs et que l'on satisfasse leurs besoins dans la mesure qui convient. « Avec ces soins, dit-elle, et d'autres pareils, on maintiendra chez les enfants le calme habituel de l'âme, bien immense et facile à perdre, le plus nécessaire peut-être à leur constitution morale, encore si frêle et si indécise.... Il est tout un ordre de facultés, et les plus élevées peut-être, qui ne croissent qu'à l'ombre tutélaire du repos.... Il n'est rien de grand dans la nature morale, dont la sérénité ne favorise le développement.... De la sérénité naîtra naturellement la bienveillance.... Dans l'état le plus sain de l'enfant, quand le sentiment de l'existence est à la fois animé et calme, toutes les sympathies naturelles agissent en lui. Un invincible attrait l'unit à ses semblables, le lien de l'humanité rapproche son âme de la leur [1]. »

Maintenir le calme autour de l'enfant ne suffit pas ; il faut encore qu'un milieu bienveillant et affectueux agisse sur lui par la force de l'habitude et de l'exemple. Malheureusement, sous ce rapport, les milieux sont très différents ; il y a des familles où la bienveillance pénètre si intimement tous les cœurs, que les étrangers eux-mêmes en reçoivent le témoignage ; il en est d'autres où existe une disposition constante au mécontentement, à la critique, au reproche, à la défiance ; l'enfant y entend des plaintes et y assiste à des querelles qui ont sur son caractère une mauvaise influence. « Tous ceux qui ont réfléchi sur l'éducation, dit Mme Necker de Saussure, ont senti l'extrême importance d'éviter qu'au-

---

1. *L'Éducation progressive*, liv. II, chap. III.

cun acte d'impatience ou de colère, aucun accent aigre, aucun regard farouche, ne vienne frapper les sens des petits enfants.... Les enfants ont une inconcevable facilité à recevoir le mouvement, à partager des impressions dont ils sont encore incapables d'apprécier la cause.... En entourant les enfants de visages riants, d'expressions de douceur et de bienveillance, on leur communique bientôt des sentiments affectueux [1]. » Arrivés à l'âge adulte, nous pouvons, en recueillant nos souvenirs, nous rendre compte de l'influence profonde exercée, en ce qui concerne les sentiments sympathiques, par le caractère des parents, par leur manière d'être entre eux et avec nous, et constater qu'alors notre sensibilité a pris une direction qui ne sera plus que difficilement changée.

Mais l'enfant n'est pas seulement un être passif subissant le contre-coup de notre conduite. Il faut faire appel à son activité pour développer ses qualités effectives; car s'il a besoin que nous l'entourions de bienveillance, c'est pour le mettre dans une disposition favorable à l'éclosion de sentiments qui sont en lui à l'état de germe.

J.-J. Rousseau, toujours paradoxal, voudrait qu'on se contentât de lui apprendre à ne pas faire le mal. « Qui est-ce qui ne fait pas du bien? tout le monde en fait, le méchant comme les autres; il fait un heureux aux dépens de cent misérables; et de là viennent toutes nos calamités. Les plus sublimes vertus sont négatives; elles sont aussi les plus difficiles, parce qu'elles sont sans ostentation, et au-dessus même de ce plaisir si doux au cœur de l'homme, d'en renvoyer un autre content de nous. O quel bien fait nécessairement à ses semblables celui d'entre eux, s'il en est un, qui ne leur fait jamais

---

1. *L'Éducation progressive*, liv. II, chap. III.

de mal [1] ! » Ces observations, quoique l'auteur en tire des conséquences excessives, ne manquent pas de justesse, ni même de profondeur; elles s'appliqueraient bien en particulier à ceux chez qui les apparences de la bonté dissimulent une réelle faiblesse, et qui se donnent trop facilement le plaisir de faire des heureux, sans se demander si les bienfaits qu'ils accordent aux uns ne pèseront pas lourdement sur d'autres. Reconnaissons que c'est déjà beaucoup qu'un enfant s'abstienne du mal, ne cause point de peine à ses parents par sa méchanceté, ne tourmente pas ses frères et sœurs, ne maltraite pas ses camarades.

Étendons même le cercle de la sympathie, et tâchons qu'il épargne les animaux. « La pitié qui s'adresse à l'animal, dit Bernard Perez, doit être surveillée avec le plus grand soin, pour elle-même, dans l'intérêt des animaux avec lesquels l'enfant doit être en rapport, et pour son influence indirecte sur l'humanité proprement dite.... Certains enfants sont d'une innocente et terrible cruauté, surtout quand ils sont en colère.... Le fait le plus ordinaire est celui d'un défaut de sensibilité inconscient, que beaucoup de naturalistes contemporains regardent comme un caractère primitif de l'animalité [2]. »

C'est précisément sur ce point particulier que l'expérience nous montrera ce qu'il y a d'inexact dans l'opinion de Rousseau, et combien la bonté négative, pour ainsi dire, qui consiste à ne pas faire de mal, est liée à la bonté active, celle qui fait du bien. En effet, pour obtenir que l'enfant ne soit point cruel à l'égard des animaux, le meilleur moyen est de lui apprendre à les soigner, à les caresser, à les traiter comme des êtres

1. *Émile*, liv. II.
2. *L'Éducation dès le berceau*, chap. V.

sensibles, capables d'attachement et de connaissance. L'idée de la souffrance épargnée est trop négative, trop froide, elle ne parle pas à son cœur; on y fera mieux pénétrer la bonté en lui donnant le plaisir de faire du bien, qu'en lui recommandant de s'abstenir du mal. Il s'habituera plus doucement ainsi à penser aux autres, ce petit être qui naît avec de si terribles instincts d'égoïsme, mais aussi avec des instincts de sympathie auxquels l'éducation peut donner une énergie assez grande pour contre-balancer et même dominer les premiers.

Le plaisir très vif que tout homme, à moins d'être un monstre d'égoïsme, éprouve à faire naître le contentement auprès de lui, à obtenir des éloges et des remerciements pour sa complaisance, est donc un moyen précieux dont il faut user avec l'enfant dans la plus large mesure. D'abord, sans sortir de la famille, mille occasions se présentent de lui faire témoigner son affection, non pas seulement par des paroles et des caresses, mais par des attentions matérielles, par de petits services, de petits cadeaux, et même de l'amener à s'imposer de vrais sacrifices, comme de renoncer à une partie de plaisir pour rester auprès d'un membre de la famille qui est malade. A quoi bon insister sur le détail? le principe suffit; les parents intelligents ne seront pas embarrassés pour l'application. Puis viendra la bienfaisance au dehors, celle dont on lui donnera l'exemple, et celle qu'il exercera lui-même, non pas cette bienfaisance dont nous avons déjà parlé, qui ne coûte à l'enfant aucun effort, parce qu'elle ne lui demande aucun sacrifice, mais celle qu'il peut exercer aux dépens de ses propres jouissances. « Un enfant, dit Rousseau, donnerait plutôt cent louis qu'un gâteau. Mais engagez ce prodigue distributeur à donner les choses qui lui sont chères, des jouets, des bonbons, son goûter, et nous saurons bientôt si vous l'avez rendu vraiment libéral[1]. » Lorsqu'il sera plus grand, on le mettra plus intimement en contact avec la misère. Je trouve que les élèves de nos écoles restent en général trop étrangers aux œuvres de bienfaisance; je voudrais que chaque établissement d'instruction publique eût sous son patronage un certain nombre de familles, qu'il les visitât, qu'il fût initié à l'art difficile de rechercher la vraie misère, qui se cache et ne se fait pas un métier d'exploiter la charité. La quête pour les indigents une ou deux fois dans l'année ne suffit pas; les jeunes gens, comme beaucoup de grandes personnes du reste, croient trop facilement s'acquitter avec quelques aumônes de leur devoir de bienfaisance.

Signalons pour finir un déplorable travers de l'éducation qui nuit plus que tout le reste au développement de la bonté : nous voulons parler de la gâterie. Certains enfants gâtés semblent témoigner par leurs manières tendres et aimables une reconnaissance affectueuse qui trompe les parents et les fait redoubler de caresses et d'attentions. Mais, comme le remarque un bon observateur de cet âge, « bientôt les grâces trompeuses de l'enfant s'effacent, la tendresse apparente du cœur se perd : tout à coup on découvre en eux, avec effroi, une désolante sécheresse d'âme, une dépravation profonde : et, en fin de compte, ces jolis enfants deviennent véritablement effroyables; on s'aperçoit alors, mais trop tard, qu'il n'y a pas d'êtres plus durs, plus méchants, plus hautains, plus violents, plus égoïstes, plus ingrats, plus injustes, plus odieux, que les enfants gâtés par la mollesse[2]! »

Comment n'en serait-il pas ainsi ? On a tout fait pour

1. *Émile*, liv. II.
2. Dupanloup, *l'Enfant*, chap. III.

leur épargner l'effort, le sacrifice, qui sont les éléments essentiels de toutes les vertus, et en particulier de la bonté, à laquelle n'appartient le premier rang que parce qu'elle exige le sacrifice le plus difficile, celui de l'intérêt personnel. Les parents qui gâtent l'enfant n'ont même point, dans beaucoup de cas, l'excuse de la bonté; car ils le font par une faiblesse qui n'est pas exempte d'égoïsme; ils croient s'attirer ainsi son affection, les marques si douces de sa tendresse; ils sont incapables de s'exposer, quand il le faut, à ses rancunes passagères, et ils s'épargnent l'effort soutenu que réclame la bonté ferme et vigilante, la seule vraie. La sécheresse de cœur de l'enfant gâté est alors, on peut le dire, la punition d'un égoïsme des parents qui s'ignorait lui-même.

CHAPITRE XVII

L'examen de conscience. — Quelle conception de la vie il convient de donner aux enfants. — Le sentiment pratique de l'idéal.

Une des conditions essentielles pour se corriger et s'améliorer, c'est de se bien connaître, de se rendre un compte exact de sa situation morale. « Si vous ne voulez pas vivre au hasard, dit Blackie, fixez les heures régulières où vous ferez vos comptes avec vous-même. Dans les transactions commerciales, c'est une grande sauvegarde contre les dettes que de tout payer comptant, quand on le peut; si cela est impossible, il faut du moins ne pas laisser s'allonger les comptes et avoir soin d'établir la balance à époque fixe. Il en est ainsi pour les comptes que nous avons à rendre à Dieu et à nous-mêmes. »

Tel est le principe qui guidait Benjamin Franklin lorsque, vers l'âge de vingt-deux ans, ayant formé le dessein d'arriver à la perfection morale, il imagina le procédé qui suit. D'abord il fixa au nombre de treize les vertus qui lui paraissaient désirables, à savoir : la tempérance, le silence, l'ordre, la résolution, l'économie, le travail, la sincérité, la justice, la modération, la propreté, la tranquillité, la chasteté, l'humilité.

Puis il fit un petit livre, dont il régla chaque page de manière à avoir sept colonnes verticales, une pour chaque jour de la semaine, et treize colonnes horizontales, une pour chaque vertu. Tous les soirs il faisait son examen de conscience, et pointait sur la case correspondant à la fois au jour et à la vertu le manquement qu'il avait pu commettre dans la journée [1]. Cette comptabilité peut paraître un peu singulière; mais la méthode est excellente; elle consiste à voir chaque jour ses fautes, à constater chaque jour qu'on avance vers le bien, ou qu'on rétrograde, ou qu'on piétine sur place.

L'enfant n'a pas encore cette pleine conscience de lui-même qui lui permettrait de s'examiner à fond et de savoir au juste où il en est au point de vue moral. Cependant, lorsque nous lui avons suggéré par notre enseignement, par un système intelligent de punitions et de récompenses, par l'habitude, et surtout par l'exemple, des règles fixes de conduite, lorsque, grâce à nous, une conception nette du bien et du mal s'est établie dans sa pensée, qui était peut-être incapable de l'acquérir spontanément, il est alors possible de mettre l'enfant en présence de ses actes, de les lui faire apprécier, non pas seulement un à un, au fur et à mesure qu'ils se produisent, mais en les groupant dans un certain ensemble.

On procédera d'abord avec lui à l'examen d'une période très courte de sa vie, par exemple de l'heure qui vient de s'écouler, et pendant laquelle sa conduite peut être caractérisée par une note bonne, passable ou mauvaise, suivant le nombre et la nature de ses bons mouvements ou de ses manquements au devoir. L'heure qui suivra sera comparée à la précédente. Puis viendront des relevés de journées, de semaines entières.

1. *Mémoires de Franklin*, trad. Laboulaye, chap. vi.

Qu'on se garde bien de les faire devant l'enfant sans qu'il y prenne part ; qu'il ne reste point comme un auditeur muet qui baisse la tête avec une expression de honte plus ou moins sincère devant l'énumération de ses fautes. Dans ces conditions, l'attitude des enfants est peu significative : quelques-uns écoutent avec un air indifférent ou même insolent ; mais presque tous ont une apparence contrite, sous laquelle peuvent se dissimuler des sentiments bien différents du repentir. L'aveu des fautes amené par un éducateur adroit et bienveillant produit un effet plus salutaire. Tout aveu est humiliant pour les natures qui ne sont pas perverties ; or l'humiliation devant autrui qu'on s'impose à soi-même après la faute demande un très grand effort ; mais, précisément parce qu'elle est pénible, elle réagit heureusement sur le moral, pour lequel elle est une véritable expiation. Qu'un enfant soit amené à la nécessité d'adresser des excuses à une personne qu'il a offensée : il s'y décidera sans trop de peine si l'on commet la maladresse de parler pour lui, quelle que soit l'humilité de la posture qu'on lui fera prendre et des sentiments qu'on lui prêtera ; le vrai supplice est de parler lui-même, parce qu'il sent qu'alors seulement il acquiesce bien à son humiliation, et qu'elle l'atteint au fond du cœur.

Tel, c'est-à-dire actif et personnel, doit être son rôle dans l'examen de conscience ; c'est lui-même qui doit reconnaître ses fautes, les avouer sans réticences. L'éducateur est pour lui le directeur de conscience, à la fois sévère et affectueux, qui le force tendrement à ouvrir son cœur, à revoir le passé avant qu'il se plonge dans l'oubli, qui lui montre, pour nous servir des expressions d'un ancien, où il a dirigé ses pas, ce qu'il a fait de meilleur, les bonnes actions qu'il a négligées, et qui, une fois le compte établi, passe l'éponge sur le mal avec un doux reproche, mais le félicite et le rend heureux de ses progrès dans le bien.

Ainsi l'enfant acquiert peu à peu une idée des plus précieuses, à savoir que la vie est, non pas une suite d'actions sans lien, qui se succèdent au hasard, mais un ensemble dont toutes les parties se tiennent, et dans lequel chaque acte, influencé par ceux qui le précèdent, doit influer à son tour sur ceux qui le suivront. Il ne s'agit pas de montrer à l'esprit mobile et léger de l'enfant les conséquences lointaines de sa conduite; nous avons déjà dit qu'il est à peu près incapable de prévoir ainsi à longue échéance. Mais on peut très bien lui faire comprendre comment telle semaine, telle année de sa vie se relient à celles qui précèdent, comment les progrès qu'il a faits se sont accumulés et lui ont rendu la tâche de plus en plus facile, comment au contraire les fautes ont été non seulement mauvaises en elles-mêmes, parce qu'elles sont des manquements au devoir, mais mauvaises aussi par leurs conséquences, qui pèsent forcément sur le coupable. A cet âge, où le caractère se forme, l'œuvre du perfectionnement moral peut être à chaque instant compromise par une rechute. Tel enfant par exemple était en train de se corriger du mensonge; il gagnait de plus en plus, par une suite d'efforts sur lui-même pour être sincère, la confiance de son entourage; un moment de défaillance a suffi pour tout remettre en question. L'examen de conscience, bien dirigé, lui fera sentir la gravité de son nouveau mensonge, plus léger peut-être en lui-même que les précédents, mais très regrettable cependant, parce qu'il vient mal à propos interrompre une série heureuse et qu'il risque d'être le point de départ d'une série mauvaise.

A l'idée dont nous venons de parler s'en ajoute nécessairement une autre, qui résulte de la première : c'est que la vie, où tout s'enchaîne ainsi, est une œuvre, à laquelle nous nous mettons dès la première heure pour la poursuivre sans interruption, et dont nous sommes les ouvriers responsables. Je ne vois pas de mal à ce qu'on imprime cette idée jusqu'à l'exagération dans l'esprit de l'enfant. Pour le spéculatif, elle n'est pas entièrement exacte et comporte de sérieuses réserves : au dedans de nous le pouvoir de l'hérédité, qui détermine en partie la constitution de notre organisme et même de notre esprit, au dehors le pouvoir des circonstances extérieures, influent grandement sur notre destinée, dont notre libre effort n'est pas, tant s'en faut, le seul facteur.

Mais l'éducation, qui est éminemment pratique et qui n'a pas de raison d'être si elle ne procède point d'une foi profonde en la liberté humaine, l'éducation doit s'attacher à fortifier le plus possible cette foi chez les enfants et à développer en eux l'énergie morale. Or rien n'est mortel pour l'énergie comme le sentiment de notre faiblesse, sinon de notre impuissance, en présence des forces qui pèsent sur nous. On ne peut pas tout ce qu'on veut; mais le meilleur moyen de ne pas vouloir tout ce qu'on peut, de se laisser aller à la mollesse et à l'inertie, c'est de considérer les difficultés et les obstacles de préférence aux ressources dont on dispose pour les surmonter. À quoi sert d'éclairer l'enfant sur les fatalités qui prendront une trop large part dans la direction de sa vie, sinon à augmenter cette part, à réduire celle de son activité propre? Il vaudrait bien mieux, fût-ce en entretenant quelques illusions, illusions bienfaisantes! le convaincre qu'il est le principal artisan de sa destinée, qu'elle sera ce qu'il l'aura faite, que toutes ses actions concourent à cette œuvre, tantôt pour l'améliorer et la mener à bien, tantôt pour la compromettre et la faire avorter. Loin de nous ces

pensées énervantes, où se complaît l'esprit moderne,
sur la vanité de l'effort humain, sur les duperies dont
la nature nous rend victimes, nous, ses jouets, qui avons
la naïveté de nous croire libres! Ne nous lassons pas au
contraire de répéter devant les enfants les affirmations
encourageantes, comme celle-ci, de Rousseau : « C'est
la seule tiédeur de notre volonté qui fait notre faiblesse,
et l'on est toujours fort pour faire ce qu'on veut fortement. »

Tâchons de mettre en eux la conviction que l'œuvre
de la vie ne doit finir qu'avec la vie même, que l'homme
n'est pas sur la terre pour acheter un long repos par un
court travail, mais que son activité doit s'exercer jusqu'à
la fin, pour améliorer sa situation matérielle, étendre
son intelligence, perfectionner son âme, et aussi pour
contribuer à l'amélioration du sort, au perfectionnement de l'âme des autres.

Ce souci constant du mieux pour soi et pour autrui,
c'est le sentiment pratique de l'idéal, qui doit animer
notre cœur, en même temps que notre raison doit
nous prémunir contre l'impatience et la chimère. Il ne
faut pas trop exiger de l'enfant, pour ne pas le décourager; mais il faut l'habituer à exiger le plus possible de lui-même; à ne pas s'endormir dans le contentement que lui causent des résultats partiels, à ne voir
en tout qu'un commencement, un acheminement vers
un but très éloigné, qui recule à mesure qu'on avance
dans la vie. Si satisfaisant que soit, à un moment
donné, l'examen de conscience, il ne doit jamais attirer
à l'enfant, de la part de l'éducateur, une approbation
sans réserves : sa conduite, son caractère s'améliorent,
on est heureux de le reconnaître, on rend justice à ses
efforts et l'on y applaudit; mais on lui en demande de
nouveaux, parce qu'on le sait capable de mieux faire
encore. Si l'on ne trouve pas autour de lui d'autres

enfants auxquels on puisse le comparer pour lui montrer son infériorité à leur égard, qu'on le compare à ce qu'il peut être lui-même.

Nous ne doutons pas qu'on n'arrive ainsi à développer en lui un sens moral exigeant et délicat, une ardeur pour le bien, grâce à laquelle la vie lui présentera sans cesse un objet nouveau, un intérêt toujours renaissant. Devant le mal qui existe en nous, même chez les meilleurs, devant les misères dont on souffre autour de nous, il faut rougir, comme d'une lâche faiblesse, de trouver la vie monotone et vaine. Il y a immensément à faire. Ouvrons les yeux, et voyons la tâche qui nous appelle, qui réclame toute notre énergie. Le plus beau résultat que puisse obtenir l'éducation, c'est de faire que les enfants voient de bonne heure cette tâche et qu'ils s'y appliquent avec une foi vaillante.

FIN

TABLE DES MATIÈRES

CHAPITRE III

CHAPITRE IV

CHAPITRE V

TABLE DES MATIÈRES

CHAPITRE XV

CHAPITRE XVI

CHAPITRE XVII

COULOMMIERS. — Typ. P. BRODARD et GALLOIS.

BIBLIOTHÈQUE VARIÉE A 3 FR. 50 LE VOLUME

FORMAT IN-16

Études littéraires.

Albert (Paul) : *La poésie, études sur les chefs-d'œuvre des poètes de tous les temps et de tous les pays.* 1 vol.
— *La prose, études sur les chefs-d'œuvre des prosateurs de tous les temps et de tous les pays.* 1 vol.
— *La littérature française des origines à la fin du XVIe siècle.* 1 vol.
— *La littérature française au XVIIe siècle.*
— *La littérature française au XVIIIe siècle.* 1 vol.
— *La littérature française au XIXe siècle.* 2 vol.
— *Variétés morales et littéraires.* 1 vol.
— *Poètes et poésies.* 1 vol.
Berger (Adolphe) : *Histoire de l'éloquence latine, depuis l'origine de Rome jusqu'à Cicéron, publiée par M. V. Cucheval.* 2 vol.
Ouvrage couronné par l'Académie française.
Bersot : *Un moraliste; études et pensées.*
Bossert : *La littérature allemande au moyen âge.* 1 vol.
— *Gœthe, ses précurseurs et ses contemporains.* 1 vol.
— *Gœthe et Schiller.* 1 vol.
Ouvrage couronné par l'Académie française.
Brunetière : *Études critiques sur l'histoire de la littérature française.* 2 vol.
Caro : *La fin du XVIIIe siècle; études et portraits.* 2 vol.
Deltour : *Les ennemis de Racine au XVIIe siècle.* 1 vol.
Ouvrage couronné par l'Académie française.
Deschanel : *Études sur Aristophane.* 1 vol.
Despois (E.) : *Le théâtre français sous Louis XIV.* 1 vol.
Gebhart (E.) : *De l'Italie, essais de critique et d'histoire.* 1 vol.
— *Rabelais, la Renaissance et la Réforme.*
Ouvrage couronné par l'Académie française.
— *Les origines de la Renaissance en Italie.*
Ouvrage couronné par l'Académie française.
Girard (J.), de l'Institut : *Études sur l'éloquence attique (Lysias, — Hypéride, — Démosthène).* 1 vol.
— *Le sentiment religieux en Grèce.* 1 vol.
Ouvrage couronné par l'Académie française.
Janin (Jules) : *Variétés littéraires.* 1 vol.

Laveleye (E. de) : *Études et essais.* 1 vol.
Lenient : *La satire en France au moyen âge.* 1 vol.
— *La satire en France, ou la littérature militante au XVIe siècle.* 2 vol.
Lichtenberger : *Études sur les poésies lyriques de Gœthe.* 1 vol.
Ouvrage couronné par l'Académie française.
Martha (C.), de l'Institut : *Les moralistes sous l'empire romain.* 1 vol.
Ouvrage couronné par l'Académie française.
— *Le poème de Lucrèce.* 1 vol.
— *Études morales sur l'antiquité.* 1 vol.
Mayrargues (A.) : *Rabelais.* 1 vol.
Mézières (A.), de l'Académie française : *Shakespeare, ses œuvres et ses critiques.*
— *Prédécesseurs et contemporains de Shakespeare.* 1 vol.
— *Contemporains et successeurs de Shakespeare.* 1 vol.
Ouvrages couronnés par l'Académie française.
— *Hors de France.* 1 vol.
— *En France.* 1 vol.
Montégut (E.) : *Poètes et artistes de l'Italie.* 1 vol.
— *Types littéraires et fantaisies esthétiques.* 1 vol.
— *Essais sur la littérature anglaise.* 1 vol.
Nisard (Désiré), de l'Académie française : *Études de mœurs et de critique sur les poètes latins de la décadence.* 2 vol.
Patin : *Études sur les tragiques grecs.* 4 vol.
— *Études sur la poésie latine.* 2 vol.
— *Discours et mélanges littéraires.* 1 vol.
Pey : *L'Allemagne d'aujourd'hui.* 1 vol.
Prévost-Paradol : *Études sur les moralistes français.* 1 vol.
Sainte-Beuve : *Port-Royal.* 7 vol.
Taine (H.), de l'Académie française : *Essai sur Tite-Live.* 1 vol.
Ouvrage couronné par l'Académie française.
— *Essais de critique et d'histoire.* 2 vol.
— *Histoire de la littérature anglaise.* 5 vol.
— *La Fontaine et ses fables.* 1 vol.
Tréverret (de) : *L'Italie au XVIe siècle.* 2 vol.
Wallon : *Éloges académiques.* 2 vol.

Chefs-d'œuvre des littératures étrangères.

Byron (lord) : *Œuvres complètes*, traduites de l'anglais par M. Benjamin Laroche. 4 vol.

Cervantès : *Don Quichotte*, traduit de l'espagnol par M. L. Viardot. 2 vol.

Dante : *La divine comédie*, traduite de l'italien par P. A. Fiorentino. 1 vol.

Ossian : *Poèmes gaéliques*, recueillis par Mac-Pherson, traduits de l'anglais par P. Christian. 1 vol.

Shakespeare : *Œuvres complètes*, traduites de l'anglais par M. E. Montégut. 10 vol.
Ouvrage couronné par l'Académie française.
Chaque volume se vend séparément.